# Essais cliométriques

Claude Diebolt & Antoine Parent

# Essais cliométriques

## Capital humain, monnaie et finance, croissance et cycles

PETER LANG
Bern · Berlin · Bruxelles · Frankfurt am Main · New York · Oxford · Wien

**Information bibliographique publiée par «Die Deutsche Nationalbibliothek»**
«Die Deutsche Nationalbibliothek» répertorie cette publication dans la «Deutsche Nationalbibliografie»; les données bibliographiques détaillées sont disponibles sur Internet sous ‹http://dnb.d-nb.de›.

Illustration de couverture: *Brunnenwand mit Clio (Muse der Geschichtsschreibung), Friedrich Ochs (1857), Sanssouci* by Steffen Heilfort on commons.wikimedia.org, licensed under the *Creative Commons Attribution-Share Alike 3.0 Unported* license.

Réalisation de couverture: Thomas Grütter, Peter Lang SA

ISBN 978-3-0343-0381-1


Hochfeldstrasse 32, CH-3012 Berne
info@peterlang.com, www.peterlang.com, www.peterlang.net



Imprimé en Suisse

# Table des matières

# Avant-Propos

Depuis son origine, d'aucuns estiment, en France notamment, que la cliométrie est mourante, voire même qu'elle a vécu avant même d'avoir pu prendre son envol. Cette considération est assurément fausse. L'attribution du Prix Nobel d'économie à Robert Fogel et Douglass North, en 1993, *pour avoir renouvelé la recherche en histoire économique par l'application de la théorie économique et des méthodes quantitatives aux changements économiques et institutionnels* a indiscutablement consacré l'avènement de la discipline. La récente tenue, à Edimbourg, du 6e Congrès mondial de Cliométrie (17-20 juillet 2008) est un autre exemple significatif d'une recherche tout à la fois innovante, dynamique et néanmoins ancrée dans une longue tradition.

Mais comment l'aventure cliométrique a-t-elle débuté ? Répondre à cette interrogation est sans doute l'ambition première du récent livre, édité en 2008 par John Lyons, Louis Cain et Samuel Williamson. Après une introduction rédigée sous la forme d'une histoire de la cliométrie, l'ouvrage présente une succession d'interviews, une sorte d'histoire orale avec les figures emblématiques, surtout américaines ou anglo-saxonnes, de la discipline (Moses Abramovitz, Paul David, Lance Davis, Richard Easterlin, Stanley Engerman, Robert Fogel, Jonathan Hughes, John Meyer, Peter Temin, etc.). En fait, la lecture de l'ouvrage montre clairement que les contours de la cliométrie se sont forgés avant même que la discipline ne naisse officiellement aux Etats-Unis ! Les héritages sont nombreux. Où et par qui commencer est difficile à établir, voire impossible à déterminer. Au risque d'oublier l'un ou l'autre des protagonistes, il apparaît que la dette envers l'Ecole historique allemande est énorme. Quant aux Instituts de conjoncture et notamment le *National Bureau of Economic Research* (NBER), ils auront été, après la Première Guerre mondiale, les véhicules pour l'affirmation du quantitatif en sciences sociales et plus précisément les initiateurs d'une comptabilité de la croissance. Pensons également à la création de l'*Econometric Society*, en 1930, avec son projet, à travers la revue *Econometrica* (1933), de concilier la théorie, l'histoire et les statistiques.

Si l'influence de Kuznets a été fondamentale Outre-Atlantique, il est évident que grâce à son rayonnement scientifique mais aussi financier, les travaux de Deane et Cole en Grande-Bretagne, de Hoffmann en Allemagne ou de Toutain en France ont pu se développer pour représenter aujourd'hui les fondements de la cliométrie européenne.

Pour Lyons, Cain et Williamson, l'aventure cliométrique débute véritablement en 1957 à Williamstown avec la conférence *Research in Income and Wealth* initiée par Fabriquant, Lebergott et Gerschenkron et consacrée aux *Trends in the American Economy in the Nineteenth Century*. Le manifeste de Conrad et Meyer en 1957 *Economic Theory, Statistical Inference, and Economic History*, puis l'article du *Journal of Political Economy* de 1958, marquent une seconde étape essentielle. La première réunion de la société de cliométrie américaine est organisée par Davis, Hughes et Reiter à Purdue en 1960. Intitulée *Conference on the Application of Economic Theory and Quantitative Methods to the Study of Problems of Economic History,* cette conférence est devenue progressivement la *Cliometrics Conference* que nous connaissons aujourd'hui et qui est organisée sous l'égide de la *Cliometric Society* américaine, fondée en 1983.

Quant aux thèmes fondateurs de la cliométrie, il faut mentionner l'impact des chemins de fer sur la croissance américaine, l'esclavage comme institution économique rentable et les causes et le coût de la guerre de Sécession. Les raisons du succès de la discipline sont certes liées à la vogue de l'économétrie, mais aussi à la réaction de défense d'une catégorie professionnelle menacée, celle des enseignants-chercheurs en histoire économique. Notons ici que l'influence de Samuelson et ses *Foundations of Economic Analysis* (1947) aura été considérable avec le passage de l'après seconde guerre mondiale à la production de modèles mathématisés en économie.

Rappelons également que le premier survey consacré à la cliométrie *Econometric Studies of History* a été rédigé par Wright et discuté par David en 1971. En 1973, Temin édite un ouvrage collectif consacré à la *new economic history*. Dès 1975, Van der Wee et Klep publient un état des savoirs, largement méconnu, en termes d'histoire économique quantitative européenne. Crafts, en 1987, livrera un autre survey, publié dans le *Journal of Applied Econometrics*. Enfin, nous n'oublions pas l'ouvrage de McCloskey de 1987 *Econometric History*, l'état des savoirs de Goldin de 1995, le meeting de 1997 de l'American Economic

Association *Cliometrics after 40 Years* et les articles récents de Costa, Demeulemeester et Diebolt (2007), Demeulemeester et Diebolt (2007), et Carlos (2010).

Avec le 21e siècle, deux revues *Explorations in Economic History* et *Cliometrica. Journal of Historical Economics and Econometric History*, soutenues notamment par la *Cliometric Society* américaine, affichent, plus que jamais, pour ambition première de pérenniser les acquis du passé tout en stimulant les recherches cliométriques à venir.

Le présent livre participe de cette dynamique. Il regroupe, sous un même toit, sept contributions significatives, d'inspiration cliométrique. Ces dernières représentent une synthèse sélective, une reformulation accessible au plus grand nombre de nos écrits des dix dernières années. Ce sont dès lors des définitions provisoires et de premières conclusions que nous soumettons à la discussion et à la critique.

Nous remercions nos amis du *Bureau d'Economie Théorique et Appliquée* ainsi que l'ensemble de nos co-auteurs qui nous ont permis de réaliser ce travail dans des conditions intellectuelles et matérielles favorables. Il va sans dire que, selon la formule consacrée, nous demeurons seuls responsables de l'approche proposée ici.

## Références

CARLOS, A. (2010). «Reflection on Reflections: Review Essay on Reflections on the Cliometric Revolution: Conversations with Economic Historians», *Cliometrica*, 4, 2010, pp. 97-111.

CONRAD, A., MEYER, J. (1957). «Economic Theory, Statistical Inference and Economic History», *Journal of Economic History*, 17, pp. 524-544.

CONRAD, A., MEYER, J. (1958). «The Economics of Slavery in the Ante Bellum South», *Journal of Political Economy*, 66, pp. 95-130.

COSTA, D., DEMEULEMEESTER, J.-L., DIEBOLT, C. (2007). «What is ‹Cliometrica›», *Cliometrica*, 1, 2007, pp. 1-6.

CRAFTS, N. (1987). «Cliometrics, 1971-1986: A Survey», *Journal of Applied Econometrics*, 2, pp. 171-192.

DEMEULEMEESTER, J.-L., DIEBOLT, C. (2007). «How Much Could Economics Gain From History: The Contribution of Cliometrics», *Cliometrica*, 1, 2007, pp. 7-17.

FOGEL, R. (1994). «Economic Growth, Population Theory, and Physiology: The Bearing of Long-Term Processes on the Making of Economic Policy», *American Economic Review*, 84, pp. 369-395.

GOLDIN, C. (1995). «Cliometrics and the Nobel», *Journal of Economic Perspectives*, 9, pp. 191-208.

LYONS, J. S., CAIN, L. P., WILLIAMSON, S. H. (2008). *Reflections on the Cliometrics Revolution. Conversations with Economic Historians*, Routledge, London.

MCCLOSKEY, D. (1987). *Econometric History*, Macmillan, London.

NORTH, D. (1994). «Economic Performance Through Time», *American Economic Review*, 84, pp. 359-368.

SAMUELSON, P. (1947). *Foundations of Economic Analysis*, Harvard University Press, Cambridge, Mass.

TEMIN, P. Ed. (1973). *New Economic History*, Penguin Books Ltd, Harmondsworth.

VAN DER WEE, H., KLEP, P. (1975). Quantitative Economic History in Europe since the Second World War: Survey, Evaluation and Prospects, *Recherches Economiques de Louvain*, 41, pp. 195-218.

WRIGHT, G. (1971). «Econometric Studies of History», in: Intriligator M. (Ed.): *Frontiers of Quantitative Economics*, North-Holland, Amsterdam, pp. 412-459.

Claude Diebolt et Antoine Parent, Eté 2010.

# Introduction

En sciences économiques, la théorie jouit indiscutablement d'un prestige plus important que l'empirie. Pensons simplement aux jeunes doctorants si souvent invités à montrer leur virtuosité technique par la construction de modèles faisant appel à un haut degré de mathématiques. La collecte de données et le test via des techniques économétriques de modèles théoriques ne jouissent pas du même prestige, sans doute parce qu'ils sont censés faire moins appel à la créativité. Plus fondamentalement, il y a peut-être aussi le fait que les économistes *« ne font pas nécessairement ce qu'ils disent »* et que la démarche poppérienne n'est pas vraiment la leur. Rares, en effet, sont les débats théoriques qui ont été tranchés grâce à l'économétrie, et il est à craindre que si nous devions appliquer en toute rigueur le critère poppérien (rejeter une théorie dès que l'on découvre ne fût-ce qu'un échantillon, qu'une sous-période pendant laquelle elle semble rejetée), il ne resterait rien de la théorie économique. En même temps, depuis la critique de Lucas, les économistes sont très sceptiques quant à la capacité de l'économétrie de trancher un débat théorique (dépendance par rapport à un certain régime de politique économique; modèles macroéconométriques copiés sur le modèle de l'ingénierie, avec des coefficients fixes et des agents supposés passifs; biais d'agrégation... sans parler de la qualité des données et du faible horizon temporel des tests économétriques). Enfin, *last but not least*, les théoriciens et les *empiristes* s'intéressent, paradoxalement peut être, à des choses différentes.

Durant les années 1990, beaucoup de travaux théoriques ont concerné la théorie de l'organisation industrielle (modèles principal-agent, théorie de l'information, des incitations...) ou la croissance endogène, tandis que l'économie (ou économétrie) appliquée se consacrait à l'étude d'autres phénomènes (taux de change, finance...). De plus en plus, l'économétrie semble même s'écarter de sa vocation première (tester les théories économiques) pour se développer comme une branche à part (pensons au succès des méthodes de séries temporelles: causalité, cointégration, modèles VAR... ; ce succès est d'ailleurs lié à l'idée sous-jacente qu'en sciences économiques, tout est dans tout, et qu'il est difficile de distinguer des variables réellement exogènes dès qu'on est confronté au réel). D'aucuns vont jusqu'à parler de *« measurement without theory»* (*« or a very loose one »* comme le disait Granger) depuis le triomphe de cette économétrie des séries temporelles aux dépens de la modélisation structurelle. On devrait ajouter que pour certains économistes appliqués, leur travail n'est pas tant perçu comme le test des théories économiques, de lois (ce qui impliquerait une relation étroite entre théoriciens et empiristes – d'ailleurs pour les mathématiciens, la séparation entre mathématiques pures et appliquées est ressentie comme largement artificielle) mais plutôt comme l'utilisation d'outils statistico-économétriques et de données économiques pour aider à la décision, qu'elle soit publique (d'où le recours dans les grandes administrations à des modèles macro-économiques encore emprunts d'un mixte impur de théories classiques et de visions plus keynésiennes) ou privée (cf. tout le travail sur l'économétrie des taux de change ou des séries financières – même si dans ce dernier domaine le lien avec la théorie est sans doute plus étroit).

Il est clair que d'un point de vue strictement empirique, la qualité de nos données n'est pas celle obtenue par nos collègues des sciences exactes dans le cadre d'expériences contrôlées en laboratoire ; que les lois économiques ne sont pas déterministes mais plutôt probabilistes ; que ces relations sont emboîtées ou liées dans le cadre d'un système plus global d'une extrême complexité (d'où l'apparition de temps à autre de physiciens dans notre discipline nous assurant que notre démarche *modélisatrice* est à la fois trop simpliste et trop ancienne, fondée sur des idées d'équilibre propres à une physique trop newtonienne) ; que les agents ne sont pas passifs comme des unités de matière (atomes), mais bien des êtres intelligents anticipant et analysant l'information (la théorie des anticipations rationnelles a d'ailleurs constitué une réponse à ces objections, ce qui a mis à mal la légitimité théorique des gros modèles macro-économétriques keynésiens, mais qui restent utilisés pour des raisons pratiques…) ; que la culture joue (et donc que même du point de vue de l'individualisme méthodologique, l'interaction des individus rationnels peut mener à l'émergence de structures, comme des institutions ou des organisations qui à leur tour contraignent en retour le comportement individuel) et qu'il y a une dimension d'historicité (ou de *path dependency*).

Il est intéressant de noter ici que toutes ces critiques viennent tantôt d'une démarche d'historien (la critique historique pour le questionnement sur la qualité des données), d'économistes formés initialement comme historiens (comme Lucas, à propos des anticipations rationnelles), et d'historiens économistes comme North (le rôle des institutions ou de la culture) ou David (spécialiste de la recherche en matière de R&D). Tous ces éléments nous font entre apercevoir un degré de complexité bien plus important que celui supposé par la théorie keynésienne (un peu copiée sur le modèle de l'ingénierie; cf. par exemple la machine hydraulique de Phillips qui se trouve dans la cave de la L. S. E). Face à cette complexité, on tend à abandonner en économétrie la modélisation structurelle pour une approche qui laisse plus de place à l'idée de *«faire parler les données elles-mêmes»* (même si les historiens reconnaissent que les faits ne racontent jamais leur propre histoire) en recourant à des techniques davantage fondées sur les propriétés statistiques elles-mêmes plutôt que sur une théorie économique (cela est vrai dans le domaine des recherches macroéconomiques appliquées, tandis que dans le domaine de la microéconomie ce n'est que récemment qu'on recourt à des techniques empiriques, de l'économie expérimentale à la microéconométrie).

Face à la complexité et à l'incertitude du test économétrique certains économistes comme Debreu par exemple, tendent alors à privilégier la certitude de l'analyse logique. La science économique ne serait pas prioritairement une science empirique (et donc les lois que les économistes produiraient seraient plus proches des théorèmes de mathématiques ou de la production des logiciens). Pour eux la science économique devrait se concentrer sur un discours qui est certain. Entre prendre le risque de dire trop, quitte à accepter pour vraies certaines idées ou théories douteuses, et celui de dire trop peu, de se concentrer sur un segment trop étroit mais certain, les économistes (en ce sens fidèles à Wittgenstein) n'hésitent pas et choisissent la seconde alternative (cf. l'analogie avec les risques de première et seconde espèce en statistique). Dès lors, l'objectif premier des économistes devrait être de bâtir une science logique, non-empirique a priori, qui ne serait que l'analyse de toutes les conséquences possibles d'un principe de rationalité (maximisation de l'intérêt personnel sous contraintes). Tout comme les géomètres poseraient une série d'axiomes et en déduisent par la logique mathématique l'ensemble des conséquences possibles, les économistes feraient de même à partir d'axiomes de rationalité. Cette démarche axiomatique (défendue depuis les années 50s) fait le pari que sur le très long terme, cette approche non-empirique nous donnera des outils de pensée qui asymptotiquement nous ferons tendre vers une compréhension plus fondamentale des phénomènes économiques. C'est une vision platonicienne qui considère que c'est par le passage aux idéalités mathématiques, et par une démarche de mathématicien (mais pas d'ingénieur, comme celle qui présidait à l'économie keynésienne), que nous aurons le plus de chance de dire des choses sensées et certaines sur les systèmes économiques. La place de l'empirique devient dès lors secondaire (et assez logiquement relativement dépréciée). Dans un sens, le monde construit par la théorie (ne prenons que le simple exemple de la concurrence pure et parfaite) n'est pas celui de l'empirique, aussi parce qu'un certain nombre des concepts développés n'ont tout simplement pas de contrepartie empirique. La théorie des jeux a pu représenter longtemps le terrain d'exercice de ce genre d'approches, comme ce fut le cas de la théorie de l'équilibre général jadis. Le problème de ces approches mathématiques, une fois que l'on s'intéresse à des questions de théorie des jeux, d'économie industrielle où l'on prend en compte la concurrence imparfaite, les rendements croissants..., est que souvent on obtient des solutions ou équilibres multiples et guère de certitudes (ou des certitudes limitées à des hypothèses bien précises). La théorie tend dès lors à devenir une succession de petits modèles quelque peu ad hoc.

Qu'en est-il alors de la cliométrie? S'agit-il d'une discipline qui, enfin, marierait harmonieusement théorie et analyse empirique? S'agit-il d'abord d'une branche de l'histoire ou de la science économique? Cette *«nouvelle»* discipline permettrait-elle, comme en physique, de découvrir des lois en économie?

Pour les historiens économistes américains, le sens du mot «empirique» a varié au cours du temps. On assiste à la transition d'une conception d'historien classique pour lequel tout fait, et pas seulement quantitatif, peut servir à sa démonstration, vers une conception d'économiste (l'empirique, ce sont les séries chronologiques chiffrées), de même qu'à un rapprochement des historiens et des économistes grâce aux théories du développement. Kuznets semble à ce titre jouer un rôle clé en mettant l'accent sur l'importance d'une analyse macroéconomique fondée sur les grandes évolutions quantitatives avant d'identifier éventuellement certains secteurs propices au développement. Cela reste malgré tout une économie fondée sur les grands faits stylisés de l'histoire économique (même approchée de façon quantitative) et qui se rattache par là, malgré l'usage de techniques plus sophistiquées au courant historiciste en économie. Si la cliométrie cherche à apporter des réponses à des questions d'historiographie (par exemple le rôle des chemins de fer dans l'histoire économique américaine; ou la rentabilité de l'esclavage), elle peut avoir recours à des techniques économétriques, reconstituer par voie d'interpolation (ou extrapolation) des séries de chiffres manquantes (ce qui suscite certes l'ire des historiens professionnels), mais qui n'empêche pas de dire que néanmoins ces démarches cliométriques ont une vocation historique, une vocation d'éclairer des questions historiques en considérant la théorie économique ou l'économétrie comme des disciplines auxiliaires de l'histoire. Par ailleurs, la cliométrie peut représenter une branche (modernisée) de l'histoire (économique), puisque la modernisation des méthodes en archéologie, de la datation au carbone 14 jusqu'à l'utilisation de techniques statistiques comme l'analyse discriminante, ne transforment pas la discipline en une branche des sciences naturelles. Tout en devenant, grâce à l'élaboration de résultats qui peu ou prou partagent cette vision d'une science qui doit être fondée sur des faits et provenir de la généralisation opérée à partir d'une accumulation de preuves empiriques allant dans un même sens, la cliométrie devient une discipline à part entière de la science économique.

La cliométrie est en fait une *« discipline auxiliaire »* de la science économique, et qui comme telle doit faire partie du bagage de tout économiste. En cela elle ne peut exister qu'en étant elle-même quelque peu extérieure au champ de l'économie stricte. Elle se doit d'être la combinaison de l'application de techniques économétriques et d'éléments de théorie économique avec la culture institutionnelle et factuelle caractéristique de l'histoire économique plus traditionnelle. Cette voie médiane entre pure empirie et théorie désincarnée (car négligeant le rôle des institutions par exemple) ouvre la porte à une théorie économique productrice de lois utiles à la compréhension du monde et au décideur politique.

Au stade actuel, le principal acquis de la cliométrie est donc d'avoir lentement, mais progressivement constitué, grâce à la mesure et la théorie, un ensemble solide d'analyses économiques de l'évolution historique. Elle éclaire la théorie, la confortant ou la contestant en lui indiquant de nouvelles pistes de recherche. L'analyse statistique et économétrique rigoureuse, appuyée sur des données organisées systématiquement est devenue un outil incontournable pour l'économiste soucieux de fondements solides ancrés dans la permanence temporelle. Les jugements impressionnistes, étayés sur des chiffres douteux et des méthodes fallacieuses, ont aujourd'hui perdu tout crédit auprès des scientifiques sérieux et de bonne foi – et ceci même si toute recherche en science humaine et sociale ou d'économie contient une part d'hypothèses de départ, qu'une analyse historique purement descriptive peut aider à formuler. L'histoire économique, en particulier, doit dépasser le stade, certes utile, d'un récit illustrant par les faits la vie matérielle à différentes époques, pour se transformer en une tentative systématique d'explication afin d'apporter une réponse à des questions déterminées (et par là aider la théorie à se développer sans perdre le lien avec le réel en mouvement).

En extension, plus la quête des faits est dominée par la conception des problèmes, plus le travail de recherche se rapproche de ce qui constitue la véritable fonction de l'histoire économique au sein des sciences humaines et sociales. L'exercice est bien entendu délicat, l'ouverture à l'histoire contraint précisément à revoir certains schémas théoriques pensés de façon trop a prioriste et ignorant la dimension du temps historique (irréversible), le même que celui auquel fait face le décideur dans la vie des affaires.

La cliométrie peut apporter cette dimension de théorie calée sur l'histoire, et donc *in fine* réaliste. C'est une tâche ambitieuse mais nécessaire : mettre en évidence la permanence de certaines structures et d'invariants dans l'évolution de la vie des affaires tout en cherchant en même temps à développer une théorie du changement. Déjà une multitude, sinon toutes les spécialités des sciences économiques sont gagnées par le mouvement. L'actualité nous invite, bien entendu, à parler ici de la finance historique qui connaît ces dernières années un développement foudroyant (à côté des approches les plus mathématisées sur base des équations différentielles stochastiques). Elle permet d'étudier sur la longue durée les théories financières (et aider à les relativiser, à les contextualiser), mais elle permet aussi d'étudier l'effet sur les marchés (sur l'évaluation des cours par exemple) d'évènements très rares, que par définition seule l'histoire peut nous permettre d'étudier. On pensera ici aux révolutions, aux successions d'états, aux crises majeures, etc. Ce changement d'orientation intellectuelle, de re-formulation cliométrique, pousse le chercheur à tenir compte du particulier et à raffiner son schéma théorique tout en restant relié au réel.

Entre attention excessive aux particularités de chaque cas (conduisant à un relativisme radical) et une pensée *a prioriste* et platonicienne, la cliométrie peut aider la science économique à atteindre un certain équilibre. Réconcilier l'analyse historique traditionnelle avec une dimension théorique et quantitative (la mesure) est, sans aucun doute, la plus vigoureuse des tendances nouvelles des sciences humaines et sociales, l'élément qui, mieux que tout autre, distingue les conceptions de notre décennie de celles qui avaient cours auparavant (soit trop exclusivement quantitative, soit trop exclusivement descriptive). Chacun est prêt à en convenir, même les plus littéraires de nos collègues. Les sciences humaines et sociales sont en voie de devenir techniquement beaucoup plus élaborées, sans renier leurs anciennes méthodes pour autant, et il est difficile de croire que ce mouvement se renversera. Il est évident, cependant, que de nombreux chercheurs, peut-être la majorité, n'ont pas encore admis les tendances nouvelles, celles qui visent à développer, par une méthodologie plus élaborée et par l'utilisation de concepts clairs répondant à des normes nouvelles, une science humaine et sociale authentiquement scientifique.

# *Première partie*
# *Cliométrie du capital humain*

# 1. Le mythe de Ferry

## Introduction

Un des thèmes dominants traité dans la littérature macro-économique depuis une dizaine d'années est celui de la convergence des économies régionales ou nationales. Dans la lignée des modèles de croissance de nombreux travaux ont étudié les trajectoires des économies afin de déterminer s'il existe ou non un processus de convergence entre elles. La question fondamentale qui se pose est de savoir si les économies ont tendance à converger vers les mêmes niveaux de revenu ou de production par tête, autrement dit, s'il existe un mécanisme de rattrapage permettant à une économie de rejoindre le niveau de revenu par tête d'une économie plus développée.

Notre ambition est d'appliquer cette démarche de recherche à l'évolution de l'instruction primaire en France avant les lois Ferry. L'intérêt d'une approche quantitative est, à nos yeux, de permettre l'examen des conséquences logiques de propositions historiques, que l'argumentation institutionnelle ou politique seule, ne permet pas nécessairement d'entrevoir.

Après une présentation des sources disponibles, notre réflexion portera, en premier lieu, sur les progrès de la scolarisation, puis sur la transformation des structures d'enseignement, ensuite sur les coûts de fonctionnement. Elle s'achèvera par une étude cliométrique en termes de convergence.

## 1.1 Des sources

Par arrêté du 15 mars 1876, une commission de statistiques de l'enseignement primaire est, pour la première fois, instituée au ministère de l'Instruction publique en France. Son objectif est de publier, tous les cinq ans, une statistique détaillée de l'enseignement primaire. Dès son origine, elle est présidée par Emile Levasseur et composée de hauts fonctionnaires du ministère de l'Instruction publique et de représentants du Conseil supérieur de statistique.

Avant la Première Guerre mondiale, huit volumes sont publiés. Le premier relatif à l'année scolaire 1876-1877 se situe explicitement en prolongement du recensement quinquennal de la population, afin de faciliter la comparaison entre le nombre des enfants à instruire et celui des enfants inscrits ou présents dans les écoles. Le second volume, de loin le plus important (avec plus de 700 pages), présente la *Statistique comparée de l'Enseignement Primaire de 1829 à 1877*. Il fait état de la quasi-totalité des statistiques disponibles se rapportant à cette période. Les autres volumes sont relatifs aux années scolaires 1881-1882, 1886-1887, 1891-1892, 1896-1897, 1901-1902, 1906-1907. Le sixième volume (1896-1897) contient un résumé des progrès de l'instruction primaire sous la Troisième République. Le dernier volume a paru à la fin de l'année 1909. Les documents destinés à figurer dans le neuvième volume (1911-1912) étaient rassemblés à la veille de la Grande Guerre, mais la publication ne put avoir lieu. A partir de cette date, la Commission de statistique ne fonctionne plus.

Après la guerre de 1914-1918, la Statistique générale de la France procède tous les ans au relevé des données les plus importantes relatives à l'instruction primaire, à partir des états originaux du ministère de l'Education nationale (nombre d'écoles, de classes, de maîtres et d'élèves par département, etc.). Inutile toutefois, en comparaison avec les anciennes publications quinquennales, de souligner l'insuffisance d'une telle documentation.

L'information statistique utilisée dans cet article est issue, pour l'essentiel, du rapport du ministre de l'Education publique et des Beaux-Arts, Jules Ferry, au président de la République en date du 25 janvier 1880 (cf. bibliographie, Archives et annuaires).[1] Une commission per-

1 Les statistiques exploitées sont extraites de la base de données *CAROLUS* élaborée par Nicolas Daures. Cette dernière contient des informations relatives à l'économie de l'éducation en Europe et dans le monde. Les données, d'origines diverses, collectées principalement par Claude Diebolt, ont été vérifiées, parfois modifiées ou estimées, et validées pour être stockées dans la base. Celle-ci est organisée selon un modèle relationnel adapté aux besoins particuliers des données statistiques utilisées en cliométrie. Elle est implantée sur un serveur (SQL-Server™) et accessible en réseau par les chercheurs de notre groupe de travail. Les séries à exploiter sont automatiquement transférables vers des feuilles Excel™ pour y être adaptées aux techniques de calcul désirées.

manente de statistique avait été installée par le ministre précédent afin de mieux connaître tout ce qui concernait l'éducation populaire en disposant des données les plus fiables possibles. Rappelons à cet effet que les premiers relevés officiels concernant l'éducation ne remontent qu'à l'année 1829, que les statistiques étaient disparates et que les situations communales ou départementales pouvaient être fort différentes vis-à-vis à la fois de la situation réelle, existence ou non d'écoles de garçons et de filles, et du recensement statistique.

On peut ainsi citer une phrase du président de la Commission ayant réalisé le rapport de 1879 sur l'enseignement, E. Levasseur:

> Incorrectes sur beaucoup de points quand on les examine en détail, ces statistiques donnent par leur ensemble une idée juste des grands changements qui se sont produits, depuis un demi-siècle, dans nos écoles, elles montrent le progrès accompli dans la suite des années et laissent apercevoir les principales influences qui l'ont déterminé.

De ce fait, tout en sachant que les chiffres publiés sont les plus exacts possibles, des modifications ont été effectuées ponctuellement pour corriger des erreurs ou l'absence d'informations, mises en évidence par la confrontation de l'ensemble des statistiques. Ces réserves concernent tout particulièrement l'analyse détaillée au niveau d'une année ou d'un département donné et ce d'autant plus que la période concernée est perturbée par des variations du territoire français:

- le département des Alpes-Maritimes est créé en 1860 avec le comté de Nice et une partie du département du Var,
- à la même époque sont créés les départements de Savoie et Haute-Savoie,
- en 1871, une partie des départements de la Meurthe et de la Moselle est annexée par l'Allemagne, la partie restée française devient la Meurthe-et-Moselle,
- en 1871, le département du Bas-Rhin est annexé par l'Allemagne, de même qu'une partie du département du Haut-Rhin, la partie restée française prenant le nom de Territoire de Belfort.

L'analyse spatiale reste cependant très significative en faisant apparaître des disparités géographiques et leurs évolutions à la fois sur le plan de la scolarisation de la population des 5-15 ans et sur les moyens de financement des coûts de fonctionnement de l'enseignement primaire.

Dans son préambule au rapport de 1880, Jules Ferry met en exergue trois statistiques illustrant l'immense progression de l'éducation primaire au cours des quarante années précédentes:

- de 1837 à 1877 le nombre des élèves s'est accru de 82%,
- le nombre des écoles s'est accru de 36%, de 75% pour les seules écoles publiques; les écoles de filles ont été multipliées par quatre,
- le nombre des maîtres s'est élevé de 85% avec une amélioration du ratio, élèves/maître qui passe de 53 à 48.

La fin de l'intervention du ministre est constituée par une mise en garde sur les possibles doubles comptes à certaines périodes ou les éventuelles erreurs statistiques pouvant entacher des comparaisons fines départementales ou annuelles.

### *1.1.1 La démographie française*

La période 1850-1876 est marquée par des variations sensibles du territoire français dues aux diverses annexions et aux suites de la guerre de 1870. Aussi, l'analyse de la croissance démographique doit être faite à territoire constant, et l'évolution des ratios de certains départements perd toute signification du fait de leur apparition, disparition ou transformation en cours de période.

| Année | Population recensée | Variation du territoire | Territoire de 1851 | 1851 = 100 |
|---|---|---|---|---|
| 1851 | 35783059 | | 35783059 | 100,0 |
| 1856 | 36039364 | | 36039364 | 100,7 |
| 1861 | 37382225 | + Savoie et Haute Savoie 542535<br>+ Alpes Maritimes 194578<br>- Partie du Var 56294 | 36701406 | 102,5 |
| 1866 | 38067064 | + Savoie et Haute Savoie 545431<br>+ Alpes Maritimes 198818<br>- Partie du Var 56294 | 37379109 | 104,5 |
| 1876 | 36905788 | + Savoie et Haute Savoie 542162<br>+ Alpes Maritimes 203604<br>- Partie du Var 56294<br>- Haut et Bas Rhin 1119255<br>+ Territoire de Belfort 68600<br>- Meurthe 428387<br>- Moselle 452157<br>+ Meurthe et Moselle 404609 | 37742906 | 105,5 |

La statistique démographique utilisée est issue, elle aussi, du rapport Ferry de 1880 et peut comporter de légères différences avec les statistiques publiées par l'Institut National de la Statistique et des Etudes Economiques (INSEE) dans l'annuaire rétrospectif de 1966 par exemple. Cependant, que l'on compare la variation démographique à territoire constant de 1851 ou à territoire actuel, la croissance 1851-1876 est semblable: 5,5% dans le premier cas, 5,4% dans le second cas (38437592 habitants en 1876 contre 36472000 en 1851). Dans ce contexte de croissance démographique, la population des 5-15 ans reste relativement stable à l'intérieur des nouvelles frontières, perdant même quelques dixièmes de point entre 1856 et 1861.

| Année | Population 5-15 ans | Part dans la population totale |
|---|---|---|
| 1851 | 6443548 | 18,0% |
| 1856 | 6475864 | 18,0% |
| 1861 | 6508179 | 17,4% |
| 1866 | 6579270 | 17,3% |
| 1876 | 6410126 | 17,4% |

### *1.1.2 Les effectifs scolarisés*

Au cours de la période 1850-1876, l'on constate une très forte augmentation des élèves inscrits en primaire, leur nombre passant de 3 321 423 à 4 716 935, et le ratio inscrits/population des 5-15 ans s'élevant de 0,51 à 0,73. Au niveau départemental, les disparités restent très importantes comme le montrent les statistiques concernant les départements comptant les plus faibles et les plus forts pourcentages d'inscrits (nous avons fait suivre le pourcentage d'inscription de la place du département dans la hiérarchie des plus faibles et des plus forts taux).

| | 1850 | 1856 | 1863 | 1867 | 1876 |
|---|---|---|---|---|---|
| Finistère | 0,193 (1) | 0,259 (1) | 0,339 (1) | 0,344 (2) | 0,432 (1) |
| Haute Vienne | 0,214 (2) | 0,268 (2) | 0,345 (2) | 0,391 (4) | 0,550 (4) |
| Dordogne | 0,214 (3) | 0,302 (4) | 0,432 (9) | 0,498 (14) | 0,713 (31) |
| Morbihan | 0,220 (4) | 0,278 (3) | 0,348 (3) | 0,368 (3) | 0,469 (2) |
| Allier | 0,248 (5) | 0,341 (11) | 0,444 (11) | 0,493 (12) | 0,635 (11) |
| Corrèze | 0,249 (6) | 0,306 (5) | 0,392 (6) | 0,408 (5) | 0,603 (8) |
| Haute Marne | 0,971 (1) | 0,999 (1) | 0,999 (2) | 0,999 (3) | 0,941 (5) |
| Meuse | 0,926 (2) | 0,933 (3) | 0,923 (10) | 0,926 (11) | 0,902 (11) |
| Hautes Alpes | 0,891 (3) | 0,893 (7) | 0,914 (11) | 0,858 (16) | 0,999 (1) |
| Haute Saône | 0,866 (4) | 0,939 (2) | 0,999 (3) | 0,999 (1) | 0,993 (2) |
| Jura | 0,856 (5) | 0,926 (4) | 0,978 (5) | 0,967 (5) | 0,937 (6) |
| Côte d'Or | 0,843 (6) | 0,895 (6) | 0,971 (6) | 0,999 (4) | 0,924 (8) |
| France | 0,515 | 0,578 | 0,663 | 0,686 | 0,736 |

Ces chiffres doivent être considérés avec une certaine prudence, car comme le souligne le rapport, des doubles comptes peuvent avoir été enregistrés, ce qui a été mis en évidence par le fait que dans certains départements le nombre d'inscrits était supérieur à la population totale des 5-15 ans.

### *1.1.3 Les coûts de fonctionnement*

Les coûts de fonctionnement de l'instruction primaire vont très fortement s'accroître sur la période 1855-1876 sous la double pression de l'accroissement des effectifs scolarisés et de la revalorisation de la fonction d'instituteur.

| | 1855 | 1867 | 1868 | 1876 |
|---|---|---|---|---|
| Coût total | 25615 | 33850 | 48914 | 68151 |
| Coût par inscrit | 6,84 | 7,5 | 10,75 | 14,45 |

Unité: Milliers de Francs et Francs

Plus forts coûts départementaux par inscrit:

| | 1855 | 1867 | 1876 |
|---|---|---|---|
| Corse | 16,75 (1) | 14,96 (1) | 18,64 (4) |
| Dordogne | 13,33 (2) | 2,90 (5) | 17,26 (14) |
| Basses-Alpes | 13,23 (3) | 13,70 (2) | 21,47 (1) |
| Gers | 12,66 (4) | 12,35 (6) | 19,44 (2) |
| Charente | 11,79 (5) | 11,12 (10) | 18,11 (7) |
| Corrèze | 11,41 (6) | 9,95 (19) | 14,45 (54) |

Plus faibles coûts départementaux par inscrit:

| | 1855 | 1867 | 1876 |
|---|---|---|---|
| Loire inférieure | 4,09 (1) | 7,07 (26) | 10,14 (4) |
| Ille et Vilaine | 4,26 (2) | 4,61 (2) | 9,90 (2) |
| Nord | 4,29 (3) | 4,25 (1) | 11,75 (14) |
| Haut Rhin | 4,80 (4) | 5,14 (3) | N.S |
| Vosges | 5,07 (5) | 6,10 (13) | 13,50 (27) |
| Pas de Calais | 5,15 (6) | 6,48 (22) | 11,10 (11) |

Unité : Francs – Entre parenthèses : classement

Dans un contexte d'accroissement général des coûts de fonctionnement par inscrit, l'on assiste sur cette période à une très nette diminution des disparités départementales. En effet, les écarts constatés entre les départements les mieux dotés et les moins dotés étaient de 1 à 4 en 1856, de 1 à 3 en 1867 et de 1 à 2 en 1876.

### *1.1.4 La répartition des coûts de fonctionnement*

Les coûts de fonctionnement de l'enseignement primaire sont financés principalement par les communes et les ménages, mais également par l'Etat et les départements et pour un très faible montant par des dons et legs. Ces financements ont largement évolué sur la période 1855-1875 et leur répartition est très différente selon les départements. Il faut en effet bien noter que le financement de l'enseignement primaire dépendait en premier lieu des communes, si celles ci étaient suffisamment riches elles pouvaient très fortement réduire la participation des parents, inversement si leurs ressources ordinaires étaient insuffisantes elles pouvaient voter trois centimes additionnels aux taxes locales. Si les ressources communales étaient encore insuffisantes les départements pouvaient également voter deux centimes additionnels et en dernier lieu il était fait appel à l'Etat pour concourir au traitement des enseignants. Ainsi plus la zone géographique est riche, plus la part des communes est importante et inversement plus la zone est pauvre, plus la part de l'Etat est importante.

En ce qui concerne l'Etat, sa part de financement qui était de 11,9 % en 1855 s'élève à 15,2 % en 1875 après être passée par un minimum de 8,5 % en 1860. Si l'on considère le niveau géographique départemental on constate des situations extrêmes où la part de l'Etat peut être inférieure à 1 % (départements situés principalement dans le nord et l'ouest) ou inversement supérieure à 50 % : Ariège 52,6; Aveyron 53,8; Corrèze 54,4; Basses-Alpes 61,6; Hautes-Alpes 65,2; Lozère 69,1 et Corse 71,6 %, ces disparités de répartition se maintenant sur l'ensemble de la période. La part des départements qui s'élevait à 12,2 % en 1855 décline jusqu'à 8,0 % en 1866 pour remonter les années suivantes à un peu plus de 9 %.

Quant aux disparités géographiques de répartition au sein des départements, elles sont très importantes avec des pourcentages de participation allant de 0 à 30 %. On peut observer une sorte de compensation entre les pourcentages de l'Etat et des départements dans nombre de cas, ainsi les sept départements cités comme recevant principalement leur financement de l'Etat figurent parmi les moins dotés par leur assemblée départementale : Corse moins de 1 %, Hautes-Alpes 0 %, Basses-Alpes 1,5 %, Corrèze 1,8 %, Ariège 0 % et Aveyron 5,9 %. Inversement, les plus fortes participations des départements s'observent dans les nord et l'ouest avec la Seine inférieure 27,1, les Cotes du nord 28,9 et le Morbihan 29,7 %.

Les communes représentent la part prépondérante du financement de l'enseignement primaire, en début (39,2 %) et en fin de période (45%), elles sont cependant supplantées par les ménages en milieu de notre période d'analyse, ceux ci contribuant pour 42,5 % en 1860 et 43 % en 1866 aux dépenses de fonctionnement de l'enseignement primaire. Les départements recevant une forte participation communale se trouvent essentiellement dans l'est de la France, on peut ainsi citer par ordre décroissant le Doubs (77,6 %), le Rhône (72,6), la Haute Saône (69,9), la Haute Marne (69,1), le Jura (63,7), la Côte d'Or (61,1) et le Haut Rhin (60,3).

La part des ménages dans le financement des dépenses de fonctionnement qui était de 36 % en 1855 s'est accrue jusqu'à 43 % en 1866 pour décroître ensuite assez rapidement pour ne représenter qu'environ 29 % en 1875. Géographiquement c'est surtout dans l'ouest et le centre de la France que la part des ménages est très largement prépondérante notamment en 1866, qui représente l'année de leur plus forte participation: le Loir et Cher (71,3), le Loiret (70) la Gironde (68,2) et la Nièvre (68 %). Inversement, dans les départements de l'est et du sud, les ménages contribuent plus modestement aux coûts avec 11,2 % en Lozère, 12,7% dans le Doubs, 16,8 % dans le Haut Rhin et 17,1 % en Savoie.

### *1.1.5 Les écoles primaires*

Le nombre d'écoles progresse très rapidement sur la période 1850-1876 avec trois mouvements significatifs: une forte augmentation du nombre des écoles congréganistes (+93 %) qu'elles soient publiques ou libres, un accroissement de 37 % des écoles de filles, une diminution de 57% des écoles libres laïques.

| Ecoles | 1850 | 1867 | 1876 | 1876/1850 |
|---|---|---|---|---|
| Publiques laïques garçons | 33201 | 35774 | 36399 | 9,6% |
| Publiques laïques filles | 4178 | 6570 | 9417 | 125,4% |
| Publiques congréganistes G | 1227 | 3084 | 3365 | 174,2% |
| Publiques congréganistes F | 5237 | 8530 | 9840 | 87,9% |
| Libres laïques G | 4563 | 2944 | 1750 | -61,6% |
| Libres laïques F | 8325 | 7079 | 4091 | -50,9% |
| Libres congréganistes G | 399 | 655 | 907 | 127,3% |
| Libres congréganistes F | 3449 | 6036 | 5778 | 67,5% |
| Total | 60579 | 70672 | 71547 | 18,1% |

Cet accroissement du nombre d'écoles se traduit en moyenne nationale par une nette augmentation du ratio nombre d'écoles / 1000 enfants de 5-15 ans, qui passe de 9,4 en 1850 à 10,7 en 1867 et 11,2 en 1876. Les filles bénéficient plus particulièrement de cette évolution puisque leurs écoles qui représentaient 35 % de l'ensemble en 1850 dépassent les 40 % en 1876. Géographiquement on peut constater de très fortes disparités d'équipement pouvant s'expliquer par la plus ou moins forte densité de population et se traduisant par des ratios écoles / 1000 enfants deux à trois fois supérieurs à la moyenne nationale. On peut illustrer ce fait en citant le département de la Seine comptant cinq écoles pour mille enfants de 5-15 ans et inversement les départements de la Lozère avec 25 écoles, ou les départements alpins avec 18 écoles pour mille enfants. L'enseignement congréganiste, qui représente sur la période analysée de 17 à 28% des écoles, s'élève à plus de 50% dans une dizaine de départements (Loire, Haute-Loire, Ardèche, Rhône, Morbihan, Mayenne, Ille et Vilaine...)

### *1.1.6 Les enseignants*

La croissance du nombre des enseignants du primaire se produit essentiellement avant l'année 1863, on comptait ainsi 63 409 instituteurs et institutrices en 1840 et 108799 en 1863, alors que la variation 1863-1876 est relativement limitée avec un accroissement de 1910 personnes. Si l'on s'intéresse au type d'enseignement, on constate également que l'essentiel des transformations se produisent avant 1863 avec un très fort accroissement de l'enseignement congréganiste (20% en 1840 et 43% en 1863) et une très nette féminisation du corps enseignant (36% d'institutrices en 1840, 54% en 1863). Ces mouvements sont naturellement induits par l'évolution de la création d'établissements d'enseignement primaire, forte croissance du nombre d'écoles et plus particulièrement d'écoles de filles (7026 sur les 10093 écoles créées de 1850 à 1867) et d'écoles congréganistes (7993 écoles congréganistes, publiques ou libres, de plus en 1867 par rapport à l'année 1850). Géographiquement ce sont les départements situés sur les bordures nord et sud de la France qui sont le mieux pourvus en instituteurs (20 à 30 enseignants pour 1000 enfants de 5-15 ans) et inversement une large zone ouest et centre est nettement moins bien dotée (7 à 15 enseignants pour 1000 enfants) et ceci malgré un certain rattrapage se produisant dans ces zones sur la période 1840-1876. Les enseignants congréganistes voient leur nombre progresser et leur pourcentages s'accroître entre les années 1840 et 1876 sur la quasi totalité du territoire, ils deviennent fortement majoritaires dans quelques départements du Centre, de la vallée du Rhône, de l'Ouest ainsi que dans trois départements du Nord. On peut notamment citer les départements de la Loire et de la Haute-Loire où, en 1876, plus de 70 % des enseignants sont congréganistes, le Rhône (62%) le Vaucluse (66 %), les Côtes du Nord (61 %) et dans l'Ouest, l'Ille et Vilaine (74 %) le Morbihan (62 %) et le Finistère (56 %). La féminisation du corps enseignant dépasse les 53 % en 1876 avec cependant des pourcentages très différents selon que l'on considère l'enseignement laïc (34 % de femmes) ou l'enseignement congréganiste (79,7 %) et de ce fait la féminisation est d'autant plus importante géographiquement que le département comporte une forte structure d'écoles congréganistes.

Dans la suite de cette article, nous centrons notre analyse sur deux aspects du rapport Ferry: (I) la très forte augmentation de la scolarisation d'une classe d'âge en un très court laps de temps 1850-1877, et (II) le coût de fonctionnement de cette scolarisation en distinguant les quatre principaux financeurs: Communes, Départements, Etat et Ménages. Nous complétons le tout par une étude cliométrique en termes de convergence. Les départements français connaissent-ils le même développement en termes d'éducation? Y a-t-il eu rattrapage ou, au contraire, creusement des écarts?

## 1.2 Des résultats

### *1.2.1 La scolarisation*

L'information démographique nécessaire à notre étude de la scolarisation en France (la population totale départementale, la population de la classe d'âge 5-15 ans et la scolarisation de cette classe d'âge) n'est disponible que pour les années 1851, 1861, 1866 et 1876. En prolongement, l'information financière la plus complète concerne la période 1855-1876. Nous utilisons également la base de données de Peter Flora (1983).

Au cours de notre période d'observation (1850-1876), la population de la France connaît une légère croissance, compte tenu des variations du territoire national dues aux annexions, passant de 36 millions d'habitants en 1850 à environ 37 millions, vingt-six années plus tard. Presque tous les autres pays européens présentent une évolution similaire. Seulement trois d'entre eux diffèrent: l'Allemagne et l'Italie ont connu une hausse de leur population, et l'Irlande dont la population a diminué (cf. Flora, 1983).

L'annexion de la Savoie et du comté de Nice en 1860 avait accru la population française de 669000 habitants, tandis que la perte de l'Alsace-Lorraine, en 1871, avait amputé celle-ci d'un million et demi de personnes.

L'accroissement de la population n'est naturellement pas uniforme et profite surtout aux régions dynamiques par leur industrie et/ou leur commerce. Nous notons tout particulièrement les départements de la Seine, du Rhône, du Nord et le pourtour méditerranéen. En fait, l'on observe, dès cette époque, l'attraction des villes et une tendance à la diminution de la population rurale.

Dans cette population, la proportion des enfants en âge d'être scolarisés, les 5-15 ans, reste relativement stable en proportion, entre 17,3 et 18 %, avec cependant des pourcentages relativement plus élevés dans les régions rurales de l'Ouest et du Centre, ainsi que dans les zones industrielles du Nord et de l'Est. Cette tranche d'âge de 5-15 ans, sensiblement plus large que la période scolaire indiquée par les règlements administratifs (6-13 ans), est imposée par l'information issue des recensements démographiques, pas toujours homogène, d'autant plus que cette information sur l'âge des habitants n'apparaît qu'avec le recensement de 1851.

Dans ce contexte de relative stabilité de la population potentielle de l'enseignement primaire, l'on assiste à une très forte augmentation du nombre d'inscrits dans les écoles. Ce phénomène est observé dans tous les pays européens (Tableau 1).

Tableau 1. Taux de croissance du nombre d'inscrits dans les écoles en Europe (%).

| | Période | Taux de croissance |
|---|---|---|
| Autriche | 1850-1875 | 49,71 |
| Belgique | 1851-1875 | 33,98 |
| France | 1850-1876 | 41,97 |
| Allemagne | 1852-1878 | 62,58 |
| Italie | 1861-1875 | 74,14 |
| Pays-Bas | 1850-1875 | 38,08 |
| Suède | 1871-1876 | 19,41 |
| Angleterre et Pays de Galles | 1870-1880 | 48,45 |
| Ecosse | 1855-1875 | 244,85 |
| Irlande | 1870-1880 | 12,94 |

Sources: Calcul des auteurs d'après Flora (1983).

On compte, en 1850 en France, 3321423 inscrits, soit 51,5% de la population des 5-15 ans, en 1867, 4515967 élèves étaient recensés (soit 68,6%) et leur nombre s'élevait à 4716935 en 1876 soit 73,6% de la classe d'âge (cf. cartes 1 et 2).

La variation du nombre d'inscrits est encore plus impressionnante si l'on se réfère au recensement des élèves de 1837, premier recensement complet disponible, puisque l'on comptait à cette époque seulement 2690035 écoliers, et donc, un accroissement de 75% en l'espace de quarante années.

Cette augmentation de la scolarisation d'environ 42% est probablement due à une très forte augmentation des moyens matériels et humains mis à la disposition de l'enseignement primaire. Ainsi, en ce qui concerne les moyens matériels, l'on constate que le nombre d'écoles passe, durant cette période de vingt-cinq années, de 60579 à 71547, soit une augmentation de 18%, avec une forte diminution du nombre d'écoles libres (16736 à 10780) et des écoles publiques passant de 43843 à 60767, soit un accroissement de deux écoles par jour durant vingt-cinq ans et un taux de +38% sur la période (cf. carte 3).

L'évolution du nombre d'écoles publiques est encore plus spectaculaire en distinguant les écoles de filles des écoles de garçons. En effet, si celles-ci connaissent une variation de 15%, le nombre d'écoles de filles est multiplié par deux, passant de 9415 à 19257. De ce fait, si en 1850 on comptait encore 2690 communes n'ayant aucune école, elles n'étaient plus que 312 en 1876 avec cependant encore de sérieuses lacunes du côté des écoles de filles, puisque pratiquement une commune sur deux (16380) ne disposait pas d'un tel établissement.

Les moyens en enseignants progressent encore plus rapidement que le nombre d'écoles. De 1840 à 1876, le nombre d'instituteurs passe de 63409 à 110709, soit environ +75% (nous nous référons à l'année 1840, faute de disposer de statistiques complètes des enseignants pour l'année 1850) (cf. carte 4).

L'on constate également l'impressionnante progression du nombre des enseignants congréganistes (cf. carte 5) multiplié par 3,7 entre 1840 et 1876, avec une croissance plus rapide encore des hommes (2136 à 9468) multipliée par 4,5 que des femmes (10471 à 37216) multipliée par 3,5. Ainsi les effectifs congréganistes masculins, relativement réduits en 1840 (17% des effectifs), connaissent un certain rattrapage pour représenter un peu plus de 20% de ce type d'enseignants en 1876.

Par ailleurs, l'on assiste durant cette période à une transformation très nette du corps enseignant qui se féminise. Les hommes qui représentaient 64% du personnel en 1840 deviennent minoritaires en 1876 avec 47%, l'essentiel de l'accroissement du nombre des enseignants, près de 80%, étant le fait d'un recrutement féminin. Alors que l'on comptait 0,8 enseignant titulaire par école vers 1840, cette moyenne s'élevait à 1,5 en 1876.

L'accroissement des moyens mis à la disposition de l'instruction primaire a également permis de répondre aux besoins d'enseignement sans augmenter considérablement les effectifs moyens par école, de 55 enfants par établissement en 1850, on passe à 64 en 1867 et à 66 en 1876. Cette constatation est naturellement liée au fait que la spectaculaire variation des effectifs tient autant à la croissance des effectifs dans les écoles existantes, qu'à la création de nouvelles écoles.

### *1.2.2 Le financement*

L'analyse du financement de l'enseignement primaire nécessite au préalable un rappel de son fonctionnement et des principales transformations intervenues sur la période analysée.

Les coûts de fonctionnement sont essentiellement représentés par la fourniture par la commune d'un logement convenable à l'instituteur (lois du 28/6/1833 et du 15/3/1850) et le traitement de cet instituteur théoriquement à la charge de la Nation (décrets du 28/10/1793 et 19/11/1793), mais la faiblesse des ressources rendaient quasiment impossible l'application de ces décrets. De fait, les instituteurs devaient se contenter du logement fourni par la commune et d'une rétribution payée par les parents.

La loi du 28/6/1833 apporte une certaine réglementation en déterminant un minimum de traitement fixe des instituteurs de 200 francs et une procédure de financement. Ainsi les communes ne disposant pas de ressources ordinaires suffisantes devaient voter trois centimes additionnels s'ajoutant aux trois contributions locales (foncière, personnelle et mobilière). Les départements devaient également pallier l'éventuelle insuffisance des ressources ordinaires communales en votant deux centimes additionnels sur les mêmes taxes. Si les ressources communales et départementales étaient insuffisantes, l'Etat devait concourir au paiement du traitement fixe des instituteurs.

De fait, en 1850, l'essentiel de la charge pesait directement sur les familles. Ainsi, sur 12307076 francs de coûts, les familles payaient 8745408, les communes et départements 2765668 et l'Etat n'intervenait que pour 796000 francs.

Il n'est donc pas surprenant de constater de très fortes disparités départementales de scolarisation. De par ce financement direct ou indirect des parents, les plus forts taux de fréquentation des écoles se retrouvent dans les zones de développement économique rapide et d'une certaine richesse, à la fois par nécessité de disposer d'une main-d'œuvre ayant quelque instruction et l'obligation de devoir financer les coûts de cette instruction.

La priorité donnée à l'enseignement primaire va transformer ce financement à la fois en volume et en structure et aboutir à une très nette convergence départementale des taux de scolarisation.

La croissance très importante des moyens mis à la disposition de l'enseignement primaire s'est naturellement accompagnée d'une très forte augmentation des coûts de fonctionnement, multipliés par 2,7 en l'espace de vingt ans, soit un taux moyen annuel d'un peu moins de 5% (cf. cartes 6, 7 et 8).

Nous nous limitons, dans le cadre de cette analyse financière, aux seules dépenses ordinaires, soit les dépenses de fonctionnement. Les dépenses extraordinaires sont très incomplètes, ne faisant pas apparaître les dépenses d'investissement des communes.

En valeur absolue, le total des dépenses de fonctionnement passe de 25 millions de francs à environ 68 millions de francs avec, au cours de la période, une forte accélération de 44% en 1868. Ce presque triplement des dépenses de l'instruction primaire en l'espace de deux décennies est, à nos yeux, le résultat d'une politique d'accroissement des moyens mis à la disposition de l'éducation, avec à la fois une augmentation du nombre d'écoles, d'enseignants et une revalorisation de la fonction d'instituteur.

Le ratio «dépenses de fonctionnement par inscrit» passe ainsi de 6,75 francs en 1856 à 14,45 francs en 1876, avec un certain rattrapage des départements, relativement mal lotis en 1856 (Bretagne, Nord et une large bande territoriale le long de l'est de la France), tandis qu'au contraire le Sud-Ouest, le Centre et la Région Parisienne vont connaître des variations plus limitées.

Les cartes retraçant la situation des coûts de l'enseignement primaire par inscrit en 1856 (cf. carte 6) et l'évolution 1855-1876 de ces coûts (cf. carte 8) sont très largement complémentaires et expriment nettement le rattrapage des bordures nationales ouest, nord et est.

La croissance des coûts de fonctionnement se produit après 1867. Jusqu'à cette date, l'on observe une certaine stabilité des situations avec environ 20% des départements connaissant des coûts inférieurs à six francs par inscrit et 20% connaissant des valeurs situées entre dix et dix-sept francs, alors qu'en 1876 (cf. carte 7) les quinze départements les moins dotés se situent dans une fourchette de neuf à douze francs et les douze mieux dotés entre dix-huit et vingt-deux francs.

Cette croissance des coûts est, là encore, à mettre en relation avec la revalorisation de la fonction d'enseignant, avec notamment la loi du 10 avril 1867 augmentant le nombre de centimes départementaux et communaux destinés à financer les instituteurs, ainsi que la loi du 19 juillet 1875 allant dans le même sens.

En effet, ces lois vont quelque peu transformer la structure du financement des coûts de fonctionnement de l'école primaire au cours de la période 1855-1876, comme le montre le tableau ci-après:

Tableau 2. La structure du financement de l'enseignement primaire (%).

| | 1855 | 1860 | 1866 | 1870 | 1875 |
|---|---|---|---|---|---|
| Etat | 11,9 | 8,5 | 8,9 | 12,5 | 15,2 |
| Département | 12,2 | 9,8 | 8,0 | 9,7 | 9,2 |
| Commune | 39,2 | 38,3 | 39,1 | 41,7 | 45,0 |
| Ménages | 36,0 | 42,5 | 43,0 | 34,5 | 28,9 |
| Legs et dons | 0,7 | 0,8 | 1,0 | 1,7 | 1,6 |
| Total | 100 | 100 | 100 | 100 | 100 |

La part de l'Etat, qui était en constante diminution jusque en 1866, se redresse fortement pour représenter un peu plus de 15% des coûts de fonctionnement en fin de période (cf. carte 9). La part des départements se stabilise aux environs de 9% (cf. carte 10). La part des communes, qui se situait à 39% dans la décade 1855-1866, augmente nettement pour représenter 45% en fin de période (cf. carte 11). Enfin, la contribution des parents, qui était devenue prépondérante dans les années 1860-1866, s'infléchit très nettement pour ne plus représenter que 29% des coûts de fonctionnement en 1875 (cf. carte 12).

En francs par écolier inscrit, les variations 1856-1876 sont très importantes avec un doublement des coûts, ceux-ci passant globalement de 6,98 francs à 14,45 francs. L'accélération se fait presque uniquement sur la période 1867-1876. L'année 1867 se situe à 7,51 francs, soit à un niveau peu différent de celui connu en 1856.

Les lois votées à partir de l'année 1867 ont également modifié, très largement, le financement par inscrit comme le montre le tableau suivant:

Tableau 3. Le coût de fonctionnement annuel (en francs) par élève inscrit dans l'enseignement primaire.

| | 1856 | 1867 | 1876 |
|---|---|---|---|
| Etat | 0,80 | 0,79 | 2,23 |
| Département | 0,83 | 0,64 | 1,45 |
| Commune | 2,79 | 2,73 | 6,57 |
| Ménages | 2,50 | 3,27 | 4,00 |
| Legs et dons | 0,05 | 0,08 | 0,20 |
| Total | 6,98 | 7,51 | 14,45 |

Géographiquement, l'on remarque des structures de financement par inscrit très différentes, du fait du système exposé plus haut. En ce qui concerne l'Etat, les sommes les plus importantes se situent dans les départements du sud de la France, avec des pourcentages de participation de 40 à 77 % dans une douzaine de départements, dont notamment la Corse et des départements de montagne comme les Pyrénées et les Alpes.

Les financements des départements, peu différenciés géographiquement jusqu'en 1867, sont en 1876 nettement plus élevés dans le Nord et le Sud-Ouest, avec un maximum de participation de 25 % en Seine-Maritime.

Les communes consacrent également plus d'argent par inscrit dans le nord, l'est et le sud de la France (Aquitaine et pourtour méditerranéen) avec, dans une vingtaine de départements, des participations dépassant très nettement les 60 % (les Alpes-Maritimes (67 %) et les Bouches-du-Rhône (84 %)). Certains pourcentages départementaux sont encore plus élevés, mais doivent être considérés avec une grande prudence car les statistiques des participations d'autres intervenants (Etat et Département) peuvent avoir été omises.

Dans le cas des ménages, les concours sont nettement plus importants dans une large bande Ouest allant de la Normandie à l'Aquitaine avec également un axe Bretagne-Alpes. Dans ces zones géographiques, l'on compte une vingtaine de départements où le financement par les parents se situe entre 40 et 55% en 1876.

Les tests de convergence, présentés par la suite, confirment très largement ces premiers résultats.

### *1.2.3 La convergence*

La convergence est une des notions essentielles du modèle de croissance néo-classique. En 1956, R. Solow parvient à la conclusion que les économies convergent naturellement vers l'état stationnaire à la vitesse $v$ telle que:

$$v = (1-\alpha)(n+\lambda+\delta)$$

où n est le taux de croissance de la population active, $\alpha$ est l'élasticité de la production par rapport au capital, $\lambda$ est le taux de croissance du progrès technique et $\delta$ est le taux de dépréciation du capital.

Des études plus récentes sur la croissance économique (cf. plus particulièrement R. Barro et X. Sala-i-Martin 1992, 1995) font état de deux types de convergence:

- La convergence du $\beta$ (convergence absolue): il y a convergence lorsqu'une économie pauvre tend à rattraper une économie riche en terme de revenu ou de production par tête.
- La convergence du $\sigma$ (dispersion en coupe instantanée): il y a convergence lorsque la dispersion, mesurée par l'écart type du logarithme du revenu (ou de la production) par tête d'un groupe d'entités économiques, baisse au cours du temps.

Divers auteurs se sont intéressés à la notion de convergence et à sa vérification empirique. Toutefois, ces analyses portent généralement sur le revenu par tête (cf. plus particulièrement Barro et Sala-i-Martin, 1991, 1992, 1995 (Chapitre 11)). Si cet indicateur est pertinent au niveau des performances économiques, son interprétation est imparfaite au niveau régional, de par sa construction même qui pose le problème de la localisation des facteurs de production. Plus l'on considère des entités économiques fines (régions, départements) plus la notion de PIB perd de son sens. A l'image des récentes études en terme de convergence (Baumont, Ertur et Le Gallo, 2002; Fuente, 2002), qui proposent de nouveaux indicateurs comme le chômage ou la structure de l'emploi (Houard et Marfouk, 2000), notre démarche pose comme hypothèse nouvelle, l'existence d'une convergence des départements français en matière de scolarisation.

Le coefficient de convergence absolue s'estime grâce à une régression non linéaire sur données transversales, de la forme:

$$\frac{1}{T-t}\cdot\ln\left(\frac{Y_{iT}}{Y_{it}}\right)=B-\left(\frac{1-e^{-\beta(T-t)}}{T-t}\right)\cdot\ln Y_{it}+u_i$$

où t et T sont respectivement la première et le dernière année de la période d'observation, i une entité économique, Y l'indicateur économique par habitant et u un résidu. En situation de convergence, le taux de croissance moyen au cours de la période d'observation et le logarithme du niveau initial de l'indicateur économique par tête, sont liés négativement, ce qui implique un coefficient β positif. Pour un groupe de n entités i, i = 1 à n, on dira donc qu'entre les dates t et T, il y a rattrapage si le coefficient β est positif de manière significative. De plus, l'importance du coefficient β est une représentation de la rapidité avec laquelle le niveau de l'indicateur économique par tête de l'entité pauvre se rapproche de celui de l'entité riche. Après avoir estimé par les Moindres Carrés non linéaires l'équation précédente, tester la présence de convergence revient à faire un test de significativité sur le coefficient b, c'est à dire tester les hypothèses:

- Ho: $\beta = \beta o$, il n'y a pas convergence avec ici $\beta o = 0$.
- $H_1$: $\beta \neq 0$, il y a convergence.

On utilise pour cela la statistique de Student: $t_c = \frac{\hat{\beta}-\beta_0}{\hat{\sigma}_{\hat{\beta}}}$ qui suit une loi de Student à (n-k) degrés de liberté (notée T(n-k)), n étant le nombre d'observations (ici les entités économiques) et k le nombre de paramètres estimés. Toutefois, comme nous avons ici n>30, nous utilisons l'approximation normale: T(n-k) → N(0, 1).

Pour un risque de première espèce a de 5 %, la règle de décision est la suivante avec $U_{95\%}$, la valeur critique d'une loi normale centrée réduite :

- si $|t_c| < U_{95\%}$[2], l'hypothèse Ho est acceptée.
- si $|t_c| > U_{95\%}$, on accepte l'hypothèse de convergence si $\beta>0$.

En ce qui concerne les effectifs scolarisés, nos résultats statistiques sont particulièrement clairs (cf. Annexe 1). Nous observons une convergence de la scolarisation au niveau primaire. En d'autres termes, les départements tendent à présenter une scolarisation de plus en plus homogène. Ce point confirme donc nos investigations cartographiques.

*La convergence en termes d'effectifs*

| Période | Observation |
|---|---|
| 1850-1876 | Convergence |
| 1850-1856 | Convergence |
| 1856-1863 | Convergence |
| 1863-1867 | Convergence |
| 1867-1876 | Convergence |

En termes de financements scolaires, les départements français tendent également à converger. Tout au long du 19e siècle, le coût de l'éducation par inscrit tend donc à être de moins en moins inégal. Ceci dit, le processus de convergence est différent suivant les acteurs intervenant dans le financement de l'éducation (cf. Annexe 2). Ainsi, les dépenses de ménages convergent lors de la première sous-période (1856-1867). Quant au financement public, il ne converge qu'à partir de 1867.

*La convergence en termes de financement*

| Période | Le coût total d'éducation par inscrit | Les dépenses à la charge de l'Etat par inscrit | Les dépenses à la charge des départements par inscrit | Les dépenses à la charge des communes par inscrit | Les dépenses à la charge des ménages par inscrit |
|---|---|---|---|---|---|
| 1856-1876 | Convergence | Convergence | Convergence | Convergence | Convergence |
| 1856-1867 | Non Conv. | Non Conv. | Non Conv. | Non Conv. | Convergence |
| 1867-1876 | Convergence | Convergence | Convergence | Convergence | Non Conv. |

2 La valeur critique d'une loi normale centrée réduite au seuil de première espèce de 5 % est de 1,96.

En effet, l'arrivée de V. Duruy aux fonctions de ministre de l'instruction publique, marque un tournant. Son travail débouche sur la loi du 10 avril 1867, qui développe les écoles de filles et permet la gratuité dans les communes où les conseils municipaux la sollicitent.

## Conclusion

L'objet de cet article a été, d'une part de présenter une analyse des indicateurs statistiques que nous avons élaborés sur l'évolution de longue période du système éducatif français avant les lois Ferry, d'autre part de développer une application en termes de convergence.

Les séries calculées concernent l'ensemble du territoire français et permettent, par conséquent, de bénéficier d'une vue globale de l'évolution de longue période de son système éducatif. Si l'on arrive désormais à bien connaître la masse des élèves qui fréquentent les établissements scolaires au 19e siècle, on connaît beaucoup moins bien la façon dont cette masse évolue et se répartit entre les départements de l'Hexagone.

Dans cette perspective, nous avons cherché, fidèle à notre démarche cliométrique (cf. <www.cliometrie.org>), à mieux comprendre quand et comment s'est effectué le développement de la scolarisation en France, quelles en furent les principales étapes et comment les interpréter. Au terme de notre parcours, il apparaît clairement que, depuis le début du 19e siècle, le moteur du processus de scolarisation de masse est, avant toute chose, la fondation de nouvelles écoles. Une école qui ouvre c'est un recul de l'analphabétisme, et ceci même si tous les enfants n'y viennent pas.

A l'image de Maggiolo en 1866, nous distinguons une ligne imaginaire Saint-Malo-Genève avec une France du Nord et du Nord-Est, dans laquelle le nombre des conjoints sachant signer leur acte de mariage atteint des pourcentages élevés, et une France se composant de l'Ouest armoricain, du Massif central et du Midi méditerranéen où sévit un fort taux d'analphabétisme (cf. Furet et Ozouf, 1977). Nous déterminons, en même temps, un processus de convergence des départements français en matière d'éducation bien avant le vote des Lois Ferry, comme si ces dernières ne venaient que finaliser un processus amorcé bien avant leur entrée en vigueur. En somme, les Lois Ferry, un mythe qui a réussi? Quoi qu'il en soit, il apparaît clairement que ce ne sont pas les Lois Ferry de 1881 et 1882, mais bien la Monarchie de Juillet et le Second Empire, qui ont porté le processus de la scolarisation de la France au 19e siècle!

## Bibliographie

*Articles et ouvrages*


ALBERTINI, P. (1992). *L'école en France, XIXe-XXe siècles, de la maternelle à l'université*, Hachette, Paris.

BARRO, R., SALA-I-MARTIN, X. (1992). «Convergence», *in* Journal of Political Economy, 100, pp. 223-251.

BARRO, R., SALA-I-MARTIN, X. (1995). *Economic Growth*, McGraw-Hill, Inc., New York.

BAUMONT, C., ERTUR, C., LE GALLO, F. (2002). «Estimations des effets de proximité dans le processus de convergence régionale: une approche par l'économétrie spatiale sur 92 régions européennes (1980-1995)», *in* Revue d'Economie Régionale et Urbaine, 2, pp. 203-216.

BRIAND, J.-P., CHAPOULIE, J.-M., HUHUET, F., LUC, J.-N., PROST, A. (1987). *L'enseignement primaire et ses extensions. Annuaire statistique, XIXe-XXe siècles. Ecoles maternelles, primaires, primaires supérieures et professionnelles*, Economica/Inrp, Paris.

BRIAND, J.-P., CHAPOULIE, J.-M. (1992). *Les collèges du peuple. L'enseignement primaire supérieur et le développement de la scolarisation prolongée sous la Troisième République*, Inrp/Cnrs, Paris.

BRIAND, J.-P., CHAPOULIE, J.-M. (1979). «Les statistiques scolaires comme représentation et comme activité», *in* Revue française de sociologie, 20, pp. 669-702.

CHARMASSON, T. (sous la dir.) (1986). *L'histoire de l'enseignement, XIXe-XXe siècles. Guide du chercheur*, Inrp/Publications de la Sorbonne, Paris.

DESROSIÈRES, A. (1993). *La politique des grands nombres. Histoire de la raison statistique*, La Découverte, Paris.

DIEBOLT, C. (1983). «La cliométrie se rebiffe ! », *in* <www.cliometrie.org>.

FLORA, P. (1983). *State, Economy and Society in Western Europe 1815-1975. A Data Handbook in Two Volumes*, MacMillan Press.

FUENTE, A. DE LA (2002). «On the Sources of Convergence: A Close Look at the Spanish Regions», *in* European Economic Review, 46, pp. 569-599.

FURET, F., OZOUF, M. (1977). *Lire et écrire. L'alphabétisation des Français de Calvin à Jules Ferry*, Paris, Editions de Minuit, Paris.

GREW, R., HARRIGAN, P. (1991). *School, State, and Society. The Growth of Elementary Schooling in Nineteenth-Century France – A Quantitative Analysis*, University of Michigan Press, Ann Arbor.

HISTOIRE GÉNÉRALE DE L'ENSEIGNEMENT ET DE L'ÉDUCATION EN FRANCE (1981). 4 Tomes, Nouvelle Librairie de France, Paris.

HOUARD, J., MARFOUK, A. (2000). *« Portrait socio-économique des régions européennes », in* BEINE, M., DOCQUIER, F., Croissance et convergence des régions. Théorie, faits et déterminants, De Boeck Université, Bruxelles.

LUC, J.-N. (1985). *La statistique de l'enseignement primaire XIX^e^-XX^e^ siècles. Politique et mode d'emploi*, Inrp/Cnrs, Paris.

LUC, J.-N. (1986). «L'illusion statistique», *in* Annales E.S.C., 41, pp. 887-911.

PROST, A. (1968). *L'enseignement en France 1800-1967*, A. Colin, Paris.

SOLOW, R. (1956). «A Contribution to the Theory of Economic Growth», *in* Quarterly Journal of Economics, 70, pp. 65-94.

*Archives et annuaires*

*Annuaire Statistique de la France*, Imprimerie Nationale (cf. plus particulièrement les annuaires rétrospectifs de 1951 (58e volume) et de 1966 (72e volume).

*Archives Nationales, Sous-séries* $F^{17}$ *et* $F^{17bis}$.

*Comptes définitifs rendus par les Ministres*, Imprimerie Nationale, Paris.

*Compte Général de l'Administration des Finances*, Imprimerie Nationale, Paris.

*Statistique de l'enseignement primaire*, Imprimerie Nationale, Paris.

*Statistique de l'enseignement primaire supérieur*, Imprimerie Nationale, Paris.

# Annexes

## *Annexe 1 : Convergence en termes d'effectifs*

| | *Coefficient β* | *T-Calculé* | *Hypothèse* | *$R^2$* | *Nb. observations* |
|---|---|---|---|---|---|
| *Sous-période 1: 1850-1856* | 0,0276 | 14,83 | H1 | 0,7612 | 86 |
| *Sous-période 2 : 1856-1863* | 0,0274 | 8,28 | H1 | 0,4962 | 89 |
| *Sous-période 3: 1863-1867* | 0,0146 | 2,81 | H1 | 0,0894 | 89 |
| *Sous-période 4: 1867-1876* | 0,0689 | 9,43 | H1 | 0,6902 | 85 |
| *Période totale: 1850-1876* | 0,0414 | 13,99 | H1 | 0,8928 | 82 |

| *Sous période* | *Valeur du coefficient β* | *Ordre d'importance de la convergence* |
|---|---|---|
| 1850-1856 | 0,0276 | 2 |
| 1856-1863 | 0,0274 | 3 |
| 1863-1867 | 0,0146 | 4 |
| 1867-1876 | 0,0689 | 1 |

## *Annexe 2 : Convergence en termes de financement*

### *Le coût total d'éducation par inscrit*

| | *Coefficient β* | *T-Calculé* | *Hypothèse* | *$R^2$* | *Nb. observations* |
|---|---|---|---|---|---|
| *Sous-période 1: 1856-1867* | 0,0087 | 0,81 | Ho | 0,0086 | 85 |
| *Sous-période 2: 1867-1876* | 0,1593 | 6,82 | H1 | 0,7752 | 84 |
| *Période totale: 1856-1876* | 0,0373 | 6,53 | H1 | 0,5548 | 81 |

### *Les dépenses à la charge de l'Etat par inscrit*

| | *Coefficient β* | *T-Calculé* | *Hypothèse* | *$R^2$* | *Nb. observations* |
|---|---|---|---|---|---|
| *Sous-période 1: 1856-1867* | -0,0014 | -0,28 | Ho | 0,0019 | 43 |
| *Sous-période 2: 1867-1876* | 0,0425 | 3,32 | H1 | 0,2484 | 54 |
| *Période totale: 1856-1876* | 0,0194 | 3,59 | H1 | 0,3138 | 45 |

### *Les dépenses à la charge des départements par inscrit*

| | *Coefficient β* | *T-Calculé* | *Hypothèse* | *$R^2$* | *Nb. observations* |
|---|---|---|---|---|---|
| *Sous-période 1: 1856-1867* | 0,0033 | 0,42 | Ho | 0,0023 | 81 |
| *Sous-période 2: 1867-1876* | 0,1051 | 6,43 | H1 | 0,6277 | 79 |
| *Période totale: 1856-1876* | 0,0307 | 5,98 | H1 | 0,4781 | 79 |

*Les dépenses à la charge des communes par inscrit*

| | *Coefficient β* | *T-Calculé* | *Hypothèse* | $R^2$ | *Nb. observations* |
|---|---|---|---|---|---|
| *Sous-période 1: 1856-1867* | 0,0125 | 1,32 | Ho | 0,0240 | 85 |
| *Sous-période 2: 1867-1876* | 0,0292 | 2,39 | H1 | 0,0864 | 84 |
| *Période totale: 1856-1876* | 0,0072 | 1,10 | Ho | 0,0175 | 81 |

*Les dépenses à la charge des ménages par inscrit*

| | *Coefficient β* | *T-Calculé* | *Hypothèse* | $R^2$ | *Nb. observations* |
|---|---|---|---|---|---|
| *Sous-période 1: 1856-1867* | 0,0135 | 2,55 | H1 | 0,0854 | 84 |
| *Sous-période 2: 1867-1876* | 0,0038 | 0,50 | Ho | 0,0032 | 83 |
| *Période totale: 1856-1876* | 0,0084 | 1,88 | Ho | 0,0509 | 81 |

Carte 1. Part des enfants âgés de 5 à 15 ans inscrits en primaire en 1850.

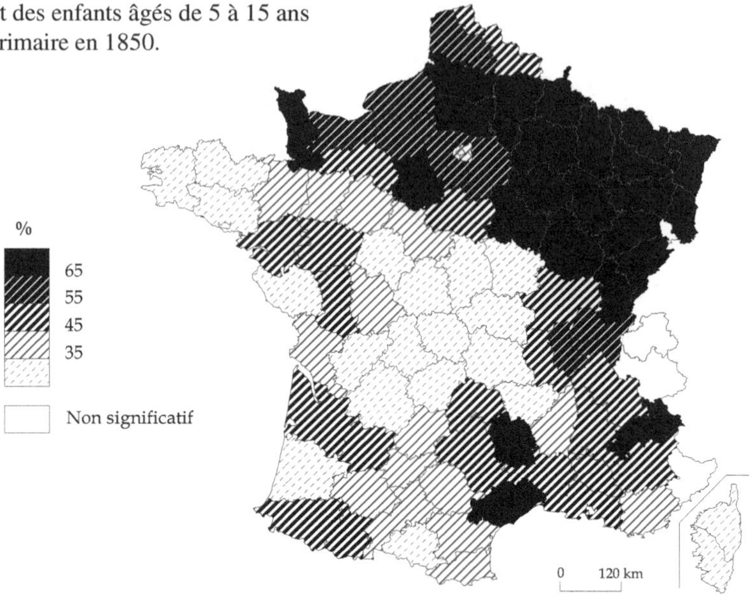


Carte 2. Part des enfants âgés de 5 à 15 ans inscrits en primaire en 1876.

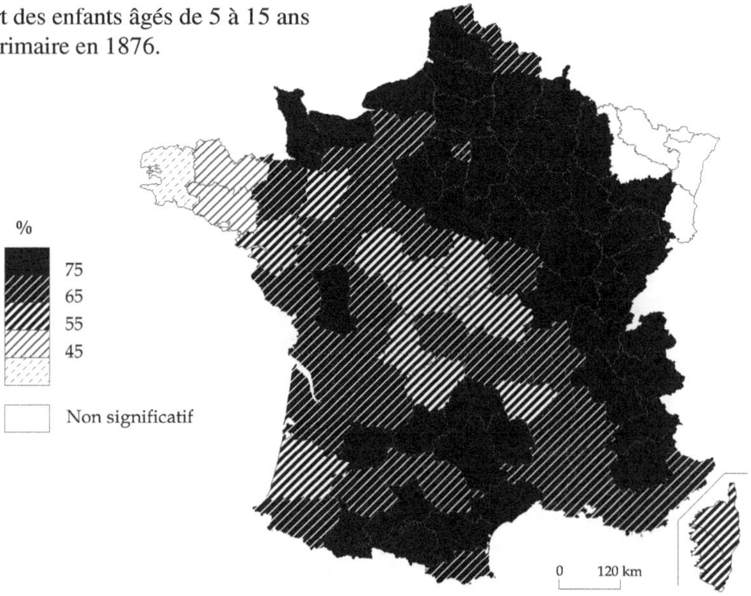

Carte 3. Evolution des écoles primaires entre 1850 et 1876.

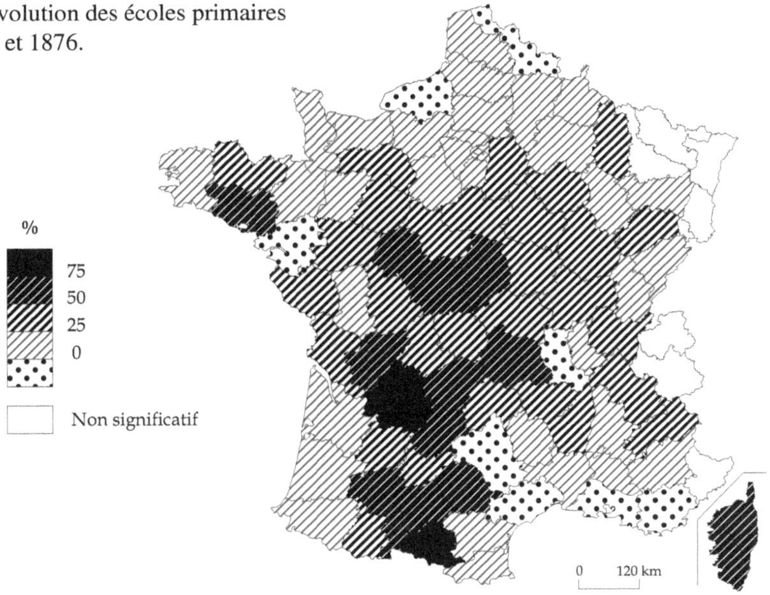


Carte 4. Variation des enseignants du primaire entre 1840 et 1876 (indice 100 en 1840).

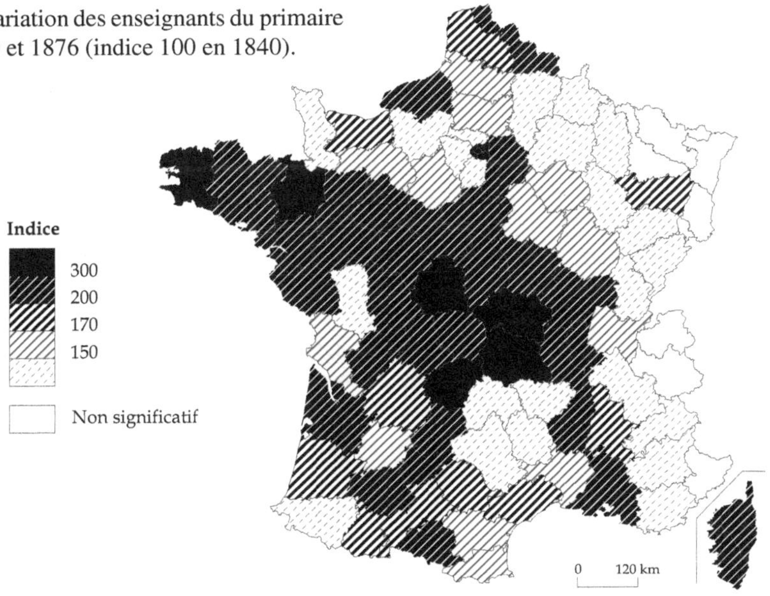

Carte 5. Evolution des enseignants congréganistes du primaire entre 1840 et 1876 (indice 100 en 1840).

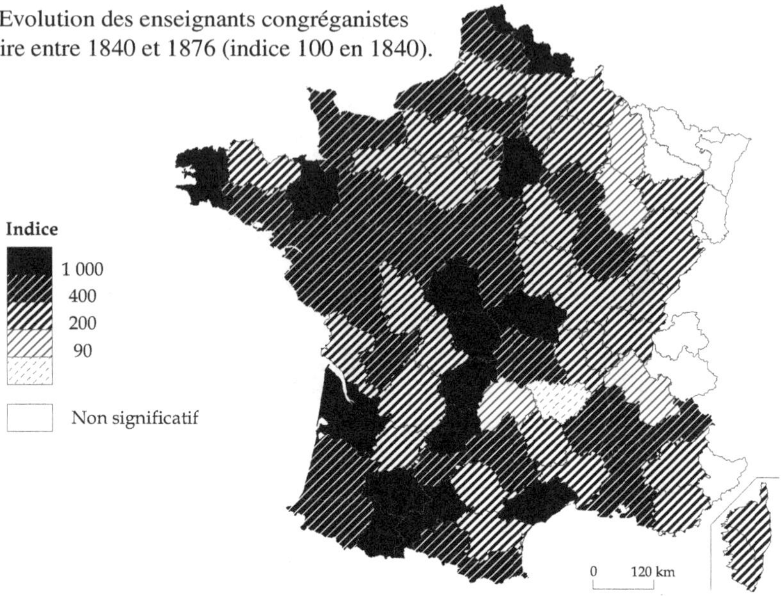


Carte 6. Coût de fonctionnements annuels en 1856 (en francs par inscrit).

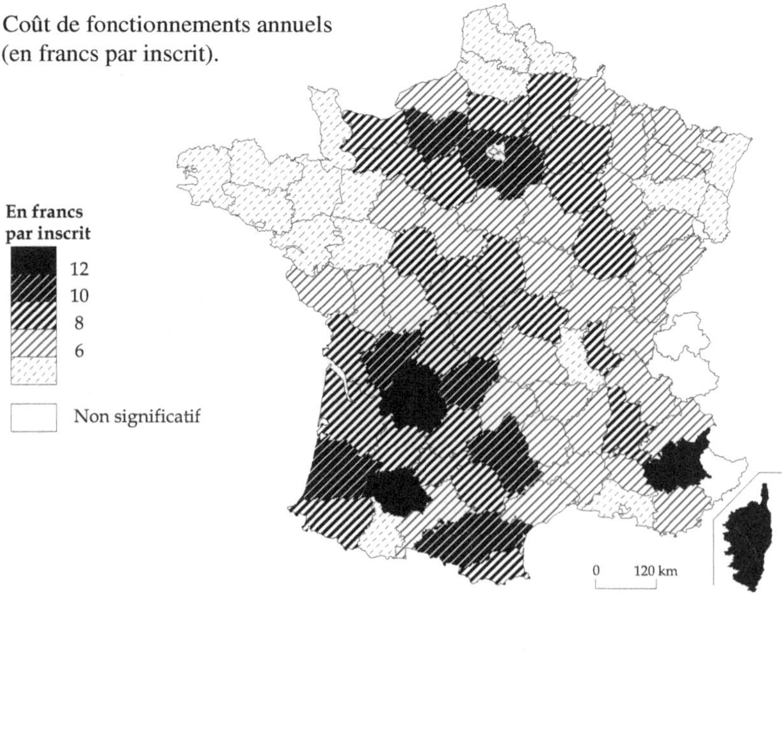

Carte 7. Coût de fonctionnements annuels en 1876 (en francs par inscrit).

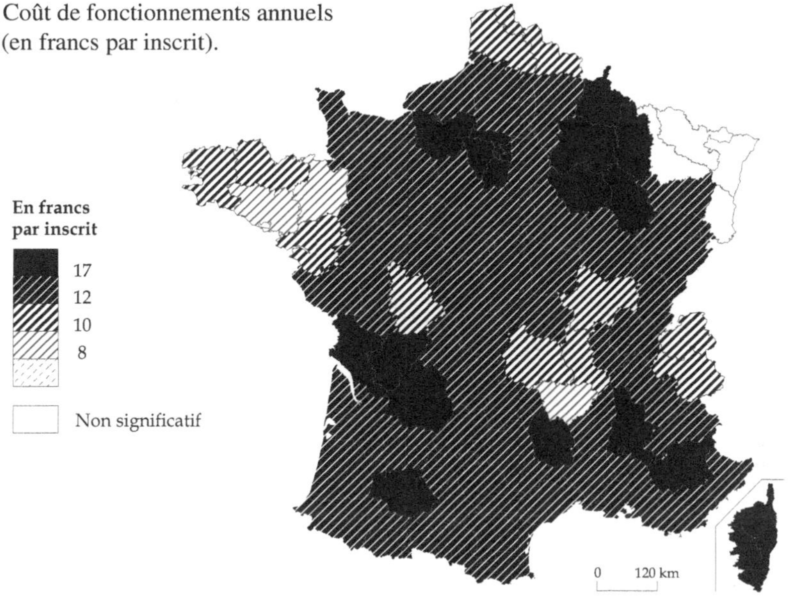


Carte 8. Variation des coûts de fonctionnements annuels entre 1856 et 1876 (indice 100 en 1856).

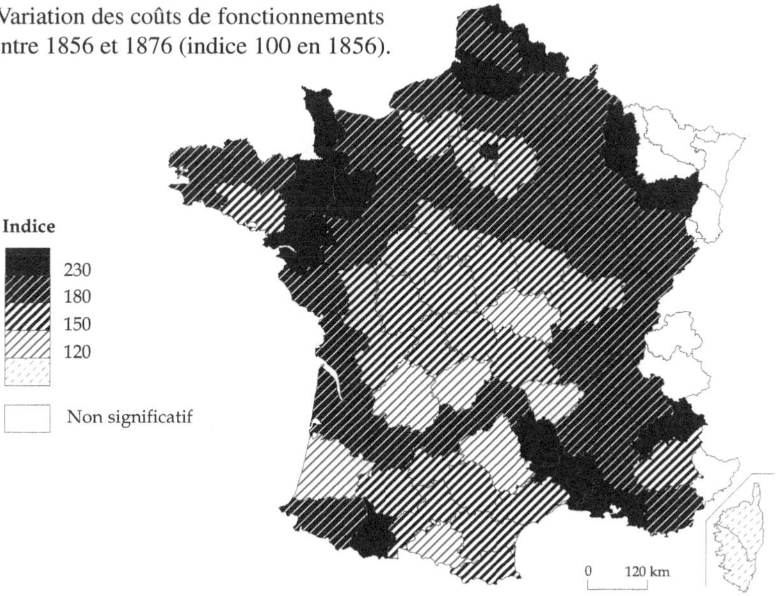

Carte 9. Les financements par l'Etat en 1876 (en francs par inscrit).

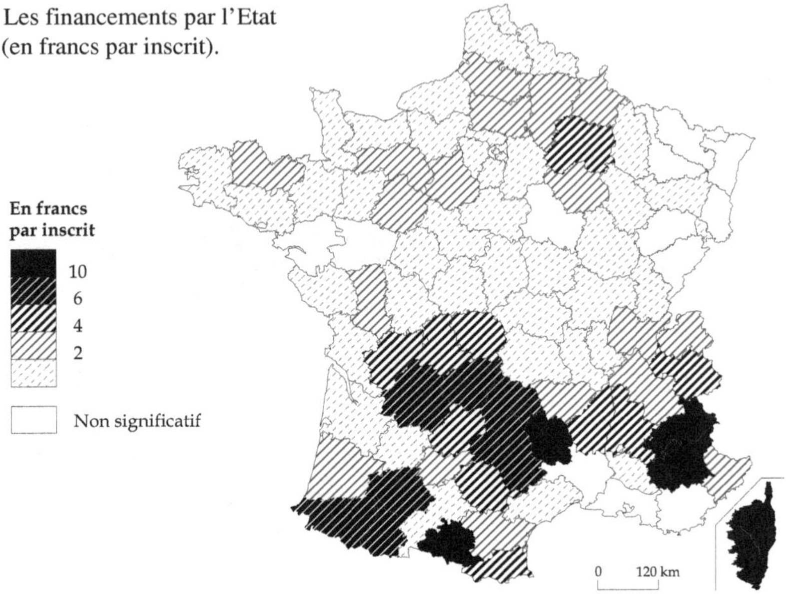


Carte 10. Les financements par les départements en 1876 (en francs par inscrit).

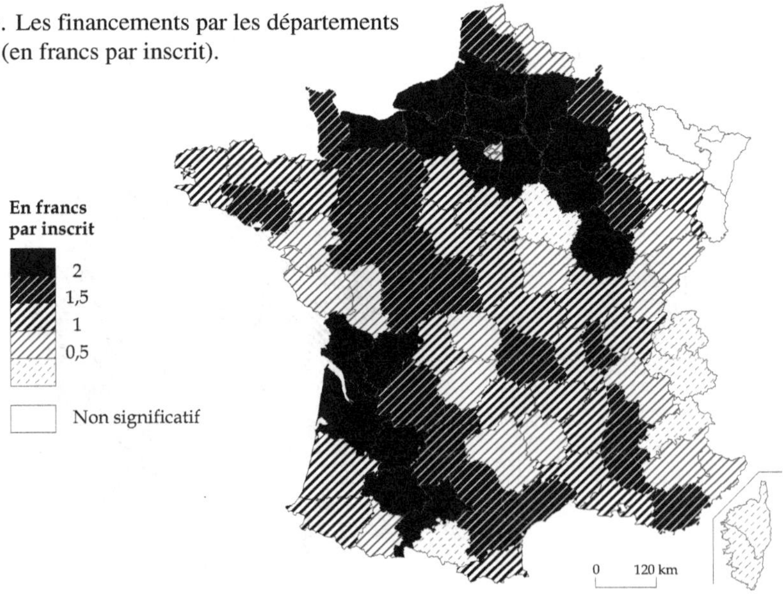

Carte 11. Les financements par les communes en 1876 (en francs par inscrit).

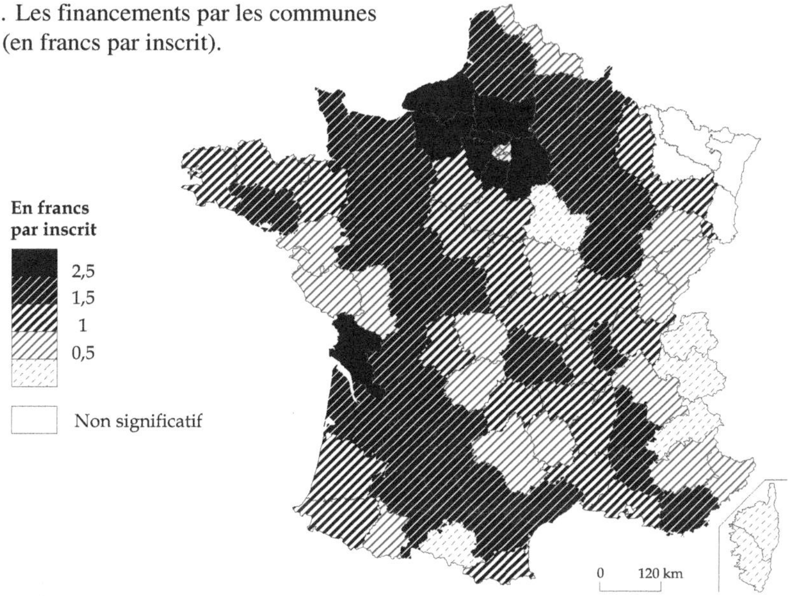


Carte 12. Les financements par les parents en 1876 (en francs par inscrit).

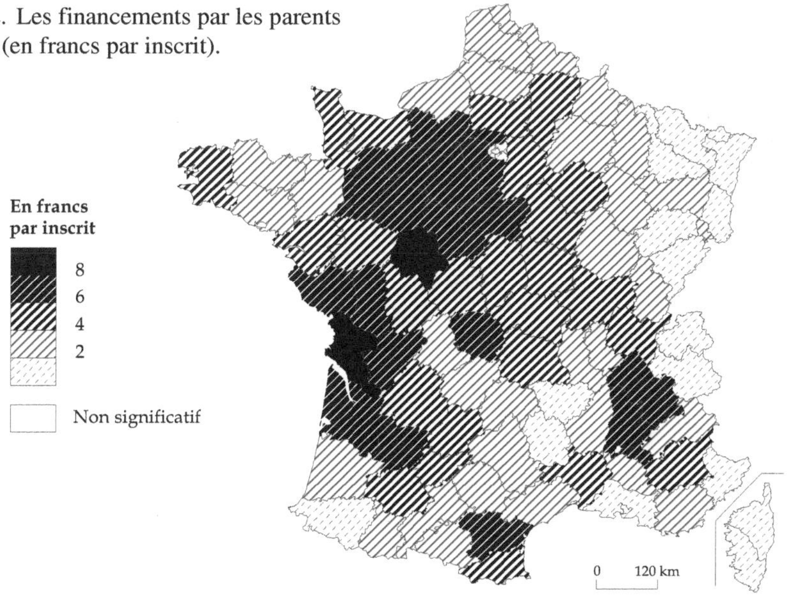

# 2. La théorie de l'engorgement

## Introduction

Le spectre du communisme qui, selon l'expression de K. Marx, hante l'Europe a un cousin: le spectre du prolétariat universitaire! Pour les effectifs scolarisés dans les Universités allemandes et prussiennes, depuis le début du 19e siècle et jusqu'à la veille de la Seconde Guerre mondiale, des phases de surproduction et de pénurie, des effets d'attraction et de dissuasion se sont succédés avec une régularité surprenante. Comment expliquer ce phénomène? Comment fournir, sur la longue période, les bases d'une lecture renouvelée de la relation formation emploi? Comment livrer des propositions concrètes susceptibles de guider, sans paralogismes, la politique éducative actuelle et, plus largement, la politique économique en matière de lutte contre le chômage? La production de séries statistiques nouvelles (effectifs scolarisés, professions correspondantes, origine sociale des étudiants, salaires, etc.) représente une des pistes de recherche possible. Appliquée au cas de l'Allemagne, aux 19e et 20e siècles, elle permet de soutenir une double hypothèse:

- D'une part, que le comportement des étudiants lors du choix de la filière d'enseignement dépend des gains escomptés. En effet, l'affectation des étudiants dans les différentes facultés est fonction du rendement relatif de ces dernières en matière de salaires anticipés et de débouchés dans les secteurs professionnels correspondants[1].
- D'autre part, qu'un effet d'attraction peut se manifester pour certaines filières d'enseignement lorsqu'un déficit apparaît dans différents

1 Nous sommes néanmoins conscient que l'incertitude, le risque et l'information imparfaite (l'illusion salariale notamment) sont des facteurs essentiels de la vie socio-économique auxquels les étudiants ont à faire face au moment de leur décision d'investissement. Ils permettent, le cas échéant, de mieux comprendre la « sous-optimalité » de leur choix.

secteurs professionnels. Une fois le déficit comblé, l'effet d'appel continue en raison du retard dans la perception de la situation par les jeunes générations, ce qui peut conduire progressivement à une situation de surproduction relative de diplômés. De cette situation déséquilibrée, qui détourne vers d'autres filières d'enseignement les cohortes nouvelles d'étudiants, peut naître un nouveau déficit entraînant, en définitive, une évolution cyclique modulée selon les débouchés professionnels.

Partant de là, l'objet de ce chapitre est de développer une théorie macroéconomique de l'engorgement. En d'autres termes, il vise à établir, comme les modèles récursifs de toile d'araignée de R. Freeman[2], d'éventuels relations de causalité entre l'évolution des effectifs scolarisés et le marché du travail ou plutôt les marchés du travail.

Cela étant, le concept de marché du travail est plus commode que précis. Sur la longue période, il doit être utilisé avec précaution et toujours par analogie. En effet, tout au long du 19e siècle, voire même jusqu'à la fin de la Seconde Guerre mondiale, il n'existe pas, *a priori*, pour les professions intellectuelles, un marché régulier au sens propre du terme, c'est-à-dire avec un minimum d'organisation de sorte que des phénomènes de saturation et de pénurie soient facilement perceptibles. Par ailleurs, une analyse historique en termes de marchés du travail part de l'hypothèse centrale qu'il existe, dès le 19e siècle, un lien organique et réciproque entre formation et emploi. Même s'il est indéniable que les professions intellectuelles supposent un certain type et niveau d'études comme condition à leur exercice effectif, l'inverse n'est pas toujours affirmé. Avant 1945, les études sont loin d'être orientées sur les professions. A une époque où l'éthique sociale s'acharne à rabaisser la valeur du travail dans la mesure où celui-ci représente un étage inférieur de la hiérarchie sociale, beaucoup de diplômés s'empressent de se soustraire aux mécanismes du monde du travail dès qu'une certaine indépendance et stabilité de leurs ressources, même réduites, le leur permettent. En fait, s'il était honorable pour chacun d'avoir une occupation, il était pour beaucoup jugé préférable que ce ne fût point une profession.

2 Cf. Freeman, R. (1971), *The Market for College-Trained Manpower. A Study in the Economics of Career Choice*, Harvard University Press, Cambridge.

En définitive, même s'il est délicat, sur le long terme, de postuler une relation de causalité entre l'expansion et la contraction du marché du travail des professions académiques et la conjoncture des effectifs scolarisés de l'Université, cela ne signifie nullement qu'une telle relation n'existe pas. Nous sommes donc conscients de l'écart existant entre le souhaitable et le possible. Même si nous pouvons énoncer sans trop de difficultés quels sont les indicateurs les plus satisfaisants pour nos travaux et espérer que les progrès à venir dans la collecte des données statistiques transformeront un jour nos vœux en réalité, il nous faut avant tout choisir parmi les indicateurs disponibles. Exigence de représentativité tout d'abord, parce que les phénomènes éducatifs et économiques, à l'aide desquels nous cherchons à caractériser un certain stade ou niveau de développement socio-économique national, doivent être saisis à travers des indicateurs synthétiques. Synthétique, car un indicateur, aussi pertinent soit-il, sera toujours un appauvrissement par rapport à la réalité complexe qu'est l'éducation ou l'économie. Exigence de cohérence ensuite, afin que les indicateurs puissent être mis en parallèle. De ce point de vue, il convient avant tout de faire une distinction entre des indicateurs de stocks (statiques) et des indicateurs de flux (dynamiques).

Exigence de comparabilité enfin, parce que les modes de collecte de l'information et d'établissement des statistiques varient dans le temps et dans l'espace. Ainsi, n'oublions pas que, tout au long du 19e siècle, pour mesurer le flux d'entrées à l'Université, les registres d'inscriptions ne constituent qu'un instrument très imparfait. Tout d'abord pour des raisons intrinsèques, car les matricules recensent parfois des non étudiants (le personnel universitaire, les hôtes de marques etc...), tandis que de nombreux séjours d'études dans les villes universitaires, connus par les nécrologies ou éloges de l'époque, ne peuvent y être retrouvés. Par ailleurs, certaines matricules sont notoirement incomplètes, quand bien même elles ont été conservées. De plus, l'habitude des étudiants de visiter plusieurs universités interdit un simple cumul des inscriptions à l'ensemble des institutions ou filières d'enseignement, puisque le «gonflement» des courbes serait exclusivement lié à la mobilité inter universitaire. Néanmoins, la multiplication et l'entrecroisement des comptages individuels représentent une source unique d'information pour formuler une lecture originale de la composition des universités allemandes et partant, de suggérer une périodisation inédite de leur évolution. En même temps, les vérifications successives que nous avons effectuées et l'élimination, en dernier ressort, des séries dont l'homogénéité nous a paru trop approximative permettent de penser que de nouveaux contrôles n'auraient pas été rentables.

Notre réflexion est scindée en deux parties.

- Dans la première, nous présentons notre modèle théorique. Il s'inspire d'un outil économétrique développé initialement en économie industrielle et reconnu pour ses qualités en matière d'analyse des affectations de ressources productives. Il s'agit de la fonction transcendantale logarithmique (translog) créée par L. Christensen, D. Jorgenson et L. Lau[3].
- Dans la seconde, nous développons une application cliométrique. Pour ce faire, nous utilisons une base de données originale issue de nos travaux sur la Prusse[4]. D'une part, celle des effectifs scolarisés dans les facultés de théologie protestante (T), de droit (D), de médecine (S) et de lettres (L). D'autre part, celle des professions correspondantes *(ceteris paribus)*, à savoir, les pasteurs protestants (P), les métiers du droit (A)[5], les médecins (M) et les professeurs de l'enseignement secondaire (E)[6]. Enfin, celle des salaires.

3 Cf. Christensen, L., Jorgenson, D., Lau, L. (1973), « Transcendental Logarithmic Production Frontiers », *Review of Economics and Statistics*, 55 (1), pp. 28-45.

4 Cf. plus particulièrement Diebolt, C. (1997), *L'évolution de longue période du système éducatif allemand : 19e et 20e siècles*, Numéro spécial de la revue Economies et Sociétés, Cahiers de l'ISMEA, Série AF, 23, pp. 1-370.

5 Avocats et juges.

6 Les professions scientifiques et techniques sont absentes de notre application cliométrique. Nous travaillons à combler cette lacune.

Figure n° 1. Courbe théorique de l'évolution des effectifs scolarisés par faculté.

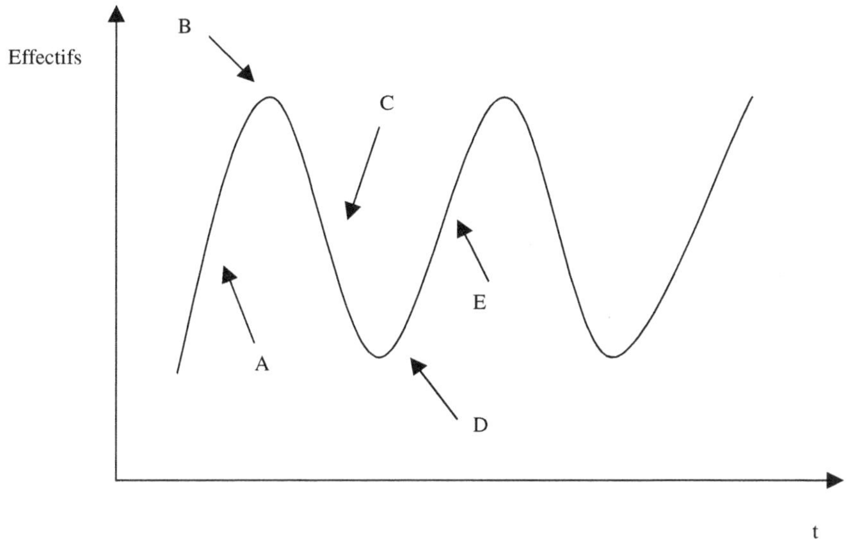


Légende de la Figure n° 1 :

A = Salaires élevés. Effet d'appel (le secteur professionnel attire de nombreux candidats). Pénurie d'effectifs scolarisés et de diplômés.

B = Effectifs scolarisés et diplômés en grand nombre.

C = Salaires déprimés. Effet de rejet (le secteur professionnel n'attire plus de nombreux candidats). Baisse des effectifs scolarisés, mais surplus de diplômés.

D = Peu d'effectifs scolarisés.

E = A.

Figure n° 2. Courbes théoriques de l'évolution comparée des effectifs scolarisés par faculté

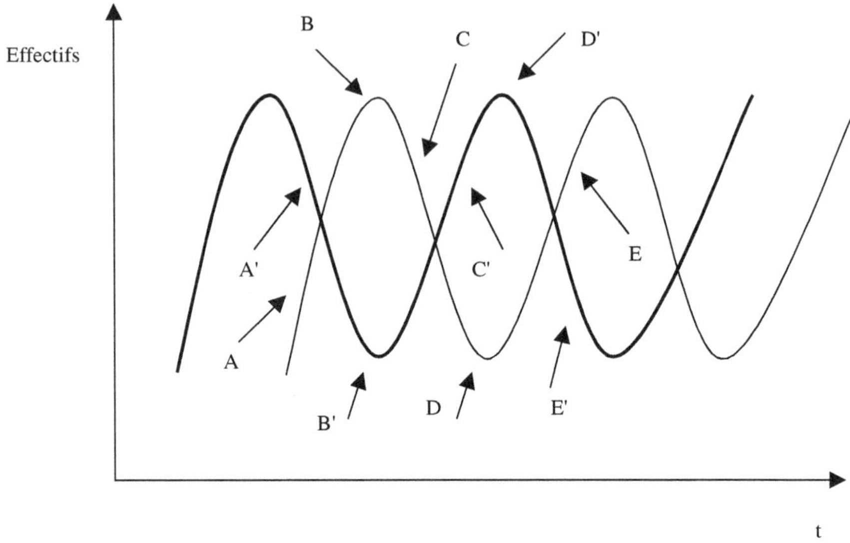


Légende de la Figure n° 2 :

A = Salaires élevés. Effet d'appel (le secteur professionnel attire de nombreux candidats). Pénurie d'effectifs scolarisés et de diplômés.

A' = Salaires déprimés. Effet de rejet (le secteur professionnel n'attire plus de nombreux candidats). Baisse des effectifs scolarisés, mais surplus de diplômés.

B = Effectifs scolarisés et diplômés en grand nombre.

B' = Peu d'effectifs scolarisés.

C = Salaires déprimés. Effet de rejet (le secteur professionnel n'attire plus de nombreux candidats). Baisse des effectifs scolarisés, mais surplus de diplômés.

C' = Salaires élevés. Effet d'appel (le secteur professionnel attire de nombreux candidats). Pénurie d'effectifs scolarisés et de diplômés.

D = Peu d'effectifs scolarisés.

D' = Effectifs scolarisés et diplômés en grand nombre.

E = A.

E' = A'.

## 2.1 Modèle théorique

Nous développons notre problématique à partir d'un modèle d'équilibre partiel d'économie de l'éducation et du travail. Ce modèle se situe dans le cadre des hypothèses de concurrence parfaite et de rationalité des agents[7]. Sa fonction d'offre, Q, est composée des huit inputs cités précédemment :

$$Q = F(T, D, S, L, P, A, M, E) \qquad [1]$$

Nous soutenons l'hypothèse que cette fonction est faiblement séparable[8] en deux sous-groupes, U et V, linéairement homogène. En d'autres termes, nous considérons que les facultés de théologie, de droit, de médecine et de lettres sont faiblement séparables de leurs débouchés respectifs (pasteurs, métiers du droit, médecins et professeurs de l'enseignement secondaire).

En ces termes, il est possible d'appréhender séparément les phénomènes de substituabilité et de complémentarité à l'intérieur de chacun des deux sous-groupes d'inputs. La fonction à inputs séparables prend donc la forme suivante :

$$Q = F(\mathbf{U} = f(T, D, S, L), \mathbf{V} = f'(P, A, M, E)) \qquad [2]$$

Nous considérons que cette fonction est positive, doublement différentiable, strictement quasi concave. Ainsi, les filières d'enseignement

7 Pour le lecteur intéressé par une simulation graphique, cf. Diebolt, C., El Murr, B. (1999), « Educational Development and Labour Markets. The Case of Higher Education in Germany, 1820-1941 », Actes de la *First Conference on German Cliometrics*, Toronto, 23-26 septembre 1999, 27 pages. L'objet de cette simulation est de montrer comment une éventuelle modification du salaire d'une profession (salaires anticipés) se répercute sur l'affectation des effectifs (des facultés et des professions).

8 Nous précisons le degré de séparabilité en référence à la distinction, entre fonction fortement ou faiblement séparable, proposé par R. Berndt et L. Christensen. Cf. Berndt, R., Christensen, L. (1973), « The Internal Structure of Functional Relationships : Separability, Substitution, and Aggregation », *Review of Economic Studies*, 40 (123), p. 404.

s'associent pour produire U. Les professions correspondantes résultent en V qui, combiné avec U, fournissent l'output global Q. Partant de là, conformément à l'hypothèse de séparabilité[9], la répartition optimale au sein de chaque sous-groupe dépend des revenus relatifs de ses propres inputs et non pas de ceux des éléments de l'autre sous-groupe.

Cette hypothèse est restrictive et simplificatrice puisque, dans la réalité, la composition en facteur de la fonction globale dépend des revenus relatifs de tous les inputs et de la saturation dans les divers secteurs professionnels.

En prolongement, nous profitons des développements de R. Berndt et O. Wood[10] afin de calculer les élasticités propres et croisées des inputs appartenant à un même sous-groupe. Nous optons donc pour une procédure par étape.

La première consiste à présenter, sous forme translog, les fonctions des deux sous-groupes d'inputs U et V :

$$\ln U = \ln \Lambda_U + \sum_H \alpha_H \ln H + \frac{1}{2} \sum_H \alpha_{HH} (\ln H)^2 + \sum_H \sum_J \alpha_{HJ} \ln H \ln J \quad [3]$$

H, J = T, D, S, L

de même :

$$\ln V = \ln \Lambda_V + \sum_X \alpha_X \ln X + \frac{1}{2} \sum_X \alpha_{XX} (\ln X)^2 + \sum_X \sum_Y \alpha_{XY} \ln X \ln Y \quad [4]$$

X, Y = P, A, M, E

9 Dans une approche industrielle de 1973, R. Berndt et L. Christensen notent qu'en présence d'une fonction séparable, toutes les élasticités partielles de substitution entre les facteurs d'un sous-groupe et un facteur à l'extérieur sont égales. La séparabilité consiste à décentraliser la prise de décision ou, en d'autres termes, d'effectuer la tâche d'optimisation par étapes. Elle permet d'effectuer l'estimation des décisions de production par plusieurs étapes en utilisant les résultats agrégés des étapes précédentes dans les phases finales. Cette dernière caractéristique fait que l'hypothèse de séparabilité est vivement recommandée lorsque les inputs sont nombreux (même si les données désagrégées sont disponibles). Cf. Denny, M., Fuss, M. (1977), « The Use of Approximation Analysis to Test for Separability and the Existence of Consistent Aggregates », *American Economic Review*, 67 (3), pp. 404-418.

10 Cf. Berndt, R., Wood, O. (1979), « Engineering and Econometric Interpretations of Energy-Capital Complementarity », *American Economic Review*, 69 (3), pp. 342-354.

lEtant donné que ces fonctions sont homogènes, nous avons:

$$\sum_{H} \alpha_H = 1 \qquad [5]$$

$$\sum_{H} \alpha_{HJ} = \sum_{J} \alpha_{JH} = \sum_{H}\sum_{J} \alpha_{HJ} = 0$$

et:

$$\sum_{X} \alpha_X = 1 \qquad [6]$$

$$\sum_{X} \alpha_{XY} = \sum_{Y} \alpha_{YX} = \sum_{X}\sum_{Y} \alpha_{XY} = 0$$

L'hypothèse de symétrie implique:

$$\alpha_{HJ} = \alpha_{JH} \qquad [7]$$

et:

$$\alpha_{XY} = \alpha_{YX} \qquad [8]$$

Mais, en raison des problèmes de multicolinéarité entre les variables, l'estimation économétrique des fonctions translog [3] et [4] est difficile à accomplir. Il est donc préférable de procéder à l'estimation des équations des parts des facteurs obtenues en dérivant ces fonctions translog par rapport à leurs inputs respectifs.

En utilisant le lemme de Shepard, nous avons ainsi les parts optimales respectives des inputs T, D, S, L dans U et de P, A, M, E dans V.

Les parts de T, D, S, L dans U peuvent être représentées par quatre équations, que nous exposons sous forme réduite:

$$W_{HU} = \frac{\partial \ln U}{\partial \ln H} = \alpha_H + \sum_{J} \alpha_{HJ} \ln J \qquad H, J = T, D, S, L \qquad [9]$$

Nous faisons de même pour les parts de P, A, M et E dans la formation de V:

$$W_{XV} = \frac{\partial \ln V}{\partial \ln X} = \alpha_X + \sum_{Y} \alpha_{XY} \ln Y \qquad X, Y = P, A, M, E \qquad [10]$$

La formulation translog permet d'estimer les paramètres de (n - 1) équations et de calculer les paramètres de la $n^e$ par déduction, puisqu'il s'agit de proportions dont la somme est égale à l'unité:

$$W_{TU} + W_{DU} + W_{SU} + W_{LU} = 1 \quad [11]$$

et:

$$W_{PV} + W_{AV} + W_{MV} + W_{EV} = 1 \quad [12]$$

Notons que toutes ces parts sont positives et variables, et qu'elles dépendent essentiellement des effectifs de chaque filière et de chaque profession. De par les conditions [11] et [12] il est donc possible de réduire l'estimation à trois équations et de déduire les estimateurs de l'équation restante par solde.

L'estimation du système [9] sous les contraintes [5] sera équivalente à l'estimation des trois premières équations présentées sous la forme suivante:

$$W_{TU} = \frac{\partial \ln U}{\partial \ln T} = \alpha_T + \alpha_{TT} \ln\left(\frac{T}{L}\right) + \alpha_{TD} \ln\left(\frac{D}{L}\right) + \alpha_{TS} \ln\left(\frac{S}{L}\right) + \varepsilon_T$$

$$W_{DU} = \frac{\partial \ln U}{\partial \ln D} = \alpha_D + \alpha_{DT} \ln\left(\frac{T}{L}\right) + \alpha_{DD} \ln\left(\frac{D}{L}\right) + \alpha_{DS} \ln\left(\frac{S}{L}\right) + \varepsilon_D \quad [13]$$

$$W_{SU} = \frac{\partial \ln U}{\partial \ln S} = \alpha_S + \alpha_{ST} \ln\left(\frac{T}{L}\right) + \alpha_{SD} \ln\left(\frac{D}{L}\right) + \alpha_{SS} \ln\left(\frac{S}{L}\right) + \varepsilon_S$$

De même, l'estimation du système [10] sous les contraintes [6], peut être réduite à l'estimation des trois premières équations ayant, à l'image du système précédent, comme variables explicatives les logarithmes des effectifs des trois inputs respectifs divisés par ceux de l'input ignoré[11]:

11 Pour l'analyse cliométrique propre à cet article, des variables de retard au $3^e$ ordre seront introduites pour éviter les problèmes de non stationnarité.

$$W_{PV} = \frac{\partial \ln V}{\partial \ln P} = \alpha_P + \alpha_{PP} \ln\left(\frac{P}{E}\right) + \alpha_{PA} \ln\left(\frac{A}{E}\right) + \alpha_{PM} \ln\left(\frac{M}{E}\right) + \varepsilon_P$$

$$W_{AV} = \frac{\partial \ln V}{\partial \ln A} = \alpha_A + \alpha_{AP} \ln\left(\frac{P}{E}\right) + \alpha_{AA} \ln\left(\frac{A}{E}\right) + \alpha_{AM} \ln\left(\frac{M}{E}\right) + \varepsilon_A \quad [14]$$

$$W_{MV} = \frac{\partial \ln V}{\partial \ln M} = \alpha_M + \alpha_{MP} \ln\left(\frac{P}{E}\right) + \alpha_{MA} \ln\left(\frac{A}{E}\right) + \alpha_{MM} \ln\left(\frac{M}{E}\right) + \varepsilon_M$$

avec $\varepsilon_T$, $\varepsilon_D$, $\varepsilon_S$ et $\varepsilon_P$, $\varepsilon_A$, $\varepsilon_M$ des résidus d'ajustement supposés aléatoires, ajoutés aux six équations respectives, afin de tenir compte des éléments de bruit.

Cela étant, afin de pouvoir compléter les spécifications économétriques du modèle, il nous faut également déterminer les parts de U et V dans Q.

A l'image de R. Berndt et O. Wood[12], nous supposons que la fonction d'output principale est de forme Cobb-Douglas séparable et linéairement homogène.

Elle peut être exprimée comme suit:

$$\ln Q = \ln \Lambda + \alpha_U \ln U + \alpha_V \ln V \quad [15]$$

avec $\alpha_U + \alpha_V = 1$

En substituant les sous-fonctions d'output [3] et [4] dans la fonction translog principale [15], nous avons:

$$\ln Q = \ln \Lambda' + \sum_Z \beta_Z \ln Z + \frac{1}{2} \sum_Z \beta_{ZZ} (\ln Z)^2 + \sum_Z \sum_I \beta_{ZI} \ln Z \ln I \quad [16]$$

Z, I = T, D, S, L, P, A, M, E

avec:

$$\sum_Z \beta_Z = 1$$

et: [17]

$$\sum_Z \beta_{ZI} = 0$$

12 Cf. Berndt, R., Wood, O. [1979], *op. cit.*, pp. 342-354.

La condition de séparabilité impose l'absence de relation entre les inputs de deux sous-groupes différents, d'où:

$$\beta_{HX} = \beta_{XH} = \beta_{HY} = \beta_{YH} = 0$$

$$\beta_{JX} = \beta_{XJ} = \beta_{JY} = \beta_{YJ} = 0 \qquad [18]$$

$$H, J = T, D, S, L$$
$$X, Y = P, A, M, E$$

Les relations entre les coefficients des sous-fonctions et ceux de la fonction globale peuvent être présentées comme suit:

$$\ln\Lambda' = \ln\Lambda + \alpha_U \ln\Lambda_U + \alpha_V \ln\Lambda_V \qquad [19]$$

$$\beta_H = \alpha_U \alpha_H; \quad \beta_X = \alpha_V \alpha_X$$

$$\beta_{HH} = \alpha_U \alpha_{HH}; \quad \beta_{XX} = \alpha_V \alpha_{XX}$$

$$\beta_{HJ} = \beta_{JH} = \alpha_U \alpha_{HJ} = \alpha_U \alpha_{JH}$$

$$\beta_{XY} = \beta_{YX} = \alpha_V \alpha_{YX} = \alpha_V \alpha_{XY}$$

Ainsi, nous pouvons calculer les parts des différents inputs dans la formation de l'output global. Pour ce faire, nous effectuons la dérivée de la fonction translog globale [16] par rapport aux effectifs des huit inputs, tout en tenant compte des conditions [18].

Nous obtenons huit équations, chacune à quatre variables explicatives, que nous pouvons présenter sous une forme générale:

$$W_Z = \frac{\partial \ln Q}{\partial \ln Z} = \beta_Z + \sum_I \beta_{ZI} \ln I \qquad Z, I = T, D, S, L, P, A, M, E \qquad [20]$$

Ensuite, les paramètres estimés $\beta_{ZI}$ sont introduits dans les équations [21] pour évaluer les élasticités croisées nettes, au sens de Hicks-Allen, des divers couples d'inputs appartenant à un même sous-groupe. Celles-ci sont égales aux élasticités croisées, au sens d'Allen, de la demande d'un input par rapport au rendement (prix) d'un autre input, multipliées par la part de ce dernier dans la formation du sous-groupe.

Si ces élasticités sont positives, elles affichent un rapport de complémentarité entre les deux facteurs concernés. Le signe négatif indique un lien de substituabilité[13]:

$$\eta_{HJ} = \frac{\beta_{HJ} + W_H W_J}{W_J} \neq \frac{\beta_{JH} + W_J W_H}{W_H} = \eta_{JH} \qquad H, J = T, D, S, L$$

et: [21]

$$\eta_{XY} = \frac{\beta_{XY} + W_X W_Y}{W_Y} \neq \frac{\beta_{YX} + W_Y W_X}{W_X} = \eta_{YX} \qquad X, Y = P, A, M, E$$

Ces élasticités croisées nettes, au sens de Hicks-Allen, permettent d'évaluer l'impact net d'une variation des gains d'un input sur l'attrait d'un autre input appartenant au même sous-groupe. Elles sont le résultat de deux effets: l'élasticité brute (notée avec *) et l'effet d'échelle:

– les élasticités croisées brutes des inputs appartenant à un même sous-groupe sont calculées en utilisant les coefficients des équations [13] et [14] ainsi que les parts des inputs dans le sous-groupe auquel ils appartiennent. Nous avons donc[14]:

13 Dans une logique d'effet de prix, le signe négatif indique un lien de complémentarité. Ceci n'est pas le cas dans une approche par les revenus. Ainsi, une augmentation du revenu dans une profession se traduit par un effet d'attraction vers sa filière correspondante. En d'autres termes, le sens de variation d'un facteur par rapport au revenu d'un autre facteur est positif lorsque l'élasticité croisée est positive. Dans ce cas, les deux facteurs évoluent dans le même sens. Cet effet ne se retrouve pas dans une approche par les prix. En effet, lorsque le sens de variation d'un facteur par rapport au prix d'un autre facteur est positif, les deux facteurs évoluent en sens inverse. Cela s'explique par l'effet de prix négatif d'un facteur par rapport à son propre prix. Nous présentons cette divergence dans le schéma ci-dessous.

Approche par les prix:

$\eta_{XY} > 0$: $P_Y \uparrow \Rightarrow Y \downarrow \Rightarrow X \uparrow$ (Substituabilité)

$\eta_{XY} < 0$: $P_Y \uparrow \Rightarrow Y \downarrow \Rightarrow X \downarrow$ (Complémentarité)

Approche par les revenus:

$\eta_{XY} > 0$: $R_Y \uparrow \Rightarrow Y \uparrow \Rightarrow X \uparrow$ (Complémentarité)

$\eta_{XY} < 0$: $R_Y \uparrow \Rightarrow Y \uparrow \Rightarrow X \downarrow$ (Substituabilité)

14 Les élasticités propres prennent la forme suivante:

$$\eta^*_{HH} = \frac{\alpha_{HH} + W^2_{HU} - W_{HU}}{W_{HU}} \quad \text{et} \quad \eta^*_{XX} = \frac{\alpha_{XX} + W^2_{XV} - W_{XV}}{W_{XV}}$$

$$\eta^*_{HJ} = \frac{\alpha_{HJ} + W_{HU} W_{JU}}{W_{JU}} \neq \frac{\alpha_{JH} + W_{JU} W_{HU}}{W_{HU}} = \eta^*_{JH} \qquad H, J = T, D, S, L$$

et: [22]

$$\eta^*_{XY} = \frac{\alpha_{XY} + W_{XV} W_{YV}}{W_{YV}} \neq \frac{\alpha_{YX} + W_{YV} W_{XV}}{W_{XV}} = \eta^*_{YX} \qquad X, Y = P, A, M, E$$

– l'effet d'échelle est égal au produit de la part de l'input dans le sous-groupe auquel il appartient avec l'élasticité-prix (gain) du sous-groupe.

Les formules liant les élasticités-prix (gain) croisées, brutes et nettes, de chaque paire d'input appartenant à un même sous-groupe, sont:

$$\eta_{HJ} = \eta^*_{HJ} + W_{HU}\,\eta_{UU} \qquad H, J = T, D, S, L$$

$$\eta_{XY} = \eta^*_{XY} + W_{XV}\,\eta_{VV} \qquad X, Y = P, A, M, E$$

[23]

ou $W_{HU}$ et $W_{XV}$ sont respectivement les parts de H et de X dans la formation de U et de V. En corollaire, les termes $\eta_{UU}$ et $\eta_{VV}$ sont respectivement les élasticités propres de U et V tout au long de l'isoquante $Q = Q_0$.

Suite à la présentation de notre modèle théorique, nous développons une application cliométrique. Notre population de référence représente, sur l'ensemble de la période d'observation, 84 % du total des effectifs universitaires (passant de 100 % en 1830 à 71 % en 1941) et 69 % des effectifs scolarisés dans l'enseignement supérieur allemand[15] (passant de 99 % en 1830 à 55 % en 1941). En 1830, 41 % des effectifs universitaires de l'Allemagne sont scolarisés dans les universités prussiennes. En 1941, ils sont 52 %. En somme, la Prusse n'est pas l'Allemagne, mais elle a fait l'Allemagne ! (cf. figure n° 3).

15 Jusqu'en 1945, l'enseignement supérieur allemand regroupe les Universités *(Universitäten)*, les Ecoles supérieures techniques *(Technische Hochschulen)*, les Ecoles supérieures de commerce *(Handelshochschulen)*, les Académies de pédagogies *(Pädagogische Akademien)*, les Ecoles de vétérinaires *(Tierärztliche Hochschulen)*, les Ecoles d'agronomie *(Landwirtschaftliche Hochschulen)*, les Ecoles des eaux et forêts *(Forstliche Hochschulen)* et les Ecoles de mines *(Bergakademien)*.

## 2.2 Application cliométrique

La procédure d'estimation cliométrique est scindée en deux étapes.

La première consiste à estimer les paramètres des deux systèmes [9] et [13], sous les contraintes respectives [6] et [12]. Les méthodes classiques d'estimation, équation par équation, ne permettant pas de tenir compte des contraintes de symétrie des coefficients inter équations, nous optons pour la méthode «Zellner Iterative», nommée aussi «Multivariate Regression» ou «Seemingly Unrelated Regression» (SUR), établie pour résoudre un système d'équations avec des contraintes sur les paramètres. Les systèmes à estimer sont formés d'équations dont les variables expliquées représentent les parts des facteurs respectifs dans le sous-groupe auquel ils appartiennent. Ces parts ont été calculées en divisant les salaires de chaque filière et de chaque profession (exprimés en Marks courants) par la somme des salaires des quatre facteurs formant le sous-groupe. Afin d'éviter les problèmes de non-stationnarité des variances au premier ordre, le logarithme de ces parts a été employé dans les régressions. Les variables explicatives sont formées, comme nous l'avons signalé dans le développement théorique du modèle, par les logarithmes des ratios des salaires des filières et des professions retenus sur ceux dont l'équation est ignorée.

La deuxième étape de la procédure d'estimation consiste à calculer les élasticités croisées nettes. Pour ce faire, nous estimons tout d'abord les paramètres $\beta_{HJ}$ et $\beta_{XY}$ (H, J = T, D, S, L; X, Y = P, A, M, E) de la fonction translog globale [16] tout en tenant compte des conditions de séparabilité [18]. Ces derniers peuvent être mesurés à partir des équations [19] liant les paramètres de la fonction translog globale à ceux des sous-groupes. Ceci nécessite le calcul des paramètres $\alpha_U$ et $\alpha_V$ de la fonction [15][16].

16 $$LnQ = \underset{(0.050)}{0.6398}\, LnU + \underset{(0.050)}{0.3601}\, LnV + \underset{(0.5184)}{0.7660} \qquad R^2 = 0.971$$

Figure n° 3. Les effectifs scolarisés dans l'enseignement supérieur en Allemagne et en Prusse, 1820-1941 (en logarithmes).

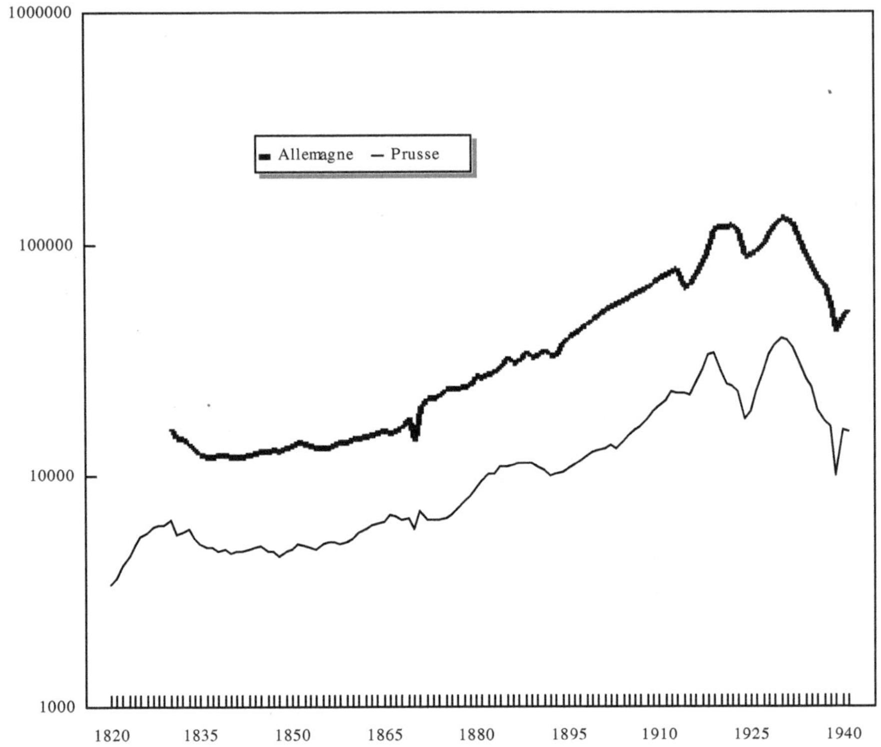


Ces paramètres sont calculés en effectuant la régression de cette fonction par la méthode des moindres carrés ordinaires avec contraintes sur des données couvrant la même période (1820-1941). Les variables explicatives utilisées sont obtenues en remplaçant les paramètres des systèmes d'équations [13] et [14] estimées par la méthode Zellner, dans les fonctions des sous-groupes U et V, [9] et [10] respectivement. La variable expliquée est le logarithme de la somme de tous les facteurs (Cf. Annexe).

Ceci réalisé, nous exposons, ci-après, les valeurs des élasticités nettes, brutes et d'échelles. Ces dernières nous permettent d'observer, en termes de complémentarité ou de substituabilité, l'évolution des relations de causalité entre les divers couples d'inputs.

Au vu de la stabilité de nos résultats sur l'ensemble de la période d'observation et afin de faciliter leur lecture, nous présentons un tableau récapitulatif retraçant la moyenne des élasticités par périodes de 25 ans. Celles-ci représentent *(ceteris paribus)* la durée de chaque cycle d'évolution des effectifs scolarisés par faculté qui sera au moins deux fois plus grande que la durée de la formation à une profession (il faut aussi y ajouter les années nécessaires à l'élimination de la pénurie et de la saturation). Dans ce contexte, on comprend aisément que les périodes de pénurie soient particulièrement favorables à des processus de transformations accélérées. Une pénurie dans un domaine spécifique entraîne une plus grande mobilité, aussi bien de ceux qui exercent la profession que de ceux qui y aspirent.

*Tableau récapitulatif des élasticités moyennes (25 ans)*

Les élasticités nettes

| | $\eta_{TT}$ | $\eta_{DD}$ | $\eta_{SS}$ | $\eta_{LL}$ | $\eta_{TD}$ | $\eta_{TS}$ | $\eta_{TL}$ | $\eta_{DS}$ | $\eta_{DL}$ | $\eta_{SL}$ |
|---|---|---|---|---|---|---|---|---|---|---|
| 1820/1844 | 6,63 | 7,41 | 12,51 | 11,79 | -2,47 | -4,04 | -4,17 | -4,04 | -4,19 | -4,21 |
| 1845/1869 | 11,67 | 8,97 | 13,03 | 8,02 | -2,98 | -4,22 | -2,94 | -4,20 | -2,93 | -2,95 |
| 1870/1894 | 12,23 | 6,45 | 6,70 | 9,78 | -2,20 | -2,28 | -3,53 | -2,25 | -3,51 | -3,51 |
| 1895/1919 | 19,55 | 4,45 | 6,43 | 7,72 | -1,61 | -2,22 | -2,85 | -2,15 | -2,79 | -2,81 |
| 1920/1941 | 49,50 | 7,84 | 4,97 | 10,48 | -2,65 | -1,77 | -3,78 | -1,70 | -3,72 | -3,72 |

| | $\eta_{PP}$ | $\eta_{AA}$ | $\eta_{MM}$ | $\eta_{EE}$ | $\eta_{PA}$ | $\eta_{PM}$ | $\eta_{PE}$ | $\eta_{AM}$ | $\eta_{AE}$ | $\eta_{ME}$ |
|---|---|---|---|---|---|---|---|---|---|---|
| 1820/1844 | 0,23 | 0.38 | 0,43 | 2,94 | -0,14 | -0,16 | -1,02 | -0,21 | -1,06 | -1,08 |
| 1845/1869 | 0,29 | 0,44 | 0,31 | 1,78 | -0,18 | -0,13 | -0,64 | -0,17 | -0,68 | -0,65 |
| 1870/1894 | 0,67 | 0,52 | 0,29 | 0,97 | -0,30 | -0,19 | -0,44 | -0,17 | -0,42 | -0,36 |
| 1895/1919 | 1,42 | 0,60 | 0,20 | 0,92 | -0,39 | -0,21 | -0,48 | -0,14 | -0,41 | -0,30 |
| 1920/1941 | 2,29 | 0,61 | 0,18 | 0,58 | -0,43 | -0,23 | -0,39 | -0,13 | -0,29 | -0,17 |

Les élasticités brutes

| | $\eta^*_{TT}$ | $\eta^*_{DD}$ | $\eta^*_{SS}$ | $\eta^*_{LL}$ | $\eta^*_{TD}$ | $\eta^*_{TS}$ | $\eta^*_{TL}$ | $\eta^*_{DS}$ | $\eta^*_{DL}$ | $\eta^*_{SL}$ |
|---|---|---|---|---|---|---|---|---|---|---|
| 1820/1844 | 1,80 | 2,05 | 3,71 | 3,51 | -0,53 | -1,07 | -1,11 | -1,10 | -1,15 | -1,26 |
| 1845/1869 | 3,04 | 2,33 | 3,41 | 2,06 | -0,73 | -1,09 | -0,70 | -1,01 | -0,64 | -0,72 |
| 1870/1894 | 3,92 | 2,05 | 2,07 | 3,25 | -0,66 | -0,67 | -1,16 | -0,56 | -1,05 | -1,05 |
| 1895/1919 | 7,80 | 1,64 | 2,28 | 2,76 | -0,60 | -0,82 | -1,06 | -0,56 | -0,81 | -0,89 |
| 1920/1941 | 15,96 | 2,33 | 1,82 | 3,33 | -0,85 | -0,68 | -1,30 | -0,43 | -1,05 | -0,98 |

| | $\eta^*_{PP}$ | $\eta^*_{AA}$ | $\eta^*_{MM}$ | $\eta^*_{EE}$ | $\eta^*_{PA}$ | $\eta^*_{PM}$ | $\eta^*_{PE}$ | $\eta^*_{AM}$ | $\eta^*_{AE}$ | $\eta^*_{ME}$ |
|---|---|---|---|---|---|---|---|---|---|---|
| 1820/1844 | 1,44 | 1,80 | 1,91 | 7,52 | -0,55 | -0,59 | -2,47 | -0,65 | -2,51 | -2,54 |
| 1845/1869 | 1,62 | 2,01 | 1,69 | 5,12 | -0,66 | -0,54 | -1,69 | -0,59 | -1,73 | -1,70 |
| 1870/1894 | 2,37 | 2,05 | 1,51 | 3,08 | -0,77 | -0,55 | -1,07 | -0,52 | -1,04 | -0,97 |
| 1895/1919 | 3,76 | 2,11 | 1,22 | 2,81 | -0,86 | -0,49 | -1,05 | -0,39 | -0,95 | -0,81 |
| 1920/1941 | 5,61 | 2,13 | 1,18 | 2,12 | -0,92 | -0,52 | -0,86 | -0,38 | -0,71 | -0,55 |

Les élasticités d'échelles

| | $E_{TD}$ | $E_{TS}$ | $E_{TL}$ | $E_{DS}$ | $E_{DL}$ | $E_{SL}$ |
|---|---|---|---|---|---|---|
| 1820/1844 | -1,95 | -2,97 | -3,06 | -2,94 | -3,04 | -2,96 |
| 1845/1869 | -2,25 | -3,14 | -2,24 | -3,19 | -2,30 | -2,23 |
| 1870/1894 | -1,54 | -1,61 | -2,37 | -1,69 | -2,46 | -2,46 |
| 1895/1919 | -1,01 | -1,40 | -1,79 | -1,58 | -1,98 | -1,92 |
| 1920/1941 | -1,80 | -1,09 | -2,49 | -1,27 | -2,67 | -2,73 |

| | $E_{PA}$ | $E_{PM}$ | $E_{PE}$ | $E_{AM}$ | $E_{AE}$ | $E_{ME}$ |
|---|---|---|---|---|---|---|
| 1820/1844 | 0,41 | 0,43 | 1,44 | 0,44 | 1,45 | 1,46 |
| 1845/1869 | 0,48 | 0,41 | 1,04 | 0,42 | 1,05 | 1,05 |
| 1870/1894 | 0,46 | 0,35 | 0,63 | 0,34 | 0,62 | 0,60 |
| 1895/1919 | 0,47 | 0,28 | 0,57 | 0,25 | 0,54 | 0,50 |
| 1920/1941 | 0,49 | 0,29 | 0,46 | 0,25 | 0,42 | 0,38 |

Figure n° 4. Les effectifs scolarisés dans les facultés de théologie protestante et de droit en Prusse, 1820-1941 (en logarithmes)

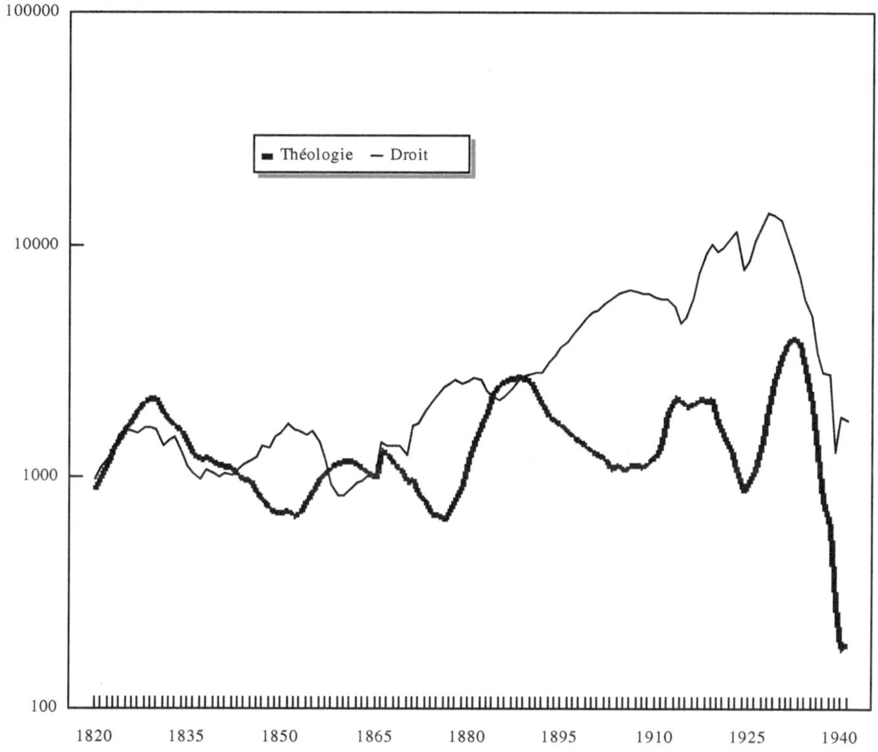


Tout au long de notre fenêtre statistique (1820-1941), les élasticités affichent un effet de substituabilité, net et brut, d'une part entre les différentes filières d'enseignement, d'autre part entre les diverses professions. En termes concrets, l'effet de substituabilité entre deux facultés H et J, par exemple, signifie que les effectifs scolarisés dans H évoluent en sens inverse des salaires anticipés dans J. Par ailleurs, nous observons des élasticités propres positives, mettant en lumière une évolution synchrone entre les effectifs (des facultés et des professions) et leurs rendements respectifs.

En prolongement, nous soutenons l'hypothèse qu'un tel phénomène peut avoir trois causes au moins :

- D'une part, le comportement des étudiants lors du choix de la filière d'enseignement, qui serait dépendant des gains escomptés.
- D'autre part, un besoin important de jeunes universitaires dû à un vieillissement dans la profession.
- Enfin, un besoin important suscité par un développement du nombre de postes à pourvoir.

Lorsque les trois phénomènes coïncident, leurs effets sur les générations montantes se cumulent, provoquant un effet d'aspiration particulièrement important. L'effet d'aspiration agit alors sur les couches de la population qui, en raison de leur faible position sociale, tentent de saisir les possibilités qui leur sont offertes pour se diriger vers les carrières en déficit numérique. Ainsi, chaque carrière s'ouvre momentanément vers les couches sociales les plus éloignées d'une formation universitaire, puis se referme. Si l'on considère l'interaction de ces différents mécanismes, l'évolution de longue période des effectifs scolarisés se maintient dans un équilibre fluctuant. La figure n° 4 est, dans cette optique, une illustration quasi parfaite de notre développement théorique.

A partir des années 1960, avec la croissance sans précédent de l'éducation[17], assortie de perspectives économiques favorables, la phase de pénurie s'étend sur le long terme. Toutefois, comme un siècle auparavant, la fin des années 1970 est marquée, en Allemagne, par une nouvelle phase d'excédent, c'est à dire par une relative suréducation et la présence d'un surnombre d'individus qualifiés.

17 Pour le lecteur intéressé, cf. plus particulièrement Diebolt, C. (1999a), « Government Expenditure on Education and Economic Cycles in the Nineteenth and Twentieth Centuries. The Case of Spain with Special Reference to France and Germany », *Historical Social Research*, 24 (1), pp. 3-31; Diebolt, C. (2000a), « Die Erfassung der Bildungsinvestitionen im 19. und 20. Jahrhundert. Deutschland, Frankreich, Großbritannien und Spanien im Vergleich », *Zeitschrift für Erziehungswissenschaft*, 3 (4), pp. 517-538; Diebolt, C. (2000b), « Towards a Theory of Systemic Regulation ? The Case of France and Germany in the Nineteenth and Twentieth Centuries », in : Schriewer, J. (édit.) : *Discourse Formation in Comparative Education*, P. Lang, Frankfurt am Main, pp. 55-85; et Diebolt, C., Guiraud, V. (2000), « Long Memory Time Series and Fractional Integration. A Cliometric Contribution to French and German Economic and Social History », *Historical Social Research*, 25 (3/4), pp. 4-22.

Ces résultats ont, à l'image des travaux récents en termes de croissance endogène[18], d'importantes implications sur le plan de la politique économique présente et future, dans la mesure où il mettent en évidence les moyens permettant de stimuler la croissance, soit en modifiant les incitations destinées aux étudiants, soit en procédant au développement et à la pérennisation de certains secteurs professionnels.

## Conclusion

Sur la longue période, l'expansion de l'enseignement s'est faite progressivement du primaire au secondaire, puis au supérieur. A chaque étape, la demande d'éducation a développé sa propre dynamique, qui n'a pu être influencée politiquement que de façon limitée et a conduit chaque fois à une expansion du système éducatif à un niveau supérieur[19]. En même temps, la dynamique propre du système d'enseignement semble avoir causé un désajustement et une séparation tendancielle entre le processus de qualification et la demande sur le marché du travail.

Partant de là, les résultats obtenus dans le cadre de cette recherche, par la conjugaison des méthodes de l'histoire quantitative et de la cliométrie, ouvrent la voie vers la formulation d'une théorie macro-économique de l'engorgement, c'est-à-dire vers une lecture renouvelée des relations de causalité entre effectifs scolarisés et marchés du travail.

D'une manière générale, nos résultats permettent de mieux cerner les comportements des générations d'étudiants face aux marchés du travail en perpétuels transformations. En effet, une augmentation des salaires ($W_A$, $W_B$, etc.) d'une profession (A, B, etc.) produit un effet d'appel vers la filière d'enseignement correspondante au détriment des filières concurrentes. Cela entraîne une progression de la part de cette filière

18 Cf. Diebolt, C., Monteils, M. (2000), « The New Growth Theories. A Survey of Theoretical and Empirical Contributions », *Historical Social Research*, 25 (2), pp. 3-22.

19 Cf. Diebolt, C. [1999b], « Les effectifs scolarisés en France : XIX^e^ et XX^e^ siècles », *International Review of Education*, 45 (2), 1999, pp. 197-213.

dans le total des effectifs scolarisés. Par ailleurs, anticipants une continuité dans le temps de l'augmentation des gains, les étudiants s'orientent vers la filière la plus attractive de telle sorte, qu'à terme, le flux régulier vers cette filière d'enseignement provoque un effet d'engorgement. Ce dernier occasionne une diminution des salaires et la réorientation des étudiants vers la filière devenue la plus compétitive, c'est-à-dire profitant du nouvel effet d'appel (cf. figure n° 5).

Figure n° 5. Le cycle de l'engorgement.

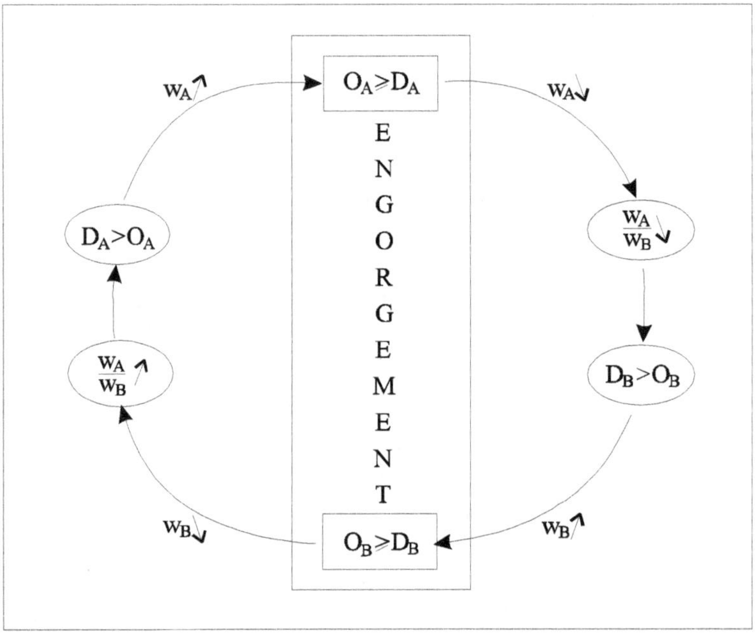


Pour le cas de l'Allemagne, ces comportements se reproduisent cycliquement dans le temps. Ils mettent clairement en évidence que tout excès d'offre d'étudiants est contrebalancé par un effet d'aspiration en faveur des filières correspondantes aux professions en pénurie d'effectifs. En somme, tout se passe comme si l'effet d'embauche remplissait la fonction centrale dans les mécanismes de régulation entre effectifs scolarisés et marchés du travail. Cela dit, seules des comparaisons internationales permettront de lever nos doutes, mais aussi de mieux apprécier le champ de nos ignorances.

# Bibliographie


ARCHER, M.S. (1982). «Introduction: Theorizing About the Expansion of Educational Systems», in: Archer, M.S. (édit.): *The Sociology of Educational Expansion. Take-off, Growth and Inflation in Educational Systems*, Sage, London, pp. 3-64.

ARROW, K.J. (1962). «The Economic Implications of Learning by Doing», *Review of Economic Studies*, 29 (80), pp. 155-173.

ARROW, K.J. (1973). «Higher Education as a Filter», *Journal of Public Economics*, 2 (3), pp. 193-216.

BECKER, G.S. (1964). *Human Capital. A Theoretical and Empirical Analysis with Special Reference to Education*, Columbia University Press, New York.

BEN-PORATH, Y. (1967). «The Production of Human Capital and the Life Cycle of Earnings», *Journal of Political Economy*, 75 (4), pp. 352-365.

BERNDT, R., CHRISTENSEN, L. (1973a). «The Internal Structure of Functional Relationships: Separability, Substitution, and Aggregation», *Review of Economic Studies*, 40 (123), pp. 403-410.

BERNDT, R., CHRISTENSEN, L. (1973b). «Testing for the Existence of a Consistent Aggregate Index of Labor Inputs», *American Economic Review*, 63 (3), pp. 391-404.

BERNDT, R., Wood, O. (1975). «Technology, Prices, and the Derived Demand for Energy», *Review of Economics and Statistics*, 57 (3), pp. 259-268.

BERNDT, R., WOOD, O. (1979). «Engineering and Econometric Interpretations of Energy-Capital Complementarity», *American Economic Review*, 69 (3), pp. 342-354.

BLACKORBY, C., RUSSEL, R. (1981). «The Morishima Elasticity of Substitution; Symmetry, Constancy, Separability, and its Relationship to the Hicks and Allen Elasticities», *Review of Economic Studies*, 48 (151), pp. 147-158.

CHRISTENSEN, L., JORGENSON, D., LAU, L. (1973). «Transcendental Logarithmic Production Frontiers», *Review of Economics and Statistics*, 55 (1), pp. 28-45.

COHN, E., GESKE, T.G. (1990). *The Economics of Education*, 3rd Edition, Pergamon Press, Oxford.

DENNY, M., FUSS, M. (1977). «The Use of Approximation Analysis to Test for Separability and the Existence of Consistent Aggregates», *American Economic Review*, 67 (3), pp. 404-418.

DIEBOLT, C. (1994). *L'évolution de longue période du système éducatif allemand.* Vol. 1 : *Education, croissance et cycles longs.* Vol. 2 : *L'histoire quantitative de l'éducation,* Thèse de doctorat en sciences économiques, Université Montpellier I, 15 février, 1042 pages.

DIEBOLT, C. (1995). «Le compte de l'éducation des universités en Prusse: 1868-1921», *Revue Historique,* 119 (1), pp. 85-107.

DIEBOLT, C. (1997). *L'évolution de longue période du système éducatif allemand: 19e et 20e siècles,* Numéro spécial de la revue Economies et Sociétés, Cahiers de l'ISMEA, Série AF, 23, pp. 1-370.

DIEBOLT, C. (1999a). «Government Expenditure on Education and Economic Cycles in the Nineteenth and Twentieth Centuries. The Case of Spain with Special Reference to France and Germany», *Historical Social Research,* 24 (1), pp. 3-31.

DIEBOLT, C. (1999b). «Les effectifs scolarisés en France: XIXe et XXe siècles», *International Review of Education,* 45 (2), 1999, pp. 197-213.

DIEBOLT, C. (2000a). «Die Erfassung der Bildungsinvestitionen im 19. und 20. Jahrhundert. Deutschland, Frankreich, Großbritannien und Spanien im Vergleich», *Zeitschrift für Erziehungswissenschaft,* 3 (4), pp. 517-538.

DIEBOLT, C. (2000b). «Towards a Theory of Systemic Regulation? The Case of France and Germany in the Nineteenth and Twentieth Centuries», in: Schriewer, J. (édit.): *Discourse Formation in Comparative Education,* P. Lang, Frankfurt am Main, pp. 55-85.

DIEBOLT, C., El MURR, B. (1999). «Educational Development and Labour Markets. The Case of Higher Education in Germany, 1820-1941», Actes de la *First Conference on German Cliometrics,* Toronto, 23-26 septembre 1999, 27 pages.

DIEBOLT, C., GUIRAUD, V. (2000). «Long Memory Time Series and Fractional Integration. A Cliometric Contribution to French and German Economic and Social History», *Historical Social Research,* 25 (3/4), pp. 4-22.

DIEBOLT, C., MONTEILS, M. (2000). «The New Growth Theories. A Survey of Theoretical and Empirical Contributions», *Historical Social Research,* 25 (2), pp. 3-22.

EHRENBERG, R., SMITH, R. (1994). *Modern Labor Economics. Theory and Public Policy*, 5th Edition, Harper Collins, New York.
EZEKIEL, M. (1938). «The Cobweb Theorem», *Quarterly Journal of Economics*, 52, pp. 255-280.
FREEMAN, R. (1971). *The Market for College-Trained Manpower. A Study in the Economics of Career Choice*, Harvard University Press, Cambridge.
FREEMAN, R. (1976). *The Overeducated American*, Academic Press, New York.
FREEMAN, R. (1986). «Demand for Education», in: Ashenfelter, O., Layard, R. (édit.): *Handbook of Labor Economics*, Vol. 1, North-Holland, Amsterdam, pp. 357-386.
LAU, L. (1976). «A Note on Elasticity of Substitution Functions», *Review of Economic Studies*, 43 (134), pp. 353-358.
LUCAS, R.E. (1988). «On the Mechanics of Economic Development», *Journal of Monetary Economics*, 22 (1), pp. 3-42.
MINCER, J. (1974). *Schooling, Experience and Earnings*, Columbia University Press, New York.
MÜLLER-BENEDICT, V. (1991). *Akademikerprognosen und die Dynamik des Hochschulsystems. Eine statistisch-historische Untersuchung*, Campus Verlag, Frankfurt am Main.
MUNDLACK, Y. (1968). «Elasticities of Substitution and the Theory of Derived Demand», *Review of Economic Studies*, 35 (102), pp. 225-236.
ROMER, P.M. (1986), «Increasing Returns and Long-Run Growth», *Journal of Political Economy*, 94 (5), pp. S1002-S1037.
ROMER, P.M. (1990), «Endogenous Technological Change», *Journal of Political Economy*, 98 (5), pp. S71-S102.
SPENCE, M. (1973). «Job Market Signaling», *Quarterly Journal of Economics*, 87 (3), pp. 355-374.
TITZE, H. (1990). *Der Akademikerzyklus. Historische Untersuchungen über die Wiederkehr von Überfüllung und Mangel in akademischen Karrieren*, Vandenhoeck & Ruprecht, Göttingen.
TITZE, H. unter Mitarbeit von H.-G. HERRLITZ, V. MÜLLER-BENEDICT, A. NATH (1987). *Das Hochschulstudium in Preussen und Deutschland, 1820-1944*, Vandenhoeck & Ruprecht, Göttingen.
TITZE, H. unter Mitarbeit von H.-G. HERRLITZ, V. MÜLLER-BENEDICT, A. NATH (1995). *Wachstum und Differenzierung der deutschen Universitäten, 1830-1945*, Vandenhoeck & Ruprecht, Göttingen.

WALSH, J. (1935). «Capital Concept Applied to Man», *Quarterly Journal of Economics*, 49, pp. 255-285.
WINDOLF, P. (1990). *Die Expansion der Universitäten 1870-1985. Ein internationaler Vergleich*, F. Enke, Stuttgart.
ZELLNER, A. (1962). «An Efficient Method of Estimating Seemingly Unrelated Regressions and Tests for Aggregation Bias», *Journal of the American Statistical Association*, 57, pp. 585-612.

## Annexe: Les paramètres

*Paramètres des fonctions translog [13] et [14] des sous-groupes d'inputs U et V*[20]

| | | | | | | | |
|---|---|---|---|---|---|---|---|
| $\alpha_T$ | 3.1183 | $\alpha_{TD}$ | -0.2335 | $\alpha_P$ | 3.1592 | $\alpha_{PA}$ | -0.2633 |
| | (0.0122) | | (-0.0091) | | (0.0053) | | (-0.0020) |
| $\alpha_D$ | 3.1181 | $\alpha_{TS}$ | -0.2337 | $\alpha_A$ | 3.1602 | $\alpha_{PM}$ | -0.2642 |
| | (0.0123) | | (-0.0092) | | (0.0052) | | (-0.0021) |
| $\alpha_S$ | 3.1179 | $\alpha_{TL}$ | -0.2995 | $\alpha_M$ | 3.1589 | $\alpha_{PE}$ | -0.2077 |
| | (0.0123) | | | | (0.0053) | | |
| $\alpha_L$ | -8.3544 | $\alpha_{DS}$ | -0.2332 | $\alpha_E$ | -8.4784 | $\alpha_{AM}$ | -0.2645 |
| | | | | | | | (-0.0020) |
| $\alpha_{TT}$ | 0.7668 | $\alpha_{DL}$ | -0.2998 | $\alpha_{PP}$ | 0.7353 | $\alpha_{AE}$ | -0.2066 |
| | (0.0091) | | | | (0.0021) | | |
| $\alpha_{DD}$ | 0.7666 | $\alpha_{SL}$ | -0.3000 | $\alpha_{AA}$ | 0.7345 | $\alpha_{ME}$ | -0.2079 |
| | (0.0092) | | | | (0.0020) | | |
| $\alpha_{SS}$ | 0.7671 | | | $\alpha_{MM}$ | 0.7366 | | |
| | (0.0092) | | | | (0.0021) | | |
| $\alpha_{LL}$ | 0.8994 | | | $\alpha_{EE}$ | 0.6223 | | |

$R^2$ ($W_{TU}$) = 0.997 ; $R^2$ ($W_{DU}$) = 0.998 ; $R^2$ ($W_{SU}$) = 0.998
$R^2$ ($W_{PV}$) = 0.999 ; $R^2$ ($W_{AV}$) = 0.999 ; $R^2$ ($W_{MV}$) = 0.999

20 Les coefficients, sans les valeurs des écarts types entre parenthèses, sont obtenus par déduction. Pour le lecteur intéressé, nous signalons toutefois qu'il est possible de calculer ces écarts types en procédant à la régression de deux autres systèmes d'équation correspondant à deux autres variables ignorées.

*Paramètres de la fonction translog [16]*

| | | | | | | | |
|---|---|---|---|---|---|---|---|
| $\beta_T$ | 1.9953 | $\beta_{TD}$ | -0.1494 | $\beta_P$ | 1.1377 | $\beta_{PA}$ | -0.0948 |
| $\beta_D$ | 1.9951 | $\beta_{TS}$ | -0.1495 | $\beta_A$ | 1.1381 | $\beta_{PM}$ | -0.0951 |
| $\beta_S$ | 1.9950 | $\beta_{TL}$ | -0.1916 | $\beta_M$ | 1.1376 | $\beta_{PE}$ | -0.0748 |
| $\beta_L$ | -5.3457 | $\beta_{DS}$ | -0.1492 | $\beta_E$ | -3.0533 | $\beta_{AM}$ | -0.0952 |
| $\beta_{TT}$ | 0.4906 | $\beta_{DL}$ | -0.1918 | $\beta_{PP}$ | 0.2648 | $\beta_{AE}$ | -0.0744 |
| $\beta_{DD}$ | 0.4905 | $\beta_{SL}$ | -0.1919 | $\beta_{AA}$ | 0.2645 | $\beta_{ME}$ | -0.0748 |
| $\beta_{SS}$ | 0.4908 | | | $\beta_{MM}$ | 0.2653 | | |
| $\beta_{LL}$ | 0.5754 | | | $\beta_{EE}$ | 0.2241 | | |

# *Deuxième partie*
# *Cliométrie monétaire et financière*

# 3. Le bimétallisme

## Introduction

Dans ce chapitre, nous questionnons la vision traditionnelle du bimétallisme en nous posant la question du rôle des autorités monétaires française et anglaise dans la régulation du système bimétallique. Le bimétallisme a-t-il été régulé par les autorités monétaires ou n'a-t-il été qu'un système d'ajustement automatique contraint par les mécanismes des points or et argent, conforté par les arbitrages des agents ?

Dans la première partie, nous faisons état du savoir canonique sur le bimétallisme. Dans la deuxième partie, nous évoquons le revirement en matière de conduite des taux qu'a constitué l'adhésion de la Banque de France en 1847, à la politique dite de «mobilité» du taux d'escompte. Dans la troisième partie, nous élargissons cette dimension à la question des relations entre la Banque de France et la Banque d'Angleterre. Nous rappelons à cette fin les controverses sur la «solidarité» des banques centrales durant la période bimétallique, notion qui évoque la coopération des banques centrales entre elles. Nous cherchons, dans l'histoire et dans les écrits d'observateurs privilégiés des crises financières de l'époque, des indices d'une régulation précoce par les taux d'escompte des banques centrales française et anglaise en vue d'une stabilisation du taux de change. La quatrième partie suggère une piste de recherche en situant l'intérêt théorique de ce travail dans la lignée des travaux de Taylor (1993, 1998) sur les règles de politique monétaire. L'hypothèse d'une régulation du taux de change par les autorités monétaires française et anglaise est ensuite conduite, dans une cinquième partie, sur deux variables, le taux de change courant de la Livre en Franc sur la période 1850-1870 et le différentiel du taux d'escompte entre la France et la Grande Bretagne. Cette cinquième partie consiste en une analyse économétrique des interactions dynamiques entre ces deux variables et présente nos résultats : des tests de causalité, une analyse impulsionnelle et la méthodologie des points atypiques sont mobilisés afin de déterminer les forces directrices du taux de change de la Livre en Franc sur la période 1850-1870. En conclusion, nous rappelons nos principaux résultats et délivrons une lecture revisitée du bimétallisme comme système régulé par l'action coordonnée des banques centrales française et anglaise.

## 3.1 Bimétallisme : un état de l'art

### *3.1.1 Le mécanisme des points or et argent*

Les principes théoriques du bimétallisme semblent solidement établis. Walras (1881) et Fisher (1894) ont démontré que le ratio légal de la parité or/argent dans un système bimétallique était nécessairement compris entre les bornes définies par un système unique d'étalon or et un système unique d'étalon argent. On montre, sous l'hypothèse de marchés purs et parfaits, que le ratio légal est le seul compatible avec les anticipations rationnelles : la possibilité de payer dans le métal le moins cher créé un excès de demande pour le métal dont les agents anticipent la dépréciation. A l'équilibre, cet excès de demande annule la dépréciation initiale. En dernière instance, les mécanismes de marché stabilisent automatiquement le double étalon. Flandreau (1995, 2004) suggère que la fixation de la parité or/argent était automatiquement garantie par les arbitrages du marché.

Le cadre théorique du bimétallisme peut être présenté comme suit :

> Acceptons les abréviations suivantes (reprises de Boyer – Deleplace – Gillard, 1994) :
>
> L : Londres, P : Paris, B : Bullion (lingot), S : Silver (argent), G : gold (or), M : Importations, X : Exportations, RB : *ratio on bullion* (pair commercial), RGB et RGS : pairs commerciaux or et argent, LGB et PGB : les prix de l'or à Londres et Paris, LSB et PSB, les prix de l'argent à Londres et Paris.
> Londres cote le certain, Paris l'incertain, soit 1 £ = x Francs.

On a par définition:

RGB = PGB/LGB
RSB = PSB/LSB

Si LGS et PGS sont les prix relatifs de l'or en argent sur les marchés de Londres et Paris, on a par définition:

LGS = LGB/LSB
PGS = PGB/PSB

Dans un régime de double étalon, une variable clé est l'écart (r) entre les pairs commerciaux de l'or et de l'argent, r = RGB – RSB.

– 1er cas: r > 0 <=> RGB > RSB <=> PGB/LGB > PSB/LSB <=> PGB/PSB > LGB/LSB:

  soit, le prix de l'or est plus élevé à Paris qu'à Londres (ce qui revient à dire que le prix de l'argent est plus élevé à Londres qu'à Paris).

  Dans cette configuration, l'exportateur britannique en France préfère se faire payer en argent (le métal dont le prix est le plus élevé chez lui, afin de réaliser un profit). La configuration est donc MS (Import Silver).

De la même manière (toujours dans le cas où r>0), l'importateur anglais (de produits français) aura intérêt à payer dans le métal qui est le moins cher chez lui (ici, l'or moins cher qu'à Paris). La configuration sera donc XG (Export Gold).

– 2e cas: r < 0 <=> RGB < RSB <=> PGB/LGB < PSB/LSB <=> PGB/PSB < LGB/LSB:

  soit, le prix de l'or est moins élevé à Paris qu'à Londres (ce qui revient à dire que le prix de l'argent est plus élevé à Paris qu'à Londres).

  Dans cette configuration, l'exportateur britannique en France (le créancier) préfère se faire payer en or (le métal dont le prix est le plus élevé chez lui, afin de réaliser un profit). La configuration est donc MG *(Import Gold)*, puis XS (pour le point de sortie).

– $3^e$ cas: $r = 0$, le serpent est indifférement d'or ou d'argent. Marshall (1887) qualifie cette situation «electrum».

Récapitulatif:

$r = 0$ , $(XS = XG, MG = MS)$
$r>0 \Leftrightarrow (XG, MS)$, le serpent est d'argent au dessus, d'or au dessous
$r<0 \Leftrightarrow (XS, MG)$, le serpent est d'or au dessus, d'argent au dessous

Si c désigne le coût de transport (en % du pair) du métal entre Paris et Londres (supposé identique pour l'or et l'argent), alors:

$$MG = RGB\ (1 + c)$$
$$MS = RSB\ (1 + c)$$
$$XG = RGB\ (1 - c)$$
$$XS = RSB\ (1 - c)$$

La règle des paiements en espèces sous l'étalon bimétallique est la suivante: on importe l'espèce dont le prix relatif (en termes de l'autre métal) est le plus élevé chez soi; on exporte l'espèce dont le prix relatif (en termes de l'autre métal) est le meilleur marché chez soi.

La largeur (l) de la bande de variation instantannée du taux de change (la «grosseur» du serpent) permise par l'arbitrage entre le marché des changes et le marché des métaux précieux (en % de la valeur moyenne des taux de change extrêmes) est donnée par:

$$l = [\mathrm{Min}\ (MG, MS) - \mathrm{Max}\ (XG, XS)] / [\mathrm{Min}\ (MG, MS) + \mathrm{Max}\ (XG, XS)]$$

Cette largeur est moindre que celle définie par les bornes d'entrée et de sortie en étalon or (puisqu'on retient ici la valeur maximale du point de sortie et la valeur minimale du point d'entrée). La possibilité d'arbitrage entre le change et deux métaux est ainsi de nature à réduire la bande de variation instantannée du change (par rapport à celle permise par l'arbitrage avec un seul métal). L'avantage du système bimétallique est donc de contraindre et d'encadrer plus étroitement les fluctuations du taux de change qu'un régime mono-métallique. Il est donc réputé plus stabilisant encore.

*Le deuxième aspect important concerne le mécanisme d'ajustement automatique par les points or et argent.* Celui-ci repose sur le *price specie flow mechanism* dont la paternité remonte à Hume (1752), mécanisme que l'on peut traduire par «mécanisme reliant les prix aux flux d'espèces». Lorsque le cours de la Livre (cotée au certain) baisse jusqu'au point de sortie (maximum des points d'or ou d'argent, XG ou XS), il devient plus avantageux pour l'importateur anglais de transfèrer des fonds en France par transport de métal que par lettre de change. En effet, l'importateur anglais de produits français redoute d'avoir à règler dans une monnaie forte; il arbitre en faveur d'un transport de métal quand celui-ci est plus avantageux. Imaginons que le point de sortie soit d'or (configuration XG), la demande d'or à Londres pour l'exportation de l'or accélère mécaniquement la hausse du prix de l'or, ce qui accentue la dépréciation de la Livre. Quand et comment cette configuration baissière de la Livre peut elle s'interrompre?

Cette question est au cœur de la structuration des débats sur la théorie de la politique monétaire depuis la controverse bullionniste. Dans la tradition bullionniste, dont l'approche monétariste est l'héritière, la configuration baissière de la Livre s'inverse automatiquement en accord avec la théorie quantitative de la monnaie: l'exportation d'or réduit la masse monétaire en Angleterre, fait baisser les prix et stoppe par conséquent la dépréciation de la Livre. Ceci reste, depuis les bullionnistes, l'interprétation de tous ceux qui ont une approche quantitativiste du bimétallisme.

Mais des ajustements opposés opèrent sur le marché de l'or et du change mis en évidence par les anti-bullionistes, dont Thornton (1802) le premier. Ceux-ci réfutent le *price specie flow mechanism* comme processus stabilisateur automatique du taux de change dans un étalon métallique. Les anti-bullionistes partent du mécanisme des points or qui traduit l'existence d'arbitrages entre le marché des changes et le marché de l'or. Ils insistent sur le fait que lorsque le taux de change atteint le point de sortie or, «la demande d'or sur le marché londonien en fait monter le prix au dessus du prix officiel de l'or monnayé. Cette prime sur l'or implique un processus de dépréciation de la monnaie qui ne s'interrompt pas automatiquement. Selon Thornton (1802), il ne peut cesser que si des entrées de capitaux interviennent pour ramener le change au dessus du point de sortie d'or» (cf. Deleplace, 1999, p. 95): *ce résultat ne se produit pas spontanément, il ne peut être atteint que par une hausse du taux d'escompte. Par ce biais, Thornton (1802) indique que l'arbitrage des agents entre le marché des changes et le marché de l'or ne produit pas nécessairement une stabilisation du taux de change.* Quand la Livre atteint le point de sortie or, les demandes d'or sur le marché de Londres déclenchent une hausse du prix de marché de l'or qui dépasse le prix légal: «alors que les agents acheteurs d'or se détournent du marché pour s'adresser à la Banque d'Angleterre et obtenir l'or au cours légal inférieur au cours de marché, la Banque d'Angleterre (si elle connaît des réserves insuffisantes), est obligée de s'adresser au marché pour reconstituer ses réserves, et le prix de l'or peut augmenter sans limite au delà du prix légal» (Deleplace, 1999, p. 107), ce qui signifie une chute continue du taux de change sans qu'existe un frein ou un processus de rééquilibrage automatique. Thornton (1802) mentionne deux circonstances qui permettent d'empêcher ce cercle vicieux: la démonétisation de l'or (son retrait de la circulation, ce qui constitue avant l'heure une proposition de *Gold Exchange Standard*); ceci permet de résoudre la chute ininterrompue de la Livre, mais au prix d'un renoncement au principe de convertibilité complète. Faute d'un processus de rééquilibrage automatique du taux de change, le seul autre moyen est de relever le taux d'escompte pour attirer les capitaux, ce qui entraîne une appréciation de la Livre.

Evoquant cette controverse bullioniste, Laidler (1987) considère «qu'il était difficile de penser à aucun autre épisode dans l'histoire de la théorie monétaire où tant fut accompli en si peu de temps (p. 293)». On tient là, en effet, les termes structurants du débat à venir. On voit poindre, dès 1802, une explication par les taux distincte de l'explication du rééquilibrage automatique par le *price specie flow mechanism.* L'intervention par les taux est justifié par Thortorn (1802) par l'énoncé des impossibilités touchant au caractère automatique du rééquilibrage. Cette conception du problème instaure une tradition qui a été prolongée par les tenants du *banking school*, par Keynes, puis plus près de nous par Taylor (1998) et qui repose sur l'idée d'un nécessaire canal des taux dans la conduite de la politique monétaire. Cette distinction très forte dans l'analyse est malheureusement occultée dans la présentation habituelle des manuels qui amalgament *price specie flow mechanism* et politique du taux d'escompte. Pourtant, si la politique du taux d'escompte vient «hâter» le mécanisme de marché, c'est bien un indice que la discipline de l'étalon or ne fonctionne pas toute seule. Keynes, quand il évoquait les «fameuses règles du jeu de l'étalon or» désignait explicitement les modulations du taux d'escompte (et non le *price specie flow mechanism*) par lesquelles les pays, au nom de la discipline de l'étalon or, acceptaient une fluctuation de l'activité interne destinée à sauvegarder la valeur officielle de leur monnaie. Ces «règles du jeu» renvoient à la coordination par les taux des banques centrales.

Curieusement, cette tradition, dans laquelle nous nous inscrivons, est absente de l'analyse du bimétallisme. Bien au contraire, les développements les plus récents sur le sujet, loin de s'émanciper du principe du rééquilibrage automatique, cherchent à le conforter et consolident l'approche orthodoxe du bimétallisme.

### *3.1.2 L'orthodoxie des développements récents sur le Bimétallisme*

L'historien de la Banque de France, Plessis (1985a, b) insiste sur le fait que le but prioritaire de la Banque de France durant la période bimétallique était de protéger son encaisse or et argent. La préservation de l'encaisse est le moyen d'assurer la circulation monétaire domestique. Selon cet auteur les «politiques d'espèces» destinées à la préservation de l'encaisse constituaient le pivot du système bimétallique.

Mais une telle analyse oublie la dimension internationale du double étalon. Maintenir que le pivot du système bimétallique repose sur le niveau d'encaisse désiré de la Banque de France, c'est oublier que cet encaisse est contingent du niveau du pair commercial entre l'or et l'argent. Bordo et Rockoff (1996) apportent une réponse sans appel à cette vision des choses:

> *The bimetallic standard rule may have evolved as a domestic commitment mechanism but its enduring fame was as an international rule. The bimetallic standard was the true international standard. As an international system the key rule was maintenance of gold and silver convertibility at the established par. Maintenance of a fixed price of gold and silver by its adherents in turn ensured fixed exchange rates. The fixed price of domestic currency in terms of gold and silver provided a nominal anchor to the international monetary system.*

En réponse à Plessis (1985a, b), Flandreau (1995, 1996, 2004) développe l'idée que l'encaisse bimétallique de la Banque de France s'ajuste de façon endogène à la variation du pair commercial et des mouvements internationaux d'espèces. S'inscrivant *« dans la tradition de l'approche monétaire de la balance des paiements»* (Flandreau, 1995, p. 241), l'auteur développe un modèle (repris dans Flandreau 1996, 2004) où l'évolution de l'encaisse bimétallique domestique est une fonction linéaire simple des stocks mondiaux d'or et d'argent. Sur la base de cette spécification, l'auteur trouve que la variation de l'encaisse bimétallique français a réagit aux variations des stocks d'or et d'argent mondiaux (obéissant principalement aux nouvelles découvertes d'or). Cette analyse soulève néanmoins une difficulté majeure : comment concilier le respect de la contrainte interne (la restauration de l'encaisse bimétallique, qui dérive lui-même des variations des stocks d'or mondiaux d'or et d'argent) avec le respect de la contrainte externe[1] (le maintien de la parité or/argent) sans faire intervenir explicitement le taux d'escompte ? Celui-ci est absent de l'analyse. En défendant une interprétation du double étalon comme système automatique (Flandreau, 1995, p. 154), où l'arbitrage entre le marché des changes et celui des espèces est censé ramener invariablement le taux de change à la parité, l'explication proposée tombe sous le coup de la critique de Thornton (1802) évoquée plus haut.

La solution de Thornton aux impossibilités du rééquilibrage automatique du taux de change en étalon métallique reste donc superbement ignorée dans la littérature sur le bimétallisme. Le taux d'intérêt est non seulement absent de l'analyse chez Flandreau (1995, 1996, 2004), mais il l'est également chez :

- Friedman (1990a, b) qui, dans le cadre d'une analyse contrefactuelle, applique la théorie quantitative de la monnaie (TQM) à l'épisode d'abandon du bimétallisme par les Etats-Unis en 1873 et conclut à l'effet anti-déflationniste qu'aurait eu le maintien du bimétallisme dans ce pays ;
- Velde et Weber (2000) qui montrent les vertus auto-équilibrantes du système et son caractère soutenable et stable (même si les coûts de conversion d'un métal dans l'autre rendent le double étalon moins efficace qu'un système d'étalon unique) ;
- Il l'est enfin chez Oppers (2000) qui analyse le bimétallisme dans les termes modernes d'une zone monétaire optimale ; le système du

1 Le respect de la parité or/argent est qualifié par l'auteur de « règle sacro-sainte du Bimétallisme » et dans le même temps, la défense de l'encaisse métallique est désignée comme « la priorité de la Banque centrale » (Flandreau, 1995, p. 174).

double étalon aurait joué le rôle d'une zone cible avec barrières réfléchissantes, les bornes bimétalliques du système constituant une force rappel du taux de change vers la parité. Le système est vu comme automatiquement crédible car il ne saurait y avoir de doute sur la défense des bornes du système, celle-ci reposant sur l'intérêt bien compris des agents qui règlent leurs échanges extérieurs au cours du métal ou de la lettre de change le plus avantageux pour eux. La loi du marché scellerait ainsi la pérennité et la viabilité du système, sans intervention des autorités monétaires sur leurs taux d'intérêt respectifs.

Pourtant, ignorer le rôle du taux d'escompte dans la régulation du taux de change pendant la période bimétallique est également contraire aux faits. Cette dimension était déjà très présente dans les débats internes de la Banque de France au début des années 1850. Nous proposons, dans la partie suivante, de redécouvrir cet aspect oublié.

## 3.2 La politique de «mobilité» du taux d'escompte de la Banque de France: la nouvelle donne du milieu de siècle

Les régents et gouverneurs de la Banque de France insistent dès le début des années 1850 conjointement sur le rôle déterminant et croissant des facteurs extérieurs dans la conduite de la politique monétaire et sur l'usage du taux d'escompte comme instrument de régulation du taux de change. La politique de «mobilité» du taux d'escompte est l'élément précurseur de cette nouvelle politique, en rupture avec les pratiques antérieures.

La Banque de France a, en effet, maintenu son taux d'escompte constant au niveau de 4% pendant plus de 26 ans, de 1820 à 1847. La loi du 14 janvier 1847 a abrogé le principe de fixité du taux d'escompte. Celle du 9 juin 1857 a abrogé la disposition d'un taux plafonné à 6%. Les historiens et économistes ont débattu de la date effective du revirement de la politique d'escompte de la Banque de France. G. Ramon (1929), A. Courtois (1904), A. Dauphin-Meunier (1936) datent ce revirement de la loi de 1857. L. Say (1891), E. de Laveleye (1865a,b), R. Bigo (1947),

B. Gille (1970) considèrent, quant à eux, la période 1847-1857 comme *une période cruciale d'apprentissage*. Le *Conseil de régence* paraît très tôt sensibilisé aux avantages de la mobilité du taux d'escompte. Plusieurs arguments peuvent être avancés pour expliquer ce revirement:

> un nouveau conseil de régence, un nouveau gouverneur plus sensible à l'influence anglaise et plus convaincu que le précédent par l'usage de la mobilité du taux d'escompte, le rôle croissant des mouvements de capitaux entre Londres et Paris... La décision de juin 1857 est venue sceller la pratique corrective et préventive que les gouverneurs souhaitaient systématiser (Vuillaume, 2003).

Graphique 1. Banque de France discount rate.

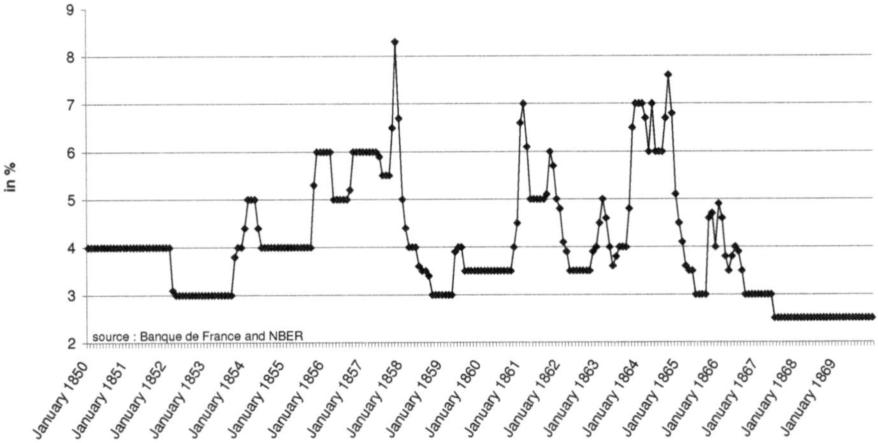


A partir du milieu des années 1850, les arguments tenant aux échanges extérieurs sont régulièrement avancés par les gouverneurs pour justifier la nouvelle politique de taux. L'évolution défavorable du taux de change du Franc (qualifiée de «change contraire») ainsi que le niveau du taux d'escompte de la Banque d'Angleterre sont les deux arguments les plus fréquemment mis en avant. Ainsi, le Gouverneur de Waru notait:

> *Quand l'intérêt est élevé sur une place, l'argent y vient naturellement. Ainsi, soit pour améliorer le rapport entre l'encaisse et le passif exigible, soit pour attirer l'argent du dehors, il y a intérêt à élever l'escompte* (Procès verbal du Conseil général de la Banque de France, 4 juin 1857).

Le gouverneur Andouillé soulignait que *«plus le taux de l'escompte sera élevé, plus la prime qui existe sur l'argent tendra à disparaître et par suite, moins grande sera l'exportation de ce dernier métal»* (Procès verbal du Conseil général de la Banque de France, 26 septembre 1861). Hubert Delisle précisait:

> *cette surévaluation du taux d'escompte attire dans la caisse de la Banque les espèces métalliques ... et appelle même celles de l'étranger qui, ne trouvant pas un intérêt aussi considérable dans les placements sur leurs marchés, sont apportés en France lors de l'exhaussement de l'intérêt* (Rapport au Sénat sur une pétition relative à la Banque de France et à la Banque de Savoie du 30 mai 1864).

Comme on l'observe sur le graphique 1, la politique de mobilité du taux d'escompte devient une réalité dès 1852. Par la suite, les gouverneurs successifs et le Conseil de régence ont pu être influencés dans leur décisions par les arguments de Juglar (1862, 1866), de Laveleye (1865 a, b), Bonnet (1866), et Wolowski (1868). Ces auteurs ont la particularité d'insister sur l'interdépendance croissante des places de Londres et Paris, facteur permissif de propagation des crises financières dans ces deux pays, et de proposer comme remède à ces crises la «mobilité» du taux d'escompte comme moyen efficace de neutraliser l'impact des mouvements de capitaux.

Chez de Laveleye (1865b), est exprimé très clairement l'origine principalement externe des crises monétaires et financières qui secouent la France: les déséquilibres de balances des paiements provoquent des désajustements de change; le relèvement du taux de l'escompte est le remède approprié au redressement du «change contraire»:

> En 1864, on a vu l'escompte s'élever et descendre à peu près du même pas sur tous les marchés monétaires de l'Europe. La diversité des opinions qui règnent à ce sujet à Paris et à Londres est remarquable. Tandis qu'ici le reproche qu'on adresse sans cesse à la Banque de France est d'élever trop l'escompte, là bas celui qu'on répète à tout instant contre la Banque d'Angleterre est de ne pas l'élever assez et assez tôt. Toutes les crises anciennes, affirme-t-on, ont été causées ou aggravées par la même faute, qui consiste à ne pas hausser à temps le taux d'intérêt... Ainsi donc, l'expérience des 50 dernières années et celle toute récente de l'année qui vient de s'écouler permettent de formuler avec précision les mesures de prudence à prendre dans le règlement du commerce international. *Le change contraire amène-t-il un écoulement prolongé du numéraire, haussez l'escompte afin que le vide attire le métal de tous les marchés où il est encore abondant* (pp. 457-458).

> Les crises monétaires sont occasionnées par un dérangement dans la balance du commerce international, raréfiant le numéraire sur un marché où le crédit est largement employé et qui se trouve surchargé d'engagements à terme. *Dans l'état actuel de l'humanité, le seul moyen de les prévenir ou d'en diminuer la gravité est la hausse en temps opportun du taux d'intérêt*, qui agit comme une pompe sur le métal précieux qu'elle attire (p. 459).

Dans la partie suivante, nous apportons des preuves historiques de la coopération entre la Banque de France et la Banque d'Angleterre durant la période bimétallique.

## 3.3 La coopération des banques centrales durant la période bimétallique: des éléments de preuve historique

Dans cette partie nous montrons que dès l'ère bimétallique, la Banque de France et la Banque d'Angleterre ont cherché, par le maniement du taux de l'escompte, à contenir le cours du change dans les limites des points métalliques. La Banque de France a ainsi joué un rôle actif avec la Banque d'Angleterre dans les relations monétaires internationales en veillant à la valeur externe de la monnaie et en défendant le taux de change. Cette thèse est novatrice par rapport à la vision dominante d'une Banque de France, institut d'émission à vocation essentiellement nationale au milieu du 19e siècle, et au scepticisme académique qui entoure l'idée même d'une coopération entre banques centrales au 19e siècle (Flandreau, 1997).

Nous nous livrons, dans un premier temps, à un examen critique de la façon dont les controverses sur la «solidarité» des banques centrales française et anglaise ont été présentées dans la littérature puis recherchons, dans un second temps, dans l'histoire et chez les auteurs contemporains du Bimétallisme, principalement Bonnet (1866) et Juglar (1866), des preuves que le bimétallisme a été très tôt un système régulé par les interventions conjointes de la Banque de France et de la Banque d'Angleterre sur leurs taux d'escompte respectifs, en vue d'une stabilisation du taux de change.

### *3.3.1 La « solidarité » des Banques centrales : guerre entre instituts d'émission ou forme inédite de coopération sous l'ère bimétallique ?*

Chez certains auteurs contemporains du bimétallisme, la « solidarité » entre la Banque d'Angleterre et la Banque de France, est analysée comme la manifestation d'un conflit entre banques centrales pour le partage de l'or et l'argent. L'anglais Patterson (1867, pp. 2-6) est emblématique de ce courant ; il dénonce « la guerre des banques ». Evoquant les hausses successives de taux d'escompte, il déplore que les banques centrales

> se soient livrées à une guerre nouvelle, à la fois civile et internationale, funeste à l'industrie... En 1857 et 1864, c'est la Banque d'Angleterre qui a pris l'offensive. Le simple avis que la Banque d'Angleterre avait élevé le taux de l'escompte courait sur l'Europe par les fils du télégraphe, comme une flamme électrique, et chaque banque se mettait sous les armes et engageait le combat... La Banque d'Angleterre élève son taux d'escompte : c'est le premier pas, la déclaration des hostilités... Immédiatement les banques des autres pays en font autant, elles élèvent leur taux d'escompte.

Dans la fameuse *Enquête sur la circulation monétaire et financière*, ce même auteur aspire à ce que soit mis fin à « ce système de rivalités et d'antagonismes » en prônant une coopération volontaire des banques d'émission.

Cette conception est relayée dans les milieux saint-simoniens qui critiquent les achats de métaux précieux comme la cause du ralentissement de l'activité. En effet, à partir de 1855, la Banque de France s'engage dans une politique systématique d'achats massifs d'argent et d'or principalement sur le marché de Londres par l'intermédiaire des Rotschild. Isaac Pereire met en cause leur efficacité : il y voit « la cause directe des élévations de l'escompte à Londres » et « une véritable déclaration de guerre à la Banque d'Angleterre ». A l'appui de cette thèse, la Banque d'Angleterre peut réagir vigoureusement, comme en novembre 1860, quand le Comptoir d'Escompte de Paris tente d'utiliser 25 millions de traites sur Londres pour prendre autant d'or destiné à la Banque de France. La Banque d'Angleterre menace alors d'augmenter son taux d'escompte ce qui serait, écrit-elle, « très peu désirable pour la Banque de France elle même », et, sous l'effet de cette menace, cette dernière va renoncer à l'opération.

Cette thèse connaît une certaine pérennité, notamment avec l'analyse qu'en donne Plessis (1998). Par « solidarité des banques centrales », cet auteur entend «solidarité de fait de leur encaisse métallique», ce qui signifie que chaque institut d'émission dès qu'il perçoit une diminution de ses propres réserves, cherche à puiser dans celle des banques des autres pays. L'acte de Peel qui interdit à la Banque d'Angleterre d'émettre pour plus de 350 millions de francs de billets non gagés par leur équivalent en métal précieux incite la Banque d'Angleterre à conserver ou acquérir des espèces métalliques. «La solidarité des banques traduit alors leur concurrence exacerbée pour le partage d'un stock de métaux précieux». L'auteur parle de «compétition sauvage» et détaille ensuite les moyens dont dispose la Banque de France[2] pour, selon lui, «modifier à son avantage les effets de la solidarité internationale».

Flandreau (1997) considère que sous le Bimétallisme

> la coopération était exceptionnelle, jamais réciproque, et n'a jamais été institutionnalisée... Ce qui était interprété comme coopération était le simple produit de l'égoïsme des banques centrales. Chacune aidait l'autre seulement quand cela servait ses propres intérêts, au lieu de s'entraider mutuellement dans le sens d'un équilibre coopératif (p. 737).
>
> Il faudrait qu'il soit clair que la coopération entre banques centrales n'était pas la voie prédominante avant 1914. Il convient donc de rejeter le principe selon lequel la coopération entre banques centrales était un ingrédient essentiel de la stabilité du taux de change (p. 760).

Cela fait écho à l'opinion de Viner (1937) sur la nature de la coopération entre banques centrales au milieu du 19e siècle:

> La coopération entre banques centrales était durant cette période plutôt exceptionnelle qu'une pratique courante. Au contraire, il semble qu'ordinairement les banques centrales prêtaient peu d'attention à ce qui se passait sur les autres marchés monétaires, sauf pour s'engager, dans des périodes de contraction de crédit (effectives ou anticipées), dans des compétitions de taux ou dans des raids sur les réserves métalliques de leurs concurrentes (pp. 274-275).

2 Principalement achats ou swaps de métaux précieux avec les banques d'émission étrangères. En 1860, la Banque de France échange avec la Banque d'Angleterre 50 millions d'argent contre de l'or, qu'elle ne pouvait utiliser en France du fait de la spéculation sur l'argent. En 1861, elle échange 31 millions d'argent contre la même somme d'or avec la Banque de l'Etat russe, fait une opération similaire de 9 millions avec la Banque nationale d'Italie et achète pour 15 millions de pièces d'or à la Banque d'Amsterdam.

Cette approche fait pourtant débat dans la littérature. Cottrell (1982) mentionnait au contraire que

> la coopération entre Threadneedle Street et la Rue des petits champs n'était pas une nouveauté... *Dès le début des années 1850, la coopération, même sous une forme intermittente était une pratique solidement établie. Les deux banques échangeaient leurs informations et à partir de 1854 télégraphiaient à l'autre les modifications de leur taux d'escompte, sur une base régulière* (p. 132).

La thèse de la non coopération entre banques centrales durant la période bimétallique soutenue par Flandreau (1997) est seulement étayée par trois épisodes contrariés de swap de métaux précieux entre la Banque de France et la Banque d'Angleterre.

A partir de 1855 les relations entre les deux banques s'enveniment[3]. Bagehot[4] (1855), décrivant l'épisode, en vient à appeler de ses vœux l'existence d'un prêteur en dernier ressort. De son côté, Viner (1937, p. 275) minore l'incident qu'il décrit comme la «manifestation d'un caprice plus que l'effet d'une conduite sensée». Newmarch et Tooke (1857, VI, section 20) ne voient pas non plus dans cet épisode une preuve de non coopération mais plutôt une tactique cousue de fil blanc de la Banque de France pour accroître de façon momentanée son stock d'or alors que le besoin ne s'en faisait pas réellement sentir[5].

3 En août 1855, faisant face à un déclin de ses encaisses métalliques, la Banque de France demande à un certain nombre de banques françaises qu'elles vendent leurs lettres de change sur Londres et exportent l'or à Paris, sans qu'elle soit obligée de relever son taux d'escompte. La Banque d'Angleterre réagit à ce drainage de ses réserves d'or par un relèvement de son taux d'escompte à 6 % en octobre. S'en suivit un message de Weguelin, gouverneur de la Banque d'Angleterre, à son homologue français minimisant le conflit, soulignant les bonnes relations passées et invitant les deux banques à «unir leurs efforts, plutôt qu'à combattre». Après une demande officielle de la Banque de France réclamant de l'or, Weguelin refusa cette aide au motif que «l'acte de 1844 empêchait la Banque d'Angleterre d'utiliser ses réserves d'or pour soutenir les devises étrangères». La Banque de France répliqua par une hausse de son taux d'escompte porté au niveau du taux anglais, soit au plafond de 6 %.

4 «Dans l'état présent de bonnes relations entre la France et l'Angleterre, il est du devoir de tous d'unir leurs forces plutôt que de les diviser. Une correspondance étroite entre les deux instituts d'émission en cas d'urgence serait bénéficiaire à tous» (p. 684).

5 Le titre de la section 20 est particulièrement éloquent: *«System pursued by the Bank of France in 1855-56 for the purpose of procuring temporary artificial addition to its bullion reserve»*.

Le second épisode illustrant la non coopération présumée entre les deux banques centrales concerne la suspension de l'Act de 1844 en octobre 1857. L'abrogation temporaire du plafond d'émission en Angleterre aurait eu pour cause le refus de la Banque de France de fournir des espèces (Flandreau, 1997). Au contraire, nous illustrons dans notre analyse des points atypiques que cet épisode particulier a été résolu efficacement par une variation des taux d'escompte des deux côtés de la Manche (Cf. partie 5). Partant, la loi de 1857 en France abrogeant le plafond légal du taux d'escompte de 6 % aurait été la réponse française à la suspension du *Peel Act* (Flandreau, 1997, p 761). Nous trouvons cette interprétation abusive et préférons voir dans l'abrogation du plafond du taux d'escompte la volonté des autorités monétaires françaises de disposer d'un instrument de la politique monétaire plus flexible. Il convient de noter aussi que ce changement dans les instruments de conduite de la politique monétaire n'est pas propre à la France. D'autres pays continentaux comme la Belgique modifient au même moment leurs lois sur le taux d'escompte.

Le troisième épisode de non coopération présumée concerne la splendide indifférence de la Banque de France face à la panique financière dont est victime la société *Overend Gurney* sur la place de Londres en 1866 (Flandreau, 1997, p. 752). La Banque de France disposait alors d'une encaisse suffisante et même record qui aurait permis le sauvetage de la maison anglaise. Est-ce un exemple probant de refus de coopération ? Le problème est qu'en cette circonstance la Banque d'Angleterre n'a pas même sollicité l'aide de la Banque de France...

Ces trois exemples paraissent à eux seuls insuffisants pour apporter la preuve d'une non coopération entre les banques de France et d'Angleterre au cours de la période 1850-1870. La thèse de la « guerre » entre instituts d'émission ne paraît pas d'ailleurs en mesure de rendre compte de la mission de Fould en Grande Bretagne, au cœur de la tourmente financière de novembre 1857. Les taux d'escompte anglais s'élèvent alors à 10 % et Napoléon III délègue Fould auprès du Chancelier de l'échiquier pour qu'une suspension temporaire de l'Act de Peel permette à la Banque d'Angleterre d'arrêter « la hausse indéfinie de son argent » ; Fould aurait préparé pour l'occasion, un projet d'alliance entre les deux banques. Cet épisode crucial incline à penser qu'il y a eu recherche de coopération plus que guerre de l'encaisse entre les deux instituts d'émission.

S'il est clair que l'on ne peut parler de coopération au sens d'un multilatéralisme ou d'une pratique officialisée, nier l'existence d'une coopération effective entre la Banque d'Angleterre et la Banque de France est également excessif. Cette coopération entre les deux institutions a très bien pu prendre la forme «d'échange confidentiel de renseignements et d'opinions, via les agents de la haute banque» (Asselain J.C., Plessis A., 2003). Le fait qu'historiquement ces accords transitaient par les représentants des maisons de la haute banque qui siégeaient au conseil de régence de la Banque de France ne change rien à l'affaire: cette «diplomatie» des banques centrales passait par l'entremise des acteurs les plus familiers avec les transactions bancaires internationales[6].

6 On observe ainsi très tôt dans la période bimétallique, que chaque fois qu'une crise monétaire survient, que ce soit en Angleterre ou même aux Etats-Unis, les appels au crédit de la Banque de France se multiplient. Les dirigeants de la «haute banque», spécialisée dans les règlements multilatéraux et l'acceptation des lettres de change, forment la majorité du conseil de régence et vont servir d'intermédiaires privilégiés dans ces opérations. Aux moments de tension, comme en 1836, le conseil de régence de la Banque de France accorde des crédits à la haute banque, lui transférant ainsi une partie de son encaisse pour soulager les banques centrales étrangères. Cette coopération balbutiante peut s'effectuer dans un climat parfois hostile. Viner (1937, p. 233) relate qu'en 1836 la Banque d'Angleterre sollicite l'aide de la Banque de France «bien sûr à contrecœur», et ajoute que cette nécessité est «jugée particulièrement humiliante en Grande Bretagne», à un moment où l'entente entre les deux pays n'est pas encore cordiale! Pour Thomas Tooke (cité par Kindleberger, 1994, p. 237, d'après *The Correspondance of Lord Overstone*), ce prêt est «une source de discrédit», «une humiliation nationale». Toutefois, l'expression d'une certaine aigreur n'a pas empêché la concrétisation du projet…
Comme le relève Plessis (1998), «on date en général de 1839 la première intervention manifeste sur le marché international: à l'issue d'une négociation menée par Baring frères, l'une des plus riches maisons de Londres, 14 banques parisiennes consentirent un prêt de 50 millions à la Banque d'Angleterre, garanti par l'aval de cette banque, par la signature des Baring et par un dépôt de fonds publics supérieur au montant du prêt. Quoique les règles statutaires de la Banque de France lui interdisent de promettre d'avance l'octroi de ses crédits, le conseil de régence s'engagea en déclarant qu'elle accepterait à l'escompte les traites tirées par les Baring sur les banques parisiennes et acceptées par elles. On retrouvait au sein du conseil les chefs des principales maisons contractantes…». S'il ne s'agit pas *stricto sensu* d'un secours apporté par la Banque de France à la Banque d'Angleterre, car ce sont les maisons de la haute banque qui ont coopéré avec la Banque d'Angleterre (de même que les Rotschild ont en 1839 aidé la Banque des Etats-Unis), il n'en reste pas moins vrai qu'elles l'ont fait avec la caution de la Banque de France (qui s'est engagée à escompter les traites en cas de besoin), ce qui revient rigoureusement au même.

Graphique 2. Banque de France and Bank of England Discount Rates.

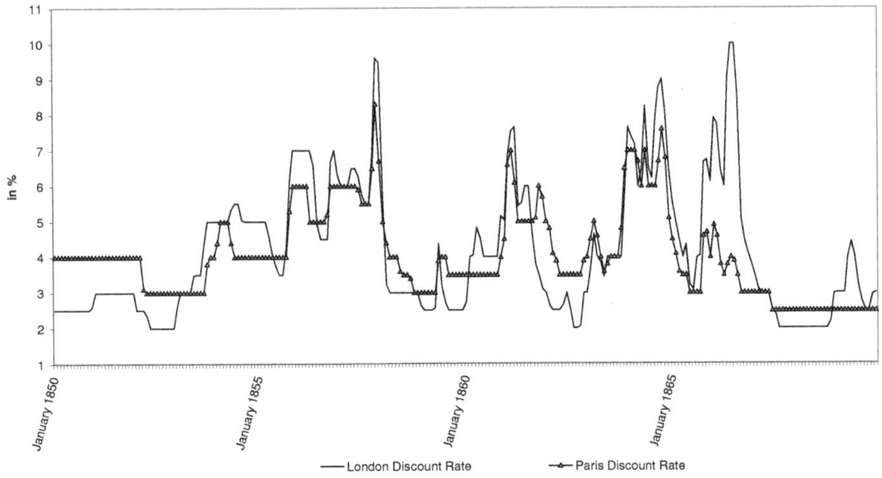


Nous souhaitons maintenant insister sur le fait que la coopération entre les deux banques ne se limitait pas à des swaps sporadiques de métaux précieux dans l'urgence mais qu'une coopération continue a existé sous la forme d'une coordination des taux d'escompte.

> Ce n'est pas un hasard si les régents se réunissent rue de la Vrillière au même moment que les dirigeants de la Banque de Londres, afin d'être au courant, séance tenante, des décisions de ces derniers et de pouvoir y adapter leur conduite immédiatement si besoin est (Plessis, A., 1998, p. 116).

---

En 1847, la Banque de France a besoin d'argent pour soutenir son encaisse. La Banque d'Angleterre l'y aide avec un crédit temporaire de 25 millions de francs en attendant que la Banque de France se procure un prêt de ce montant auprès de Baring frères. En fait, par un mécanisme semblable au précédent, les Baring ont avancé cette somme à un régent de la Banque (Hottinguer) contre un dépôt de rentes françaises. En 1847 toujours, la haute banque joue un rôle important quand la Banque de France vend au gouvernement de Saint Petersbourg 50 millions de rentes françaises contre des lettres de change sur Paris (Ramon, 1929, p. 206). Palmer, le gouverneur de la Banque d'Angleterre, témoigne à cette époque devant une commission parlementaire pour dire qu'il est préférable de s'entendre avec les principales banques des Etats-Unis, de Hambourg, d'Amsterdam et de Paris, plutôt que d'expédier de l'or (cité par T. Joplin, p. 29).

Selon cet auteur, le Conseil de régence ne modifiait en général son taux qu'en réponse aux variations du taux anglais:

> Il le fait sans retard, n'hésitant pas à se réunir d'urgence en séance extraordinaire dès qu'il en a été informé par une dépêche de Londres, si bien que les hausses des taux anglais et français se produisent souvent le même jour (Plessis, A., 1998).

Extrapoler, à partir de cette simultanéité des «agendas» des banques centrales, l'idée d'un suivisme de la Banque de France, comme le fait Plessis (1998), est assurément erroné. Cette lecture ne permet pas de comprendre les écarts de taux observés en 1866 (Cf. Graphique 2). *Car en effet coordination ne signifie pas suivisme.* Deux auteurs l'ont lumineusement décrit: Juglar (1866) et Bonnet (1866) expriment que les écarts de taux anglais et français observés en 1866 ne peuvent se comprendre si l'on oublie la contrainte de change et analysent précisément les écarts de taux constatés comme la manifestation d'une solidarité réelle des deux banques centrales, en vue de la défense du taux de change.

### *3.3.2 La réponse de Juglar (1866) et Bonnet (1866): La solidarité des taux comme mécanisme de régulation du bimétallisme*

On trouve chez Bonnet (1866) et Juglar (1866), des propos on ne peut plus explicites qui analysent le maniement des taux comme une preuve de coordination entre banques centrales dans le but de stabiliser le taux de change.

Victor Bonnet (1866), observant les fortes variations des taux de la Banque d'Angleterre comme instrument de gestion des crises, note:

> Si depuis quelques années le taux d'escompte a varié beaucoup plus en France que précédemment, c'est à l'influence de l'Angleterre qu'on le doit, c'est la conséquence de la *solidarité financière* qui existe entre les deux pays (p. 599).

> Il y a entre la Banque d'Angleterre et la Banque de France des rapports tellement intimes, qu'elles sont souvent dans la dépendance l'une de l'autre, obligées d'agir de concert (p. 606).

La corrélation dans le maniement des taux est vue ici comme un indice de coopération et de coordination, et non comme un indice de «guerre». A une lecture purement métalliste et domestique du rôle de la Banque de France (où l'Institut d'émission ne serait soucieux que de la seule préservation de son encaisse), Bonnet oppose la vision d'une Banque de France qui par le maniement des taux garantit et coordonne la stabilité des taux de change. Dans son analyse, la variation du taux d'escompte fait figure d'instrument de défense de la stabilité du change (Cf. Graphique 2, période 1866 notamment).

Bonnet (1866) s'interroge sur

> l'énorme différence qui a existé en 1866 dans le taux de l'escompte entre la France et l'Angleterre, différence qui s'est élevée jusqu'à 5-6 % et qui a duré 3 mois, l'intérêt ayant été à 4 % en France et à 10 % en Angleterre.
> [...]
> On s'est étonné qu'un écart aussi considérable ait pu se maintenir sans entraîner au dehors tout le capital disponible de notre pays et vidé au profit de nos voisins les caves de la Banque de France. Loin de là, l'encaisse augmentait chez nous à mesure qu'il diminuait à la Banque d'Angleterre (p. 606).

Pourquoi la France n'a-t-elle pas subi ce préjudice? *«La cause en est ‹le change contraire› qui affecte l'Angleterre»* (p. 607).

La défiance vis-à-vis de la Livre est telle qu'un écart de rendement aussi fort n'incite pas les capitaux à se placer en Angleterre. Il paraît donc judicieux de comprendre, à l'instar de Bonnet, le maintien de taux d'intérêt bas en France, durant cet épisode de crise, comme une marque effective de la solidarité de la Banque de France à l'égard de la Banque d'Angleterre. Une réduction de l'écart aurait eu pour effet d'accroître l'encaisse en France et de diminuer un peu plus l'encaisse en Grande Bretagne, sous l'effet d'une fuite des capitaux, ce qui aurait accrue la défiance vis-à-vis de la Livre.

Pour le reste, dans les périodes normales d'absence de crise,

> cette solidarité financière qui oblige la Banque de France et la Banque d'Angleterre à se régler l'une sur l'autre, à élever ensemble le taux de leur escompte, existe-t-elle à tous les moments, y a-t-il toujours lieu de s'en préoccuper? (p. 612).

> Si, lorsque nos voisins élevaient le taux de leur escompte pour augmenter leurs ressources nous étions restés indifférents à cette élévation, comme on nous le conseillait, nos espèces se seraient en allées encore beaucoup plus vite, puisqu'on y aurait joint une différence d'intérêt... La solidarité entre les deux banques était donc bien réelle et bien étroite, et la Banque de France avait raison de s'en préoccuper en élevant son taux de l'escompte à peu près au niveau de celui de la Banque d'Angleterre (p. 618).

Ainsi, en période normale, marquée par l'absence de défiance sur l'une des monnaies, tout écart de taux est perçu comme un simple écart de rendement, et doit donc motiver des mouvements de capitaux qui peuvent menacer les encaisses domestiques. Pour éviter qu'il ne soit porté atteinte à l'encaisse, chaque banque centrale est tenue de calquer ses taux sur l'autre. La solidarité des taux est causée par le souci de préservation de l'encaisse, en vue du respect de la parité or et argent des monnaies. Pour respecter cet objectif, l'instrument privilégié est le maniement des taux. Il ne s'agit pas de «suivisme» mais de coordination des taux imposée par le respect de la règle bimétallique.

Clément Juglar(1866) mène dans ses «Comptes rendus comparés de la Banque de France après les crises de 1839, 1847, 1857 et 1864» une analyse très proche de celle de Bonnet. Il tient, lui aussi, un propos novateur sur *l'influence du cours des changes sur les réserves métalliques des banques*: «on a voulu faire dépendre la solidarité des marchés de la différence du taux de l'intérêt, ce qui est complètement en désaccord avec les faits, *si on ne tient pas compte des cours des changes*» (p. 67).

S'en suit une distinction, selon que le cours du change est favorable ou défavorable. Dans le premier cas,

> les changes sont-ils favorables : quelque soit l'écart du taux de l'intérêt entre les deux places, quoique l'arbitrage soit toujours menaçant, il n'y a à craindre aucun drainage de la réserve métallique. Au contraire, les changes sont-ils défavorables, même avec un très faible écart du taux de l'intérêt, les réserves métalliques ne tarderont pas à être épuisées. C'est pour avoir tenu compte de cette observation que la Banque de France a pu dans ces derniers temps maintenir un écart de 3 % entre le taux de l'escompte à Londres et à Paris, sans que l'encaisse ait été touché (pp. 67-68).

Par là, Juglar (1866) examine les conditions sous lesquelles le différentiel d'intérêt commande le différentiel de change. Il souligne que *la sensibilité des mouvements de capitaux au différentiel d'intérêt dépend du statut du taux de change*; si le taux de change est favorable alors les mouvements seront faibles (il faudra un fort différentiel de taux pour provoquer des sorties de capitaux, les agents redoutant de perdre sous la forme d'un placement à un taux plus avantageux mais dans une devise dépréciée); s'il est défavorable, même un faible écart de taux provoquera des sorties de capitaux. Sur cet épisode particulier, l'analyse de Juglar rejoint exactement celle de Bonnet: l'état de l'encaisse française ne justifiait pas un relèvement des taux qui aurait accéléré la dépréciation de la Livre. *Là se trouve l'expression de la vraie solidarité entre les deux banques centrales, dans la défense du système bimétallique.*

Une relecture, à partir de Bonnet et Juglar, des épisodes de crises financières de la période bimétallique permet de mettre en lumière certains points clés:

- Le rôle du taux d'escompte comme instrument privilégié de lutte contre les mouvements de change;
- L'effectivité et l'efficacité de la coopération des banques centrales française et anglaise dans le maniement des taux durant la période bimétallique.

Nous nous sommes efforcés de montrer, en puisant dans les faits et en réhabilitant les analyses de deux observateurs privilégiés des crises financières du milieu du 19e siècle, que la Banque de France a utilisé, dès la période bimétallique, toute la panoplie des instruments de régulation d'une Banque centrale moderne. Nous avons illustré également que la coopération entre la Banque de France et la Banque d'Angleterre, loin d'être une vue de l'esprit, a été l'un des garde-fous du bimétallisme. Cette coordination des banques centrales à travers le maniement des taux d'escompte apporte des indices que le bimétallisme a été un système régulé de façon concertée par les autorités monétaires, ce qui rompt avec l'approche classique selon laquelle le bimétallisme aurait été seulement un système contraint automatiquement par le mécanisme des points or et argent.

Nous proposons maintenant d'analyser ces indices d'une régulation du bimétallisme par les taux à la lumière du renouvellement de la théorie de la politique monétaire initié par Taylor (1993).

## 3.4 Une piste de recherche: approche du bimétallisme à la lumière de la règle de Taylor

A l'instar de Taylor (1993, 1998), nous proposons de regarder l'histoire de la politique monétaire sous le bimétallisme du point de vue de la régulation des taux plutôt que du point de vue du stock de monnaie. Notre approche historique se démarque donc de celle de Friedman et

Schwartz (1963), Friedman (1990) ou de celle de Flandreau (1995, 1996, 2004) qui regardent l'histoire de la monnaie du point de vue de la théorie quantitative et des seuls mouvements d'espèces.

### *3.4.1 La pertinence d'une analyse des règles de taux dans le cas d'un système d'étalon bimétallique*

Décrit-on correctement la politique monétaire sous le régime bimétallique en disant que les banques centrales se contentaient de contrôler l'encaisse métallique ? Cette présentation n'a jamais été vraiment récusée, les travaux les plus récents sur le bimétallisme ne s'affranchissant pas du postulat que les banques centrales contrôlaient la base monétaire. Dans un régime où la valeur de la monnaie se définit en termes d'or et d'argent, rechercher un principe de gouvernement par les règles de taux n'est-il pas d'avance voué à l'échec, voire inepte ? Pourtant plusieurs indices incitent à penser le contraire : la politique monétaire française et anglaise n'a pas été passive durant l'ère bimétallique. La Banque de France et la Banque d'Angleterre ne se sont pas comportées en banquiers centraux conservateurs à la Rogoff. La variabilité des taux d'escompte (Cf. Graphique 2) témoigne au contraire que les politiques monétaires ont été très réactives des deux côtés de la Manche (alors que l'occultation complète du rôle des taux dans l'approche quantitativiste aurait pu laisser supposer une grande inertie des taux).

Quelle fonction de réaction construire pour le bimétallisme ? Dans une perspective cliométrique, cette tentative est-elle plausible ? Une fonction de réaction en regard de l'inflation et de l'output gap a-t-elle un sens économique appliquée au Bimétallisme[7] quand l'output gap est difficilement mesurable (quel était le modèle de l'économie à l'époque ?), que le PIB n'est connu que sur une base annuelle, et qu'il n'a pas non plus grand sens économique en tant qu'agrégat observé par les agents sur la période 1850-1870 puisqu'il n'existait pas[8].

7 Cf. Annexe 1.

8 D'autres raffinements paraissent plus difficiles encore à tester sur la période, comme le fait de savoir s'il faudrait intégrer ou non les prix des actifs, sachant que des travaux ont montré pour la période actuelle que le ciblage des prix d'actifs n'améliorait pas (et parfois détériorait) les performances de la fonction de réaction.

Que sait-on de l'horizon de décision de la Banque Centrale à l'époque ? Celui-ci dépend, en théorie, de la dynamique économique, du processus de formation des anticipations des agents *(backward ou forward looking)*, des phénomènes de persistance des comportements, des délais de transmission de la politique monétaire. Est-on à même de formuler des hypothèses quant à ces mécanismes pertinents sur l'ère bimétallique ?

Les premiers éléments de réponse que nous sommes en mesure d'apporter concernent les points suivants : on peut supposer qu'à l'époque bimétallique, les agents interprétaient correctement les décisions de taux des Banques centrales. En effet, le respect de la parité étant un objectif parfaitement clair et lisible des autorités monétaires, la lecture et l'apprentissage de la politique de taux des banques centrales en était grandement facilitée. Par ailleurs, l'objection selon laquelle les Banques Centrales anglaise et française ne se seraient pas publiquement engagées à suivre une quelconque règle de taux ne nous paraît pas valable sur la période 1850-1870 (pas plus d'ailleurs que sur toute autre). Les banques centrales ont elles jamais, à aucun moment de leur histoire, eu à expliciter leur fonction de réaction ? Cette critique atemporelle ne discrédite pas, à nos yeux, l'emploi du critère de Taylor comme outil d'évaluation des politiques monétaires sous le bimétallisme.

Définir une règle monétaire suppose d'abord de trouver la fonction de réaction de la Banque Centrale, adaptée au contexte étudié. Si la règle de Taylor transite par la référence à un objectif d'inflation et par la mise en cohérence de cet objectif avec celui d'activité, nous pensons que sous le bimétallisme, compte tenu des caractéristiques du régime en termes de sacro-saint respect de la parité or et argent, l'objectif de taux de change pourrait être intégré dans la fonction de réaction. Une règle monétaire adaptée au contexte bimétallique minimiserait dans ce cas une fonction de perte d'encaisses métalliques (or ou argent) de façon à garantir le maintien du taux de change dans les limites des points métalliques. Un scénario privilégié pourrait être celui où l'objectif final est la défense du taux de change et où la modulation du taux d'escompte tient lieu d'instrument privilégié de la politique monétaire.

*La spécificité du contexte d'un étalon bimétallique*

La relation (1) rappelée dans l'annexe 1 à partir du cas des régimes d'offre de monnaie constante existe également pour les régimes d'étalon bimétallique. La réponse du taux d'intérêt à l'inflation peut être facilement expliquée par le mécanisme des flux d'espèces de Hume. Si l'inflation s'accroît dans un pays, sa balance commerciale se dégrade car ses biens sont moins compétitifs. On note des sorties d'or de ce pays pour financer ce déficit commercial. La contraction de l'encaisse métallique, à demande de monnaie constante se traduit par une élévation du taux d'intérêt. Ce mécanisme joint à la réduction des exportations liées à la baisse de compétitivité du pays doit réduire l'inflation dans ce pays.

De façon identique, une contraction de l'inflation conduit à un excédent commercial, des entrées d'or, et une pression à la baisse des taux d'intérêt domestiques.

Une variation de la croissance conduit les taux d'intérêt à s'ajuster dans le même sens. Un accroissement du PIB réel accroît la demande de monnaie et met une pression à la hausse sur les taux d'intérêt si l'offre de monnaie reste inchangée. Cet effet est amplifié sous un régime bimétallique dans le cas d'un déficit commercial accru qui conduit à des sorties d'or ou d'argent et une contraction de l'offre de monnaie.

*La stratégie «Leaning against the wind»*

Cette stratégie correspond au cas où la Banque Centrale assouplit les conditions du marché en réponse à une inflation plus basse ou un ralentissement de la production et resserre le marché du crédit (hausse des taux) en réponse à une inflation plus forte ou une reprise de la croissance. Si la Banque Centrale adopte une telle stratégie, on s'attend à ce que les coefficients de réponse à l'inflation et l'activité soient positifs.

Dans un système international d'étalon bimétallique, une croissance constante du stock de monnaie, une politique *« leaning against the wind »* tendraient à générer des réponses positives du taux d'intérêt aux changements d'inflation et de croissance, comme décrit dans l'équation 1 (Annexe 1).

Dans le cas d'un étalon bimétallique, la taille du coefficient de réponse du taux d'intérêt à l'inflation dépend théoriquement:

- de la sensibilité des flux commerciaux aux différences de prix ;
- du multiplicateur de monnaie, qui traduit l'effet d'une sortie d'or ou d'argent sur l'offre de monnaie ;
- de l'élasticité intérêt de la demande de monnaie.

Dans un système d'étalon bimétallique, on peut supposer que les mouvements de taux sont expliqués par l'interaction entre une offre de monnaie causée par les mouvements internationaux d'or et d'argent et une demande de monnaie (qui monte et descend à mesure que l'inflation et la croissance augmentent et diminuent). Un régime de change bimétallique exerce une contrainte forte sur l'offre de monnaie. Celle-ci est soumise à l'influence des entrées/sorties d'or et d'argent. La règle de fixité du taux de change en étalon bimétallique impose de limiter le montant des engagements de la Banque Centrale, ce qui limite par conséquent l'offre de monnaie et rend le cadre d'analyse de Taylor à offre de monnaie constante *a priori* tout à fait pertinent sur la période d'étude.

### *3.4.2 Les Banques d'Angleterre et de France avaient-elles déjà une stratégie* «leaning against the wind» *durant la période bimétallique ? Un axe de recherche en cours*

Des résultats seulement très préliminaires mais encourageants issus d'une stricte réplication de Taylor (1998) peuvent être mis en avant : dans les cas français et anglais, les estimations demeurent fragiles et sommaires compte tenu du nombre d'observations (20 et seulement en données annuelles) mais délivrent de premiers enseignements. En France, sur la période 1850-1870, le taux directeur suit à la fois l'inflation et l'output gap, bien que la première variable (au contraire de la seconde) ne soit pas significative. L'inverse est vrai au Royaume-Uni, où le taux d'escompte suit davantage l'inflation (significative) que le cycle. Ceci suggère une potentielle stratégie de type *leaning against the wind* dans les deux pays. Avec toutes les réserves afférentes à la nature et la périodicité des données, ces premiers résultats demandent à être corroborés sur données mensuelles ou trimestrielles. L'étape suivante de cette recherche en cours est :

Tableau 1. Tests de racine unitaire.

| | ERS | | Ng Perron | | KPSS | |
|---|---|---|---|---|---|---|
| | Stat | VC | Stat | VC | Stat | VC |
| LPV | -13.51205 | -1.942164 | -9.09559 | -1.98000 | 0.025423 | 0.463000 |
| STA | -15.24007 | -1.942159 | -7.72913 | -1.98000 | 0.145116 | 0.463000 |

Une condition nécessaire de la cointégration étant que les variables soient intégrées du même ordre, le risque d'existence d'une relation de cointégration entre les séries est écarté, et l'analyse de la causalité peut être effectuée sur la modélisation d'un modèle VAR optimal[9]. L'application du test de causalité à la Granger nous permet d'établir alors les résultats suivants[10]:

Tableau 2. Tests de causalité à la Granger.

| | |
|---|---|
| STA does not Granger Cause LPV | 0.07901 |
| LPV does not Granger Cause STA | 0.62549 |

Les différentes valeurs reportées pour les différentes relations de causalité testées représentent la probabilité d'acceptation ou de rejet de l'hypothèse. Ainsi, lorsque la probabilité calculée est inférieure au risque de première espèce (10 %), on accepte l'existence d'une relation de causalité au seuil de 10 %. Comme il est souvent d'usage dans la littérature de la causalité, l'application de ce test peut être représentée par un circuit dit de causalité:

Figure 2. Circuit de causalité.

**STA** ⟶ **LPV**

D'une manière générale, ce circuit nous indique que le taux de change est caractérisé par une relation directe, univoque. En effet, STA cause directement LPV.

9 Qui minimise les critères d'entropie, c'est-à-dire les critères AIC et SBC.

10 Comme il est parfois fait dans l'analyse de la causalité, l'analyse a été également faite, non pas en retenant la valeur du retard donné par le modèle VAR optimal, mais simplement en faisant varier la valeur du retard, et les résultats se sont révélés très similaires.

*3.5.3 Analyse des chocs du système bimétallique*

Maintenant que le mécanisme de régulation du taux de change par le maniement des taux d'escompte sous le régime bimétallique a été mis en évidence, il convient d'éclairer le débat au regard des réactions de ce système face aux chocs simulés ou effectifs.

Les fonctions de réponses impulsionnelles fournissent une première indication sur les forces relatives qui peuvent exister entre les variables, et comment les variables peuvent réagir et interagir lorsqu'un choc simulé survient sur l'une d'entre elle.

Figure 3. Fonctions de réponses impulsionnelles.[11]

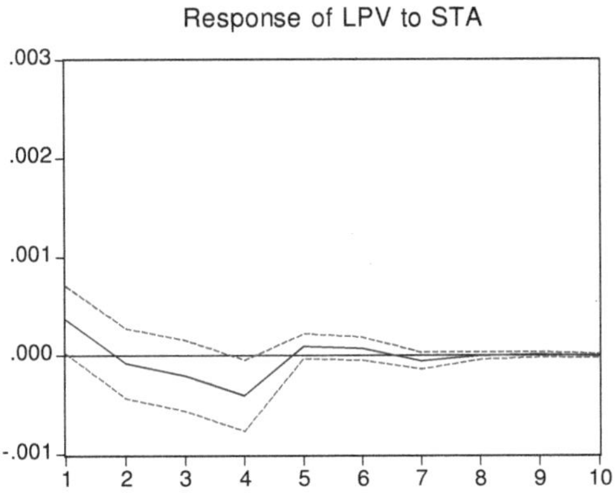


Différentes conclusions ressortent de cette analyse. Tout d'abord, nous constatons que le choc est transitoire. Ensuite, nous remarquons que lorsqu'un choc positif survient sur STA, LPV est influencée de manière significative sous la forme d'oscillations amorties alternant entre influence positive, puis négative, avant de retourner à son niveau d'équilibre en cinq mois.

Une seconde indication sur les forces relatives et sur la quantification de ces forces qui peuvent exister entre les variables, et comment les variables peuvent réagir et interagir lorsqu'un choc simulé survient sur l'une d'entre elle est donnée par la décomposition de la variance de l'erreur de prévision de chaque variable.

11 Nous ne reportons ici que les fonctions de réponses impulsionnelles de la relation de causalité déterminée précédemment.

Tableau 3. Décomposition de la variance

Decomposition of LPV:

| Period | STA | LPV |
|---|---|---|
| 2 | 1.902080 | 98.09792 |
| 10 | 4.720267 | 95.27973 |

Decomposition of STA:

| Period | STA | LPV |
|---|---|---|
| 2 | 99.33638 | 0.663617 |
| 10 | 99.25296 | 0.747039 |

Dans ce cas, nous constatons qu'une proportion limitée, mais néanmoins significative de la variance de LPV, 1,90 % est expliquée dans le court terme (2 mois), respectivement 4,72 % dans le long terme (10 mois), par un choc sur STA. De manière similaire mais moins significative, un choc sur LPV explique environ 0,70 % dans le court et long terme. Ainsi, STA a plus d'impact dans le court terme sur LPV, que LPV n'en a sur STA.

Ainsi, ces résultats sont conformes aux précédents et confirment que le taux de change a bien été régulé sur la période considérée par le maniement des taux d'escompte. Ceci illustre que le bimétallisme n'a pas été qu'un système automatique contraint par les seuls mécanismes des points or et argent.

Les points atypiques fournissent une seconde indication sur la force des interactions qui peuvent exister entre les variables, et comment les variables ont réagi et interagi lorsqu'un choc effectif est survenu sur l'une d'entre elle. A l'instar des différentes analyses de ce type nous résumons les résultats relatifs à la détection des *outliers* sous la forme d'un tableau chronologique. Ce tableau présente les caractéristiques des points atypiques identifiés dans la série, à savoir leur datation, leur nature, leur amplitude, ainsi qu'une proposition d'explication politique, économique ou financière de l'occurrence du choc.

Dans un premier temps, plusieurs résultats généraux peuvent être établis. Tout d'abord, il ressort qu'un certain nombre d'événements politiques, économiques et monétaires, à la fois nationaux et internationaux, sont la source d'importants chocs permanents et/ou temporaires sur le différentiel de taux d'escompte et le taux de change. Ensuite, il est à noter que la quantité globale des *outliers* dans les données représente respectivement environ 2,5 % et 7,1 % des observations pour LPV et STA. La sphère STA est donc plus sensible aux événements extérieurs peu fréquents que la sphère LPV. Dans ce qui suit, nous concentrons notre analyse sur les points atypiques qui sont la conséquence des chocs sur l'autre variable (Cf. Tableau 4).

Tableau 4. Points Atypiques.

| Series | Date | | Type | Value | t-value |
|---|---|---|---|---|---|
| LPV | 9 | 1855 | AO | 0.9157 | 5.14 |
| | 12 | 1857 | AO | -0.7915 | -4.44 |
| | 2 | 1861 | AO | 0.7103 | 3.99 |
| STA | 6 | 1855 | AO | -10.231 | -19.5 |
| | 11 | 1857 | AO | 1.9594 | 3.73 |
| | 2 | 1861 | TC | 1.5584 | 4.11 |

L'aspect le plus remarquable est que sur cette période de 20 ans aucun changement structurel (LS) dans la relation entre les deux variables n'a pu être trouvé. Cela signifie que la relation entre le différentiel de taux d'escompte et le taux de change est robuste dans le temps. On observe que pour deux des trois points atypiques relevés, les chocs sur STA (en 1855/6 et 1857/11) ont un effet de signe opposé sur LPV (respectivement en 1855/9 et 1857/12). Cet effet est conforme à l'hypothèse de «régulation du taux de change»: en 1855/6, le différentiel de taux d'escompte (calculé comme la différence entre le taux français et le taux anglais) se creuse, ce qui logiquement pousse la Livre (cotée au certain contre le Franc) à la hausse, sous l'effet d'entrées de capitaux en Angleterre attirés par des taux anglais plus attractifs. La même séquence intervient en 1857/11 (au signe inverse près). Là, le taux français s'élève et un mois plus tard (en 1857/12), sous l'effet des mouvements de capitaux que ce différentiel déclenche, le taux de change de la Livre décroît. Ces phénomènes ponctuels (AO) s'expliquent aisément en regard de la relation selon laquelle le différentiel de taux commande le différentiel de change. Finalement, seulement un point en 20 ans illustre un manquement dans le fonctionnement de cette relation sur la période. En 1861/2, le choc sur le différentiel de taux produit un effet de même signe sur le taux de change, ce différentiel se creusant et la Livre s'appréciant.

Bien que l'effet soit seulement transitoire (TC), nous recherchons des explications à ce phénomène atypique. Pour cela nous avons consulté les journaux financiers de l'époque afin d'y découvrir des faits singuliers relatifs au contexte de février 1861. Nous nous sommes appuyés principalement sur *Le Moniteur industriel* des mois de janvier, février et mars 1861. Trois types de facteurs peuvent être mis en avant: tout d'abord des causes strictement métalliques, tenant à la contraction des réserves d'or de la Banque d'Angleterre et à la diffusion de cette information dans le public; des causes qui tiennent au déséquilibre de la balance commerciale anglaise et au contexte économique international défavorable; enfin, des causes renvoyant au tout début de la guerre civile américaine et aux rumeurs alarmistes qui se propagent. L'influence directe de ce dernier point peut néanmoins être relativisée: février 1861 marque, en effet, le tout début de la guerre civile américaine; pour que celle-ci ait eu un réel impact sur le cours de la Livre, il aurait fallu que le sentiment du marché soit dès février 1861 que la banqueroute était inévitable; il aurait fallu aussi que les américains commencent massivement à convertir leurs lettres de change sur Londres en or, provoquant une raréfaction de ce métal à Londres et entraînant une chute de la Livre; or, ces évènements sont tous postérieurs au mois de février. Les deux premiers facteurs évoqués auraient dû, par contre, avoir joué un rôle certain.

L'Angleterre connaît en février 1861 des difficultés croissantes d'approvisionnement en or, liées à la contraction des importations d'or en provenance de Californie, aux crises mexicaine et australienne. *Le Moniteur industriel* mentionne dans l'un de ses numéros la rumeur d'une exportation d'or de la Grande Bretagne vers les Etats-Unis pour honorer un contrat que la Banque d'Angleterre aurait passé avec la Banque des Etats-Unis. Vraies ou fausses, ces rumeurs auraient dû avoir contribué à fragiliser la Livre.

A côté de ces facteurs tenant à la raréfaction du stock d'or anglais, le *Moniteur industriel* évoque la détérioration prévisible du commerce extérieur anglais. Le début de la guerre civile américaine et le blocus des ports du sud font craindre une diminution des exportations de textile anglais vers les régions du «vieux sud» américain. Le débat sur l'entrée en vigueur du traité de libre échange franco-britannique de 1860 à la date du 1er octobre 1861 pour les industries du coton et de la laine est une autre source d'inquiétude des deux côtés de la Manche. Les industriels français du secteur demandent que cette échéance soit repoussée, ce qui fait craindre aux industriels britanniques, en plus de la fermeture des débouchés américains, une contraction supplémentaire de leurs exportations.

En février 1861, transitoirement, la Livre ne semble pas affectée par ce climat pessimiste.

Au total, hormis cet épisode l'ensemble des résultats sur les chocs simulés ou effectifs confirment les résultats précédents quant à la relation de causalité et soulignent le caractère régulé du taux de change de la Livre en Franc au cours de la période. Qu'a-t-on appris sur les délais d'action de la politique monétaire via l'action sur les taux ? Les résultats de notre analyse impulsionnelle appliquée au différentiel de taux d'escompte montrent que la stabilisation du taux de change par l'action des taux est quasi instantanée et immédiate (dans un délai de 5 mois). Notre analyse de la causalité et notre analyse des points atypiques menées sur le différentiel de taux d'escompte ont permis d'illustrer l'absence de déviation notable à la règle de régulation du taux de change par la coordination des taux d'escompte français et anglais de 1850 à 1870.

## Conclusion : une autre lecture du bimétallisme

S'inscrivant dans une tradition qui remonte à Thornton (1802), Bonnet (1866), Juglar (1866), Keynes (1923), Taylor (1993, 1998), notre approche a mis l'accent sur les prix des marchés de capitaux de préférence aux quantités observées sur ces mêmes marchés (masse monétaire, encaisse métallique, contrairement à l'approche classique et monétariste du bimétallisme).

Au terme de notre analyse cliométrique, nous avons montré que la régulation par les taux a exercé une influence correctrice décisive sur le taux de change durant la période bimétallique. Contrairement à l'approche classique, notre étude suggère que l'action par le canal des taux est apparue, dès le milieu du 19e siècle, en pleine ère bimétallique, comme un instrument efficient de régulation du taux de change. En ajout à la littérature classique sur le double étalon qui souligne que la pérennité du système a reposé sur la solidité du mécanisme des points métalliques, notre apport a été de montrer que le système bimétallique a aussi été un système régulé par la coordination des banques centrales anglaise et française.

Dans notre étude, le différentiel de taux d'escompte est l'indicateur de cette coopération entre banques centrales. L'impact de ce différentiel sur le taux de change courant prouve clairement que la coopération entre la Banque de France et la Banque d'Angleterre a pleinement réussi à maintenir le taux de change courant dans les limites des points bimétalliques. Par rapport au débat sur la nature du régime bimétallique – système automatique ou régulé – notre étude montre qu'on ne peut rejeter l'hypothèse que le double étalon a aussi reposé sur des arrangements de taux entre banques centrales. Nous pouvons même ajouter que par leurs interventions sur le taux d'escompte, les banques centrales donnent un signal fort au marché de leur volonté de stabiliser le taux de change courant dans les limites des points bimétalliques, ce qui renforce du même coup la croyance des agents dans la crédibilité du régime. La surveillance du taux de change par les banques centrales, via leur action sur les taux d'escompte, n'a pu que renforcer les anticipations rationnelles des agents sur la soutenabilité du système.

## Annexe 1 : La règle de Taylor

Par règle de taux on entend (Taylor, 1993) une fonction d'ajustement du taux directeur de la Banque Centrale en réponse à certaines variables économiques. Le principe de Taylor établit que la fonction de réaction de la Banque Centrale est telle que le taux réel s'ajuste aux évolutions du taux d'inflation et de l'output gap.

L'équation de base est :

$$r = p + g.y + h(p - p^*) + r_f, \quad (1)$$

où r est le taux directeur ;
p, le taux d'inflation en % de P ;
p* est la cible d'inflation de la Banque Centrale ;
$r_f$ est l'estimation par la Banque Centrale du taux d'intérêt réel d'équilibre ;
y, l'écart en % du PIB réel (Y) par rapport à un trend ;

h est le montant par lequel la Banque Centrale augmente ex post le taux d'intérêt réel (r-p) en réponse à l'accroissement d'inflation.

Les deux coefficients de réponse clés sont g (pour la croissance) et (1+h) pour l'inflation. Dans un cadre d'offre de monnaie constante, un accroissement de l'inflation conduit à une élévation du taux d'intérêt. Une accélération de la croissance produit le même effet: celle-ci entraîne un accroissement de la demande de monnaie, à offre inchangée, les taux d'intérêt doivent monter. *Donc, la règle de politique monétaire avec des valeurs positives pour g et (1+h) est supposée délivrer une bonne description des politiques monétaires dans un régime d'offre de monnaie constante.*

Le principe de Taylor ne suffit pas à définir une politique monétaire optimale. Il faut rajouter une condition exprimant qu'à l'optimum, la perte provenant d'une réduction de l'activité est compensée par le gain résultant de la diminution d'inflation qu'elle provoque. Il faut que l'arbitrage entre inflation et output gap respecte cette relation.

## Annexe 2: Le précédent historique: John Taylor, «An historical analysis of monetary policy rules», WP, NBER, N° 6768, 1998

Dans cet article, l'auteur couvre la période 1879-1914, qui était celle de l'étalon or et la compare, du point de vue des règles, à celle de Bretton-Woods et de l'après Bretton-Woods. Il compare l'évolution dans le temps de la réponse des taux directeurs américains à l'inflation et la croissance.

*Il est important de rappeler que pour cette étude historique, Taylor (1998) estime, en données trimestrielles, la fonction de réaction de la Fed à partir des moindres carrés ordinaires, d'une inflation mesurée par le taux d'inflation moyen des 4 trimestres et d'une activité mesurée par l'écart au trend du PIB (en %). Les raffinements statistiques sont exempts de l'exercice pour d'évidentes questions de disponibilités statistiques.*

*Les changements dans les fonctions de réponse de la Fed depuis la période de l'étalon or*

Dans le cas des Etats-Unis, Taylor (1998) note que le taux court est procyclique sous l'étalon or et que l'élasticité de sa réponse à la variation de la croissance est moindre que dans les périodes postérieures (*« The equation fits very poorly » :* les coefficients g et (1 + h) sont 10 fois moindres sous l'étalon or que sous Bretton Woods).

L'auteur impute à la présence du régime d'étalon or la moindre réponse des taux d'intérêt. Il utilise l'argument selon lequel l'étalon or est un régime de change qui contient l'inflation. Bretton Woods a pu présenter une semblable protection contre l'inflation. Quand un tel type de garde fou disparaît, la fonction de réaction devient plus sensitive. L'auteur l'explique aussi par un processus graduel d'apprentissage de la Fed, au fil du temps.

Une fois mise de côté l'influence de la contrainte externe du régime de change, l'auteur obtient une corrélation sans ambiguïté entre la règle de politique monétaire et la stabilité macroéconomique. La période la plus stable étant celle où la règle de politique monétaire a été la plus réactive (sous Bretton Woods).

Enfin, Taylor trouve sur la période 1960-1970s h négatif ($1+h<1$) alors que l'inflation augmente. Ceci indique des déviations de la politique monétaire américaine par rapport à la politique monétaire optimale, qu'il qualifie d'erreurs dans la conduite de la politique monétaire américaine.

## Annexe 3 : Méthodologie économétrique

*Analyse de la saisonnalité*

Les données utilisées étant mensuelles, il est nécessaire au préalable d'analyser la saisonnalité, afin de pouvoir l'isoler éventuellement et d'analyser les autres caractéristiques des variables. Pour cela nous nous proposons d'appliquer trois tests de détection, qui sont à la fois classiques et complémentaires dans l'analyse de la saisonnalité : l'analyse de la fonction d'autocorrélation, l'analyse du tableau de Buys-Ballot, et enfin l'analyse de la variance associée au test de Fisher[12].

*Tests de racine unitaire et ordre d'intégration*

Il est également essentiel d'analyser les propriétés de stationnarité des séries retenues avant de commencer l'analyse. Nous nous proposons d'utiliser dans ce cas les tests de racine unitaire efficients (Elliott, Rothenberg et Stock, 1996; Ng et Perron, 2001), et le test de stationnarité KPSS (Kwiatkowski, Phillips, Schmidt et Shin, 1992) pour à la fois déterminer l'ordre d'intégration des variables, stationnariser les séries (pour le lecteur intéressé, cf. également Darné et Diebolt, 2004, 2005, 2006), et savoir s'il existe un risque de cointégration[13].

*Analyse des relations: causalité à la Granger*

L'analyse des relations entre les variables retenues est étudiée au travers de la méthodologie de la causalité pour plusieurs raisons. Tout d'abord, bien que des études de régression puissent faire des contributions significatives, leur grande faiblesse est qu'elles tentent d'égaliser la corrélation avec la causalité. Or, les corrélations entre les variables ne signifient pas nécessairement une relation de causalité. Ensuite, la mise en évidence de relations causales permet une meilleure appréhension et compréhension des phénomènes, et amène des informations supplémentaires quand à l'antériorité des événements entre eux. Enfin, l'effet des variables économiques est rarement instantané, un retard est souvent constaté pour permettre les ajustements nécessaires des systèmes et des comportements. De même, il n'est pas inhabituel non plus pour une variable d'être affectée par son propre comportement passé. Ainsi,

12 Ces tests étant relativement bien connues nous nous exemptons de toutes présentations détaillées de chacun d'entre eux.

13 Le test retenu pour analyser les éventuelles relations de cointégration entre les variables est le test de Johansen (1988). Si cette étape met en évidence de telles relations, l'étude de la causalité se fera sur un modèle VECM (Vector Error Correction Model), dans le cas contraire, nous poursuivons l'analyse de la causalité à l'aide d'un modèle VAR (Vector Auto Regressive).

l'analyse doit être vue non seulement d'une manière dynamique, mais aussi comme un processus autorégressif. Pour ces différentes raisons, l'analyse du système bimétallique nécessite de se placer dans un cadre de modélisation VAR et de causalité.

La méthode du test de causalité à la Granger est choisit parmi l'ensemble des méthodes possibles, à la lumière des résultats favorables présentées par Guilkey et Salemi (1982) et Geweke, Meese et Dent (1983) pour les petits échantillons (moins de 200 observations). Ainsi, selon Granger (1969): la variable $y_{1t}$ cause la variable $y_{2t}$, si la prévision de cette dernière est améliorée en incorporant à l'analyse des informations relatives à $y_{1t}$ et à son passé. Le test peut alors être conduit à l'aide d'un test de Fisher classique de nullité des coefficients sur le modèle estimé (VAR ou VECM), équation par équation.

*Analyse du système: fonctions de réponses impulsionnelles et outliers*

Lorsque l'on s'intéresse à l'analyse des chocs, deux méthodologies économétriques sont envisageables. Soit, à l'instar de la démarche traditionnelle nous étudions les chocs sous la forme de fonctions de réponses impulsionnelles. Dans ce cas l'analyse des chocs est fondée sur l'estimation d'un modèle VAR, et s'inscrit essentiellement dans une démarche analytique et prévisionniste puisque les chocs envisagés sont simulés et donc fictifs. Soit, à l'instar de Darné et Diebolt (2004), nous analysons les chocs sous la forme de points atypiques ou *outliers*. Dans ce cas, l'analyse des chocs s'inscrit dans une démarche analytique et historique, les chocs étant effectifs.

En ce qui concerne les fonctions de réponses impulsionnelles, celles-ci sont basées sur l'estimation d'un modèle VAR, et permettant de mesurer l'impact d'un choc sur les variables et de tracer l'effet d'un choc d'une innovation sur les valeurs courantes et futures des variables. Dans ce cas, une procédure d'orthogonalisation des chocs et des erreurs est nécessaire. Nous utilisons ici la décomposition de Cholesky qui permet de diagonaliser la matrice des variances covariances des innovations, et ainsi d'identifier les variances propres à chacune des variables. L'ordre de Cholesky est alors fait conformément à la règle qui veut que le choix de l'ordre des séries doit être fait par une classification de la série la plus exogène à celle la plus endogène, c'est-à-dire sans a priori économique.

En ce qui concerne les *outliers*, ils relèvent d'une méthodologie bien différente. Dans le cadre des séries temporelles, les points atypiques ou *outliers* se définissent de façon informelle comme des valeurs inattendues ou surprenantes par rapport à l'évolution de la série. En d'autres termes, ils représentent des changements brusques de natures temporaires ou permanentes dans le niveau d'une série temporelle (Darné et Diebolt, 2004).

Selon les définitions développées plus en détail par Tsay (1986, 1988) et Chen et Liu (1993), il existe principalement trois sortes de points atypiques: *(i)* les *Additive Outliers* (AO), qui affectent seulement une observation; *(ii)* les *Temporary Changes* (TC), qui affectent de manière temporaire plusieurs observations et dont l'effet diminue exponentiellement; et *(iii)* les *Level Shifts* (LS), qui affectent de manière permanente les observations.

De façon plus générale, les AO sont considérés comme des points atypiques tandis que les TC et LS sont considérés comme des changements structurels. Les TC représentent un changement éphémère tandis que les LS sont le reflet d'un choc permanent.

## References


ASSELAIN, J.C., PLESSIS, A. (2003). «Banques centrales, monnaies fortes et monnaies faibles de la fin du 19e à la seconde guerre mondiale», in *Politiques et pratiques des banques d'émission en Europe, 17e-20e siècle*, Albin Michel.

ASSENMACHER-WESCHE, K. (2006). «Estimating Central Bank's preferences from a time-varying empirical reaction function», *European Economic Review,* (50), pp. 1951-1974.

BAGEHOT, W. (1873). *Lombard Street: A Description of the Money Market*, reprint ed., London: John Murray, 1917.

BAGEHOT, W. (1855). «The Gold Purchases by the Bank of France», *Bankers' Mag.*, Nov., pp. 681-686.

Banque de France. *Enquête sur la circulation monétaire et fiduciaire.*

BIGO, R. (1947). *Les banques françaises au cours du 19e siècle*, Paris: Sirey.

BONNET, V. (1866). «La Banque de France et la Banque d'Angleterre: solidarité des deux établissements», *Revue des Deux-Mondes*, novembre-décembre, pp. 588-623.
Bordo, M.D. (1987). «Bimetallism», in J. Eatwell, M. Milgate, P. Newman eds., *The New Palgrave. A Dictionnary of Economics,* London: MacMillan.
BORDO, M.D., Kydland F. E. (1995). «The Gold Standard as a rule: An Essay in Exploration», *Explorations in Economic History*, 32, October.
BORDO, M.D., ROCKOFF, H. (1996). «The Gold Standard as a Good Housekeeping Seal of Approval», *Journal of Economic History,* 56[2].
BORDO, M.D., Schwartz, A.J. eds. (1984). *A Retrospective of the Classical Gold Standard 1821-1931*, Chicago: University of Chicago-Press.
BOYER, M.T., DELEPLACE, G., GILLARD, L. (1994). «Régimes monétaires, points d'or et serpent bimétallique de 1770 à 1870», *Revue économique* 45, sept.
BOYER, M.T., DELEPLACE, G., GILLARD, L. (1995). «Bimétallisme, taux de change et prix de l'or et de l'argent [1717-1873]», numéro spécial de la revue *Economies et sociétés, série A-F, 3-4.*
BOYER, M.T., DELEPLACE, G., GILLARD, L. (1997). «Bimetallic Snake and Monetary Regimes» in *Monetary Standards and Exchange Rates*, edited by Marcuzzo-Officer-Rosselli, Routledge Eds.
BOYER, M.T., DELEPLACE, G., GILLARD, L. (2001). «Interest Rate Parity and Bullion Points in the Double-Standard International Monetary System, 1833-1873», *Working Paper n° 4,* LED, Université Paris 8.
CALOMIRIS, C.W., SCHWEIKART, L. (1991). «The panic of 1857: Origins, Transmission and Containment», *The Journal of Economic History*, vol. 51, n° 4, December, pp. 807-834.
CAPIE, F., GOODHART, C. (1995). «Central banks, Macro-Policy», *Financial History Review, vol. 2.*
CAPIE, F., GOODHART, C., FISHER, Schnadt (1994). *The Future of Central Banking*, Cambridge University Press.
CASAMAJOR, J. (1924). *Le marché à terme des changes en France*, Paris: Dalloz.
CHEN, C., LIU, L.M. (1993). «Joint Estimation of Model Parameters and Outlier Effects in Time Series», *Journal of the American Statistical Association*, 88, pp. 284-297.

COTTRELL, P.S. (1982). «London, Paris and Silver, 1848-1867», in A. Slaven and D.H. Aldcroft eds., *Business, Banking and Urban* History, pp. 129-145.
COURTOIS (1904). *Traité des opérations de bourse et de change,* 13ème édition, revue et corrigée par E.Vidal, Paris, Garnier frères éditions.
DARNÉ, O., DIEBOLT, C. (2004). «Unit Roots and Infrequent Large Shocks: New International Evidence on Output», *Journal of Monetary Economics*, 51, pp. 1449-1465.
DARNÉ, O., DIEBOLT, C. (2005). «Non-Stationarity Tests in Macroeconomic Time Series», in: Diebolt, C. & Kyrtsou, C. in collaboration with Darné, O. (Eds.): *New Trends in Macroeconomics*, Springer, Berlin, pp. 173-194.
DARNÉ, O., DIEBOLT, C. (2006). «Chocs temporaires et permanents dans le PIB de la France, du Royaume-Uni et des Etats-Unis», *Revue d'Economie Politique*, 116 (1), pp. 65-78.
DAUPHIN-MEUNIER, A. (1936). *La Banque de France*, Paris: Gallimard.
DAVUTYAN, N., PARKE, W.R. (1995). «The Operations of the Bank of England, 1890-1908: A Dynamic Probit Approach», *Journal of Money, Credit and Banking,* Nov., (27)4, pp. 1099-1112.
DELEPLACE, G. (1999). *Histoire de la pensée économique*, Dunod.
DEUTSCH, H. (1914). *Transactions in Foreign Exchanges. A Handbook for the Use of Bankers, Merchants and Students*, London: Financial Handbooks Publishing Co.
EAGLY, R.V., SMITH, K. (1976). «Domestic and International Integration of the London Money Market», *The Journal of Economic History*, n° 1.
EICHENGREEN, B. (1997). *L'expansion du capital. Une histoire du système monétaire international*, L'Harmattan.
EICHENGREEN, B. (1992). *Golden Fetters The Gold Standard and The Great Depression, 1919-1939*, New-York-Oxford University Press.
EICHENGREEN, B. (1992). *Golden Fetters The Gold Standard and The Great Depression, 1919-1939*, New-York-Oxford University Press.
EICHENGREEN, B. (1985). «International Policy Coordination in Historical Perspective», in W.H. Buiter and R.C. Marston, eds., *International Economic Policy Coordination*, Cambridge, pp. 139-178.
EINZIG, P. (1937). *The Theory of Forward Exchange,* London: Macmillan [See also Einzig, 1962].
ELLIOTT, G., ROTHENBERG, T.J., STOCK, J.H. (1996). «Efficient Tests for an Autoregressive Unit Root», in: *Econometrica*, 64, pp. 813-836.

ENGLE, R.F., GRANGER, C.W.J. (1987). «Cointegration and Error Correction: Representation, Estimation and Testing», in: *Econometrica*, 55, pp. 251-276.

EVANS, *Commercial Crisis.*

FAUCHER, L. (1853). «La Banque de France et le taux de l'intérêt», *Revue des Deux-Mondes*, octobre-décembre, pp. 1016-1027.

FEIERTAG, O., MARGAIRAZ, M. (sous la direction de) (2003). *Politiques et pratiques des banques d'émission en Europe, 17e-20e siècle*, Albin Michel.

FISHER, I. (1894). «The Mechanics of Bimetallism», *Economic Journal*, September, pp. 527-537.

FLANDREAU, M. (1995). *L'or du monde. La France et la stabilité du système monétaire international, 1840-1878*, Paris: L'Harmattan.

FLANDREAU, M. (1996). «Adjusting to the Gold Rush: Endogenous Bullion Points and the French Balance Payments», *Explorations in Economic History.*

FLANDREAU, M. (1997). «Central Bank Cooperation in Historical Perspective: A Sceptical View», *Economic History Review*, 50[4], pp. 735-763.

FLANDREAU, M. (2004). *The Glitter of Gold. France, Bismetallism and the Emergence of the International Gold Standard, 1848-1873.* Oxford: Oxford University Press.

FOUCAUD, D. (2004). «La crise financière anglaise de 1866», Document de travail, LED – Université de Paris 8.

FRIEDMAN, M. (1990a). «The crime of 1873», *Journal of Political Economy,* 98(6).

FRIEDMAN, M. (1990b). «Bimetallism Revisited», *The Journal of Economic Perspectives,* Vol. 4. (Autumn), pp. 85-104.

FRIEDMAN, M., SCHWARTZ, A. (1963). *A Monetary History of the United States,* Princeton: Princeton University Press.

GEWEKE, J., MEESE, R., DENT, W. (1983). «Comparing Alternative Tests of Causality in Temporal Systems: Analytic Results and Experimental Evidence», in: *Journal of Econometrics*, 21, pp. 161-194.

GILLE, B. (1970). *La Banque de France au 19e siècle*, Genève: Droz.

GOODHART, C. (1988). *The Evolution of Central Banks,* Cambridge M.a.

GOSCHEN, G.J. (1861). *The Theory of the Foreign Exchanges*, London: Effingham Wilson, Royal Exchange [See also Goschen, 1863, 2nd Ed.].

GRANGER, C.W.J. (1969). «Investigating Causal Relations by Econometric Models and Cross-Spectral Methods», in: *Econometrica*, 37, pp. 424-438.

GRANGER, C.W.J. (1980). «Testing for Causality: a Personal Viewpoint», in: *Journal of Economic Dynamic and Control*, 2, pp. 329-352.

GRANGER, C.W.J. (1981). «Some Properties of Time Series Data and their Use in Econometric Model Specification», in: *Journal of Econometrics*, 16, pp. 121-130.

GRANGER, C.W.J. (1986). «Developments in the Study of Cointegrated Economic Variables», in: *Oxford Bulletin of Economics and Statistics*, 48, pp. 213-228.

GRANGER, C.W.J. (1988). «Some Recent Developments in a Concept of Causality», in: *Journal of Econometrics*, 39, pp. 199-212.

GUILKEY, D.K., SALEMI, M.K. (1982). «Small Sample Properties of Three Tests of Causality for Granger Causal Ordering in a Bivariate Stochastic System», in: *Review of Economics and Statistics*, 64, pp. 668-680.

JEANNE, O. (1995). «Monetary Policy in England 1893-1914: A Structural VAR Analysis», *Explorations in Economic History*, (32), pp. 302-326.

JOHANSEN, S. (1988). «Statistical Analysis of Cointegration Vectors», in: *Journal of Economic Dynamics and Control*, 12, pp. 231-254.

JOHANSEN, S., JUSELIUS, K. (1990). «Maximum Likelihood Estimation and Inference on Cointegration: With Applications to the Demand for Money», in: *Oxford Bulletin of Economics and Statistics*, 52, pp. 169-210.

JOPLIN, T. *Case for Parliamentary Inquiry into the Circumstances of the Panic, in a letter to Thomas Gisborne,* London: James Ridgeway & Sons, p. 29.

JUGLAR, C. (1862). *Les banques de France et d'Angleterre aux époques de prospérité et de crise*, Strasbourg, Berger-Levrault.

JUGLAR, C. (1863). *Crises commerciales*, Strasbourg, Berger-Levrault.

JUGLAR, C. (1864). «Les banques de France et d'Angleterre en 1847, 1857 et 1864», *Journal des économistes,* novembre.

JUGLAR, C. (1866). «Comptes rendus comparés de la Banque de France après les crises de 1839, 1847, 1857 et 1864», *Journal des économistes,* avril.

KAUFMANN, E. (1914). *La Banque de France*, Paris, Giard et Brière.
KEYNES, J.M. (1923). *A Tract On Monetary Reform,* London: Macmillan.
KINDLEBERGER, C.P. (1994). *Histoire mondiale de la spéculation financière,* Editions P.A.U.
KWIATKOWSKI, D., PHILLIPS, P., SCHMIDT, P., SHIN, Y. (1992). «Testing the Null Hypothesis of Stationarity against the Alternative of a Unit Root: How Sure are we that Economic Time Series have a Unit Root?», in: *Journal of Econometrics*, 54, pp. 159-178.
LAIDLER, D. (1987). «The Bullionist Controversy», in Eatwell, J., Milgate, M., Newman, P. (eds), vol. 1.
LAVELEYE, E. de (1865a). *Le marché monétaire et ses crises depuis cinquante ans*, Guillaumin.
LAVELEYE, E. de (1865b). «Les crises commerciales et monétaires – La fuite de l'argent et la hausse de l'escompte», *Revue des Deux-Mondes*, janvier-février, pp. 432-460.
LESCURE, M. (2003). «La formation d'un système de crédit en France et le rôle de la Banque d'émission [1850-1914], approche comparée», in *Politiques et pratiques des banques d'émission en Europe [17e-20e siècle],* Albin Michel.
LOCKHART, J. (1927). *Le marché des changes de Paris. Fonctionnement, réglementation technique des opérations*, Paris: Presses Universitaires.
MACKINNON, J.G. (1991). «Critical Value for Cointegration Tests», in: Engle R.F. & Granger C.W.J. (eds): Long Run Economic Relationship: Readings in Cointegration, Oxford University Press, New York, pp. 266-276.
MARCUSO, Officer, Rosselli (1997). «Monetary Standards and Exchange Rates», Routledge Eds.
NEWMARCH, W., TOOKE, T. (1857). *A History of Prices and the State of Circulation from 1793 to 1856*, 6 vols.
NG, S., PERRON, P. (2001). «Lag length selection and the Construction of Unit Root Tests with Good Size and Power», in: *Econometrica*, 69, pp. 1519-1554.
OFFICER, L.H. (1996). *Between the Dollar Sterling Gold Points. Exchange Rates, Parity and Market Behavior*, Cambridge et New-York, Cambridge University Press.

OPPERS, S.E. (2000). «A Model of the Bimetallic System», *Journal of Monetary Economics,* (46), pp. 517-533.
OPPERS, S.E. (1996). «Was the worldwide shift to gold inevitable? An analysis of the end of Bimetallism», *Journal of Monetary Economics,* (37), pp. 143-162.
PATTERSON, R.G. (1867). *La guerre des banques et son remède: un système monétaire international*, Guillaumin.
PLESSIS, A. (1982). *La Banque de France et ses 200 actionnaires sous le second empire*, Genève: Droz.
PLESSIS, A. (1985a). *La politique de la Banque de France de 1851 à 1870*, Genève: Droz.
PLESSIS, A. (1985b). *Les régents et gouverneurs de la Banque de France sous le second empire*, Genève: Droz.
PLESSIS, A. (1998). «La banque de France et les relations monétaires internationales jusqu'en 1914», in *Histoires de la Banque de France*, Albin Michel.
RAMON, G. (1929). *Histoire de la Banque de France d'après les sources originales*, Paris: Grasset.
REDISH, A. (1995). «The persistence of bimetallism in 19th century France», *Economic History Review,* (4), pp. 717-736.
SAY, L. (1891). *Nouveau dictionnaire d'économie politique*, 2 volumes, Paris: Guillaumin.
SCHUMPETER, J.A. (1954). *History of Economic Analysis,* London: Allen & Unwin.
SEYD, E. (1868). *Bullion and Foreign Exchanges Theoretically and Practically Considered.* London: Wilson.
TAYLOR, J.B. (1998). «An historical analysis of monetary policy rules», *Working Paper, NBER*, N° 6768.
TAYLOR, J.B. (1993). «Discretion Versus Policy Rules in Practice», *Carnegie-Rochester Conference Series on Public Policy,* vol. 39, pp. 195-214.
THORNTON, H. (1802). *An Inquiry into the Nature and Effects of the Paper Credit of Great Britain,* New-York: A.M. Kelley, 1991.
TSAY, R.S. (1986). «Time Series Model Specification in the Presence of Outliers», in: *Journal of American Statistical Association*, 81, pp. 132-141.
TSAY, R.S. (1988). «Outliers, Level Shifts, and Variance Changes in Time Series», in: *Journal of Forecasting*, 7, pp. 1-20.

VELDE, F.R., WEBER, W.E. (2000). «A model of Bimetallism», *The Journal of Political Economy,* Dec., (108), pp. 1210-1234.
VINER (1937). *Studies in the Theory of International Trade*, New York: Harpers & Bros.
VUILLAUME, H. (2003). «Escompte, circulation monétaire et Banque de France [1820-1870]», Thèse, Université Paris 9-Dauphine.
WALRAS, L. (1881). *Théorie mathématique du bimétallisme*, repris dans Walras A. et L., Volume XI, *Œuvres économiques complètes*, rééditées par Jean Pierre Potier et al., 14 volumes, Paris: Economica, 1987-1996.
WOLOWSKI, L. (1865). «La Banque de France et la circulation fiduciaire», *Revue des Deux-Mondes*, janvier-février, pp. 664-697.
WOLOWSKI, L. (1868). «De l'influence du change sur le marché monétaire», *Revue des Deux-Mondes*, septembre-octobre, pp. 391-417.

# 4. La finance historique

L'objectif de ce chapitre est de partir de l'état des savoirs sur le marché boursier français au 19e siècle, tel qu'il a été collecté dans la somme publiée sous la direction de Georges Gallais-Hammono et Pierre-Cyrille Hautcœur et de montrer en quoi l'histoire est indispensable à la connaissance des contextes historiques précis et à la formulation de pistes de recherche nouvelles pour le cliomètre. Mais il convient de ne pas tomber dans le travers d'une histoire qui figerait ces savoirs sans les soumettre à l'expertise de la falsification. De là, la nécessité d'une vérification par la mesure des thèses avancées. La deuxième partie de ce chapitre intitulée «histoire et mesure» entend montrer que l'histoire quantitative appuyée sur des tests statistiques rigoureux est d'un apport décisif pour juger du caractère durable et invariant des tendances historiques mis en avant dans la littérature. Nous ferons état dans cette partie de travaux quantitatifs qui ont porté sur la liquidité et l'efficience de la Bourse parisienne. La troisième partie de ce chapitre, intitulée «théorie financière, histoire et mesure» entend montrer l'apport décisif de la démarche cliométrique dans l'appréhension des questionnements historiques. Nous illustrerons notamment comment, à partir d'une approche de portefeuille, il est possible de dégager une lecture originale de la rationalité des comportements des investisseurs français à la bourse de Paris de la fin du 19e siècle à la veille de la première guerre mondiale qui rompt avec une certaine lecture canonique des déterminants des placements extérieurs français avant 1914.

## 4.1 Histoire financière: le marché boursier français au 19e siècle, l'état des savoirs existants

L'ouvrage intitulé «Le marché financier français au 19e siècle», deux tomes publiés en 2006 et 2007 sous la direction de Georges Gallais-Hamono et Pierre-Cyrille Hautcœur, est une véritable somme qui est venue combler un manque dans la littérature. La masse des matériaux réunis dans l'ouvrage en fait une véritable mine pour toutes les personnes soucieuses d'approfondir leur connaissance des faits.

Dans un premier temps, nous voudrions illustrer à partir de cet ouvrage, en quoi la contextualisation historique est une impérieuse nécessité pour le cliomètre: la connaissance historique est «l'impératif catégorique» du cliomètre, elle est ce qui suscite chez lui des pistes de recherche nouvelles.

### *4.1.1 Comment la contextualisation historique suscite des pistes de recherche nouvelles pour le cliomètre*

Nous situons l'apport et l'intérêt de cet ouvrage à plusieurs niveaux:

(i) Il souligne d'abord le rôle clé de l'intervention de l'Etat dans le développement économique et dans la structuration du marché financier français au 19e siècle. Ceci est illustré notamment à travers la mise en place d'autorités monétaires comme la caisse d'amortissement (1799) dont l'objet est de soutenir le cours de la rente par obligation de rachat en cas de baisse des cours. Dans le même esprit, la Banque de France est créée (1800) avec le privilège de battre monnaie en échange d'aides au Trésor. Enfin, par l'émission de rentes perpétuelles, l'Etat apparaît comme l'initiateur du marché financier français. Les auteurs remettent en cause la thèse d'une «éviction» financière provoquée par l'émission de titres de la dette publique, rappelant opportunément la thèse d'Adolf Wagner selon laquelle l'importance des rentes sur le marché financier français jointe au réseau du Trésor public et à l'institution des TPG (Trésoriers payeurs généraux) implantés sur le territoire ont permis de transformer la thésaurisation des ménages français en une épargne financière.

(ii) L'ouvrage illustre par ailleurs de façon très documentée le rôle décisif de l'Etat dans la construction des chemins de fer. La modernité des mécanismes d'aide au développement de cette activité mérite d'être soulignée. Comme il s'agit d'une activité de réseau (donc à fort coût fixe et à coût moyen décroissant avec l'output réalisé), par la technique de la demi-concession – l'Etat fournit les terrains et assure les travaux de terrassement et ouvrages d'art –, ce dernier va attirer les capitaux privés. L'autre instrument privilégié d'incitation de l'Etat en direction des capitaux privés va concerner la garantie d'intérêt au taux de 4,65 %. Dans un contexte de crises boursières répétées qui touche ce secteur, cette garantie de dividendes aux actionnaires du secteur joue comme un puissant mécanisme de sécurité. Il est intéressant de noter ici la similitude avec le développement des chemins de fer américains (mais aussi des canaux). Dans les deux pays, l'Etat organise le développement des infrastructures en réseau. Cette réhabilitation du rôle de l'Etat dans le décollage industriel est un point qu'il n'est pas anodin de rappeler, même si en France, celui-ci est davantage marqué du sceau du Saint-simonisme qu'aux Etat-Unis. Il pourrait donner lieu à analyse contrefactuelle (qu'aurait été le développement économique et financier de la France sans l'intervention de l'Etat?) et à analyse comparative avec les Etats-Unis, sur les mécanismes du décollage industriel.

(iii) L'ouvrage décrit les batailles passionnantes pour la maîtrise de l'information financière. En des termes modernes, cela évoque les problèmes récurrents d'asymétrie d'information dont sont victimes les marchés financiers: les feuilles d'informations financières sur les chemins de fer se multiplient, dans lesquelles on trouve des indications sur les adjudications, les annonces de souscription, les tableaux d'amortissements, les dates de remboursement etc. Cette presse est souvent financée par les banques ou les grandes sociétés et donc directement intéressée par la souscription du plus grand nombre. De fait, ces journaux offrent des sélections de titres de leur choix, ce qui en fait plus des organes de publicité au profit d'intérêts financiers privés que de véritables agences de notation. *Le journal des actionnaires* est aux mains des Pereire, *La semaine financière* aux mains des Rothschild, qui se partagent tous deux les grands réseaux... De là à considérer que les informations sont systématiquement biaisées, il n'y a qu'un pas. Comme le relèvent sobrement les auteurs, «déjà à cette époque les batailles boursières se gagnent par la mainmise sur l'information». Il serait extrêmement intéressant, à partir de monographies de ces journaux, d'analyser en quoi ces relais de l'information financière ont favorisé ou non les fausses rumeurs et contribué ou non à amplifier les mouvements spéculatifs sur les titres. Des tests d'évènements, courants en finance, gagneraient à être entrepris.

(iv) L'ouvrage analyse en profondeur les aspects structurels de la bourse parisienne tout au long du 19e siècle, notamment quand il aborde la distinction parquet/coulisse. L'état impose le monopole des agents de change. La bourse a une organisation légale, le parquet, et un marché officieux, la coulisse, sorte de marché parallèle qui contourne le privilège reconnu aux agents de change par la loi. Tous les débats de l'époque se cristallisent sur cette situation inédite: l'illégalité de la coulisse est tolérée quand les coulissiers agissent comme simples contreparties (ils accroissent alors par leurs ordres d'achat et de vente la liquidité du marché) mais dénoncée quand les coulissiers concurrencent les agents de change en pratiquant, pour leur propre compte, l'intermédiation auprès de clients. Les exemples d'immixtion de la coulisse alimentent une littérature foisonnante tout au long du 19e siècle. Cette situation atypique, unique en son genre au 19e siècle, suggère au cliomètre s'inscrivant dans la tradition de North, des pistes de recherche nouvelles sur l'efficacité de la bourse parisienne dans le financement de l'économie française qu'ont commencé à explorer Angelo Riva et Eugen White (2010) et Pierre-Cyrille Hautcœur et Angelo Riva (2007): un marché boursier divisé entre coulisse et parquet a-t-il pu financer de façon optimale l'essor du capitalisme français? En encourageant et soutenant la compagnie des agents de change, l'état n'a-t-il pas favorisé une structure monopolistique non efficace qui a pu pénaliser l'essor du marché financier lui-même? Ceci donne-t-il raison à la thèse du «déterminisme légal»? Cette hypothèse serait à tester plus précisément dans le cadre de l'économie du droit et de la cliométrie institutionnaliste.

(v) Le chapitre de Viaene, qui est un prolongement de sa thèse sur les mécanismes optionnels et à terme ferme à la bourse de Paris au 19e siècle, est une contribution à la connaissance et d'un grand intérêt historique pour comprendre et resituer les marchés dérivés dans leur contexte. L'auteur souligne le caractère innovant du marché «à primes» parisien dès 1844 ainsi que la grande modernité des produits et techniques utilisées. Ces découvertes suggèrent l'existence d'invariants dans les mécanismes de couverture contre les risques financiers. Mais en même temps que l'analyse souligne le caractère atemporel de ces produits, elle marque leur spécificité: le «dont» n'est pas totalement comparable à la prime actuelle des mécanismes optionnels. Au cliomètre, aujourd'hui, d'essayer de restituer les raisons économiques rationnelles ou institutionnelles qui ont présidé à cette évolution.

### *4.1.2 Savoir se confronter aux «savoirs constitués»*

Au-delà du caractère indispensable et remarquable que représente la réunion des éléments existants pour (re)constituer un savoir en histoire financière, le danger existe de vouloir en figer les contours et de s'interdire toute remise en cause des faits établis. C'est là un écueil propre, à notre sens, à la discipline historique (et non à la cliométrie). Deux points nous paraissent ouverts à la discussion (ils seront abordés dans la troisième partie de ce chapitre):

- l'ouvrage reprend une thèse ancienne sur la baisse «séculaire» des taux d'intérêt à la fin du 19e siècle, baisse qui aurait été provoquée par une «surabondance» de l'épargne domestique. Une analyse en termes de choix de portefeuille permet de relativiser ce type d'explication.
- l'interprétation tirée de l'orientation géographique des placements extérieurs français à partir de 1860 (marquée par une prépondérance des titres de dettes publiques étrangères d'Europe du sud et centrale et de fonds ottomans et égyptiens) est également sujette à caution. L'ouvrage se fait l'écho de la thèse de Feis (1930) et White (1933) et reprise à l'envie par Cameron (1961) et Lévy-Leboyer (1977) selon laquelle ces placements auraient servi à sceller sur un plan financier les accords politiques et diplomatiques de la France avec ces puissances alliées. Là encore, nous verrons qu'une analyse de portefeuille permet de mobiliser des arguments plus économiques pour expliquer la répartition géographique des avoirs extérieurs français avant 1914.

## 4.2 Histoire et mesure

Dans cette partie, nous voudrions illustrer que l'application de tests statistiques rigoureux permet d'améliorer notre connaissance historique. C'est ici l'occasion de saluer l'importance de la «tradition orléanaise» regroupée autour Georges Gallais-Hamono qui a su impulser des travaux quantitatifs en histoire financière. Nous nous appuyons notamment dans notre présentation sur les travaux de Jacques-Marie Vaslin, Pedro Arbulu et Alex Viaene, qui ont, par leur analyse, profondément renouvelé le savoir, respectivement sur la rente française au cours du 19e siècle, la liquidité de la bourse de Paris au 19e siècle (premier point abordé) et sur l'efficience des marchés dérivés à la bourse de Paris (second point abordé).

### *4.2.1 Les estimations de la liquidité de la bourse de Paris (1873-1913)*

#### *4.2.1.1 Les liens entre marché boursier et croissance*

Il existe toute une littérature qui s'est attachée à analyser le lien entre liquidité du marché financier et croissance (le premier facteur causant le second). Levine et Zervos (1998) soulignent le problème d'endogénéité de cette relation. Rajan et Zingales (1998) vérifient que les secteurs industriels aux plus forts besoins de financement se sont développés plus vite dans les pays où les marchés financiers étaient les plus développés. Tout un courant s'est attaché à rechercher dans les facteurs politiques et juridiques les causes du développement financier. La Porta R., Lopez de Silanes F., Shleifer A., Vishny R.W. (1998) ont cherché à classer les pays dotés de marchés financiers selon leur origine juridique. Ces auteurs partent du constat d'énormes différences de ratio de capitalisation boursière d'un pays à l'autre, malgré des niveaux de développement relativement similaires. Les pays anglo-saxons font preuve d'un développement financier bien supérieur aux pays continentaux du nord de l'Europe comme du bassin méditerranéen. La cause principale de ces différences, selon ces auteurs, réside dans le système légal de protection de l'actionnariat et dans la concentration de l'actionnariat. Les variables juridiques qu'ils étudient vont du principe «une action une voix », à la possibilité de voter par courrier, l'obligation ou non de déposer les actions avant une assemblée générale, le droit de vote cumulatif pour les directeurs, le droit d'attaquer en justice les directeurs, obliger le rachat des actions en cas de désaccord de l'actionnaire avec des mesures fondamentales, le pourcentage du capital nécessaire pour appeler une assemblée extraordinaire, le droit à des dividendes obligatoires (analysé comme une compensation à une mauvaise protection juridique).

Les résultats de cette analyse en termes de « déterminisme légal » soulignent que les pays de *common law* qui dispensent une meilleure protection à leurs actionnaires et ont un actionnariat moins concentré sont également ceux qui connaissent un plus fort développement de leur marché boursier.

Rajan et Zingales (2001) prennent le contrepied de La Porta et al., en adoptant une perspective historique et comparative de l'évolution du ratio capitalisation boursière/PIB, depuis 1913 pour 22 pays. Ils mettent en évidence une courbe en U peu compatible avec l'explication par les systèmes légaux. Il faut dans la plupart des cas attendre les années 1990 pour que le niveau de développement financier retrouve ou dépasse celui de 1913. En outre, la distinction entre pays anglo-saxon et Europe continentale ne tient pas en 1913. La variable légale ne semble donc pas une variable clé dans l'explication du développement financier. Les auteurs concluent ironiquement « qu'on n'a pas besoin d'avoir eu la chance d'être colonisé par les britanniques pour avoir un marché financier développé ! ».

La France présente des singularités : elle a le système légal qui est historiquement le moins protecteur envers les minorités d'actionnaires mais elle présente aussi une courbe en U très marquée, notamment en début de siècle, avec un point haut en 1913 bien supérieur à l'Allemagne et aux Etats-Unis[1].

1 Bozio (2002) mentionne une possible erreur de Rajan et Zingales (2001) qui auraient agrégé les actions françaises et étrangères calculées par Saint-Marc (1974), ce qui gonflerait mécaniquement le résultat français.

Capitalisations boursières (CB) en 1913 (rapportées au PNB) comparées selon Rajan et Zingales (2001)

| | France | USA | GB | Allemagne |
|---|---|---|---|---|
| 1913 | 0.78 | 0.39 | 1.09 | 0.44 |

source : tableau 3, p. 61, Rajan et Zingales (2001)
données françaises issues de Bouvier (1970)
PNB : Maddison

#### *4.2.1.2 Les estimations du volume des transactions boursières avant 1913*

Le volume des transactions boursières ainsi que son ratio au PIB ou à la capitalisation boursière sont supposés être des indicateurs de la liquidité du marché. Malheureusement, pour la France, ce n'est qu'à partir de 1964 que la Compagnie des Agents de Change publie dans *L'année boursière* des séries de volume des transactions pour les actions, les obligations et l'ensemble du marché.

Pour approcher le volume des transactions à la Bourse de Paris à la fin du 19e siècle, Bozio (2002) a recours à une série du rendement de l'impôt sur les opérations boursières, instituée par la loi du 28 avril 1893. D'après cette source, il n'est malheureusement pas possible de distinguer le volume des transactions sur actions et obligations car le produit le l'impôt est renseigné globalement. Ainsi en 1913, le revenu de l'impôt sur les opérations de bourse est de 9.637 millions de francs, avec une taxation de 0.00125 % pour la rente et de 0.01 pour les autres titres. Les estimations sont très largement tributaires des hypothèses faites sur le poids respectif des rentes et des autres titres. Comme le souligne l'auteur (p. 47)

> si ces (autres) titres représentent 100 % des transactions, le volume des transactions estimé est de 96.37 MdF, soit 190 % du PIB de l'époque. Si ces (autres) titres représentent 20 % du volume des transactions totales, alors le volume estimé approche les 321 MdF, soit près de 640 % du PIB[2].

2 Si l'on agrège les données de capitalisation boursière en actions d'Arbulu (1998) et en rentes de Vaslin (1999), qui donnent pour 1910 un partage de 60 %-40 % entre rentes et actions, on se situe très vraisemblablement à mi-chemin entre ces deux estimations.

L'auteur retient arbitrairement une estimation basse de la part des rentes dans le total, ce qui a pour effet mécanique de minorer le ratio « volume des transactions/PIB ». Néanmoins, même sous cette hypothèse basse, l'auteur obtient pour le début de siècle des ratios historiquement élevés.

Evaluations de Bozio (2002) à partir du rendement de l'impôt (RI, en mdF) sur les opérations de Bourse (source : Annuaire statistique de chaque année).
V (Volume des transactions en MdF)
R (V/PIB, en %)

| | RI | V | R(%) |
|---|---|---|---|
| 1900 | 6.809 | 77.168 | 213.8 |
| 1901 | 6.148 | 69.677 | 203.9 |
| 1902 | 7.067 | 80.092 | 233.3 |
| 1903 | 7.366 | 83.481 | 232.5 |
| 1904 | 7.005 | 79.384 | 215.3 |
| 1905 | 7.704 | 87.306 | 229.5 |
| 1906 | – | – | – |
| 1907 | 7.774 | 88.105 | 210.5 |
| 1908 | 10.404 | 104.04 | 252.6 |
| 1909 | 12.513 | 125.13 | 291.2 |
| 1910 | 11.769 | 117.685 | 278.74 |
| 1911 | 12.132 | 121.320 | 263.22 |
| 1912 | 13.011 | 130.110 | 254.24 |
| 1913 | 9.843 | 96.370 | 189.6 |

Ces estimations des volumes de transaction (les seules existantes à notre connaissance sur la période) restent très fragiles compte tenu des hypothèses retenues mais restent malgré tout sans doute en deçà de la réalité : l'indice de la liquidité du marché tend à indiquer qu'en début de siècle, le volume des transactions en % du PIB atteignait des niveaux très élevés (surtout comparés à la période récente) ce qui renforce l'idée d'une Bourse de Paris très active avant la 1re guerre mondiale et d'un marché très liquide.

Ces travaux semblent corroborer les résultats de Rajan et Zingales (2001) d'un développement très important du marché boursier au début du siècle en France et d'une activité très intense du marché par action avant 1914. *Ceci peut inciter à rejeter l'hypothèse d'une prime de risque systématique (pour cause de faible liquidité du marché) sur les actifs français (et étrangers) émis et échangés à la Bourse de Paris avant 1914.*

#### *4.2.1.3 Les mesures de la capitalisation boursière française avant 1913*

Celles-ci peuvent procéder soit de l'exploitation de sources directes (principalement de la *Cote officielle*), soit être déduites de manière indirecte à partir d'une source fiscale: elles consistent alors en une évaluation par les dividendes.

*L'évaluation par les dividendes*

Les estimations de Dugé de Bernonville (1931) portant sur les dividendes et de Malissen (1953) portant sur les bénéfices distribués reposent toutes deux sur les statistiques fiscales du rendement de l'IRVM, institué en 1872.

Saint-Marc (1974, 1983) utilise la source fiscale de taxation des valeurs mobilières pour en déduire la capitalisation boursière française. A partir des montants des revenus taxés par l'Etat dans la catégorie «actions françaises», l'auteur déduit le montant des dividendes versés par les sociétés françaises cotées. Elle applique ensuite à ces montants, le taux de rendement moyen calculé par Denuc (1934), pour en déduire une capitalisation. Cette méthode qui présente l'avantage de reposer sur des bases fiscales sûres souffre de trois limites: l'approximation par un taux de rendement moyen, une confusion entre capitalisation boursière effective et capitalisation boursière potentielle (par sa méthode l'auteur considère que toutes les sociétés par actions qui ont versé des dividendes sont cotées, ce qui n'est pas forcément le cas), enfin les sociétés cotées qui ne versent pas de dividendes ne sont pas comptabilisées.

*Les exploitations à partir de la Cote officielle*

Pour le début du 20$^{e}$ siècle, on dispose des données de Hautcœur (1994) qui a saisi les données de la Cote officielle de Paris pour les années 1901 et 1913. Ces données ne concernent que les actions ordinaires[3]

3 Une action ordinaire se définit comme un apport de l'actionnaire en l'échange de 3 droits pécuniaires: l'intérêt statutaire (la rémunération des sommes versées et non remboursées), le «superdividende» et le partage du bon de liquidation (la reprise du montant de l'apport à la dissolution). Ce sont les actions les plus répandues pendant le 19$^{e}$ siècle; les autres types d'actions vont progressivement disparaître et ne vont rester que les actions ordinaires qui perdront leurs trois droits pour n'être plus qu'un titre de propriété donnant droit au dividende, si la société décide de le verser.

des sociétés françaises exerçant en France, elles sont calculées à partir des cours moyens annuels mentionnés dans les annuaires.

Capitalisation boursière (CB) de la Cote officielle (en MdF) et nombre de sociétés cotées (Nbe)
Source: Hautcœur (1994)

| | CB | Nbe |
|---|---|---|
| 1891 | 9.533 | 201 |
| 1901 | 11.465 | 312 |
| 1913 | 17.581 | 371 |

Bozio (2002) a saisi quatre années avant 1914 (1900, 1905, 1910, 1913) pour la cote officielle, la coulisse et quelques bourses de province. Les ratios de la capitalisation boursière au PIB calculé par cet auteur sont très élevés et confortent les résultats de courbe en U trouvés par Rajan et Zingales (2001).

Capitalisation boursière (CB) en actions françaises (en MdF), et en % du PIB
Source: Bozio (2002), d'après la *Cote officielle*, (Paris, province, coulisse pour 1900 et 1913)

| | CB | en % du PIB |
|---|---|---|
| 1900 | 18.84 | 52.2 |
| 1905 | 21.79 | 57.3 |
| 1910 | 23.76 | 56.3 |
| 1913 | 27.5 | 54.1 |

Pour tout le 19e siècle, on dispose du travail d'Arbulu (1998a, b) qui calcule la capitalisation boursière en actions à raison d'intervalles de 10 ans à partir de la cote officielle de la Bourse de Paris. Vaslin (1999), à partir de la même source, propose pour tout le 19e et le 20e siècle un indicateur de la capitalisation boursière en fonds d'Etat.

En combinant les données de capitalisation (en MdF) issues de Arbulu (1998a,b) pour les actions françaises et de Vaslin (1999) pour les rentes françaises, on obtient le tableau récapitulatif suivant:

| | Actions | | Rentes | |
|---|---|---|---|---|
| | Capitalisation | Part relative (%) | Capitalisation | Part relative (%) |
| 1870 | 5.028 | 39.4 | 7.742 | 60.6 |
| 1880 | 10.135 | 34.3 | 19.391 | 65.7 |
| 1890 | 10.793 | 37 | 18.346 | 63 |
| 1900 | 12.257 | 36 | 21.802 | 64 |
| 1910 | 15.881 | 42.9 | 21.098 | 57.1 |

Si de 1805 à 1830 le marché de la rente française occupe plus de 90% de la capitalisation boursière totale, encore environ 80% en 1850, 2/3 en 1860, à partir de 1870 les proportions se stabilisent autour de 60%-40%.

Les séries Arbulu (1998a,b) comprennent: le nombre d'actions cotées en bourse (d'après le journal de la *Cote officielle* des agents de change), leur capitalisation boursière, le montant des capitaux émis en actions, les indices des cours et les dividendes distribués[4].

L'évaluation, tous les 10 ans de 1870 à 1913, de la capitalisation boursière des sociétés cotées est effectuée à partir du cours moyen (moyenne arithmétique entre le cours le plus haut et le plus bas de l'année; ces cours extrêmes sont extraits jusqu'en 1870, de Courtois, *Tableaux des cours des principales valeurs,* Paris, 1877 et pour les années postérieures de *L'almanach financier, Guide des rentiers et des capitalistes,* publié par le *Journal financier,* Paris) et du nombre d'actions cotées en bourse.

L'échantillon compte 232 actions réparties en 23 secteurs économiques. Un indice sectoriel est calculé comme la moyenne arithmétique des indices individuels. L'indice général est la moyenne pondérée des indices sectoriels, la pondération correspondant au poids du secteur à la bourse, poids mesuré par la capitalisation boursière.

Nombre d'actions françaises en bourse et leur capitalisation boursière; ratio capitalisation/PIB.

| | 1870 | 1880 | 1890 | 1900 | 1910 | |
|---|---|---|---|---|---|---|
| Nbe | 140 | 246 | 260 | 257 | 348 | |
| Capitalisation | 5.03 | 10.13 | 10.79 | 12.26 | 15.88 | (en MdF courants) |
| Ratio (sur PIB en %) | 21 | 40 | 37.3 | 37.3 | 38.8 | |

4 La capitalisation boursière est celle de toutes les actions ordinaires au cours moyen figurant à la cote officielle.

L'auteur distingue une première phase de 1802 à 1850 qui correspond à la phase d'émergence du marché des actions (moins de 10% du PIB); une seconde phase qui est celle du développement du marché par actions (où le poids économique est de l'ordre de 20%); l'auteur estime qu'avec des ratios de l'ordre de 40%, le marché parisien des actions a atteint sa maturité dès les années 1880s.

L'auteur complète cette première approche par des données de capitalisation boursière par secteurs économiques (KB en % du total) et par nombre de titres du secteur (Nbe). Nous ne reprenons ici que les données sur la période 1870-1910 et ne renseignons que les secteurs dont le poids est significatif (>1 % de la capitalisation totale):

| | 1870 | | 1890 | | 1910 | |
|---|---|---|---|---|---|---|
| Secteurs | KB% | Nbe | KB% | Nbe | KB% | Nbe |
| **Banques** | **25** | 19 | **24.6** | 42 | **27.4** | 41 |
| **Canaux** | 2.5 | 3 | **5.3** | 8 | **7.4** | 2 |
| **Assurances** | 2.5 | 10 | **6.4** | 44 | **5.5** | 37 |
| **Chemins de Fer** | **48** | 13 | **40.3** | 25 | **22.5** | 32 |
| Filatures | | | | | | |
| **Gaz** | **10.5** | 5 | **6.11** | 15 | 1.9 | 12 |
| **Houillères** | 1.8 | 6 | 2.4 | 15 | **6.5** | 14 |
| Mines métalliques | | | | | 2.8 | 17 |
| Forges et aciéries | | | | | **3.1** | 10 |
| Docks et Halles | | | | | | |
| Immobilières | | | 1.45 | 6 | | |
| Eaux | | | 1.6 | 4 | 1.5 | 5 |
| Constr. Mécanique | | | | | 1.6 | 12 |
| Construc. Navale | | | | | | |
| Navigation (Transp.) | 2 | 5 | 2 | 13 | | |
| Transport urbain | 2.4 | 3 | 1.1 | 6 | **4.3** | 22 |
| Produits chimiques | | | | | **3.7** | 19 |
| Matériels outillage | | | | | | |
| Alimentation | | | 1 | 10 | 1.34 | 12 |
| Imprimeries | | | | | | |
| Matériaux de constr. | | | | | | |
| Métaux | | | | | | |
| Electricité | | | | | 2.9 | 21 |
| Grands Magasins | | | | | 1.5 | 4 |
| Divers | | | | | | |
| Total | 100 | 93 | 100 | 256 | 100 | 311 |

Selon Arbulu (1998a, b), au début du 19e siècle le marché boursier remplit uniquement sa fonction de marché secondaire (où se négocient les valeurs mobilières déjà en circulation). L'essor de sa fonction de marché primaire le transforme en un véritable marché financier dès le dernier tiers du 19e siècle. Preuve de cette emprise du marché primaire sur le secondaire, le poids des augmentations de capital sur la période 1871-1918, comparée au capital d'origine en 1871. La décomposition sectorielle fournie par Arbulu permet d'identifier les sources du dynamisme de la Bourse de Paris et de mesurer les contributions des secteurs à l'essor de la capitalisation boursière en cette fin de siècle.

Les augmentations de capital sur la période 1871-1918 sont supérieures au capital social initial en 1871 dans les secteurs des banques (2.35 fois plus), des forges (2 fois plus), des métaux (2.34 fois plus), des transports (2.44 fois plus), de l'électricité (1.7 fois plus) et des magasins (+34%).

En décomposant par secteur la capitalisation boursière totale en 1918, on obtient par ordre de poids décroissant: Banques (34.37%), Electricité (8.92%), Transports (5.2%), Chimie (5.17%), Forges (4.58%), Mines (4.31%), Chemins de fer (3.84%, seulement), Métaux (3.55%), Magasins (3.41%), Matériel-Outillage (3.11%), Foncier et immobilier (2.96%), Construction mécanique (2.86%), Navigation (2.4%).

Arbulu (1998a, b) cherche à vérifier son hypothèse selon laquelle la Bourse de Paris est passée d'un marché émergent à un marché efficient au cours du 19e siècle en examinant l'évolution de trois indicateurs: le degré de volatilité du cours des actions (supposé fort sur les marchés émergents), le niveau des taux de rentabilité (élevé dans le cas de marchés émergents), la covariance entre les rentabilités des titres et celles du marché boursier (faible dans le cas de marchés émergents).

Pour ce faire, l'auteur distingue plusieurs secteurs: banques, canaux, assurances, chemins de fer, et quatre indices composites: Industrie, Services publics, Transport et commerce. L'indice composite est la moyenne arithmétique des indices sectoriels qui le composent, soit pour:

- Industrie: filatures, mines, construction mécanique, chimie, matériel et outillages, houillères, forges, matériaux de construction, construction navale, métaux.
- Services publics: eau, gaz et électricité.

– Transports : transports urbains et navigation.
– Commerces : docks, alimentation, imprimeries et grands magasins.

Les indicateurs statistiques appliqués à cette décomposition corroborent la thèse de l'auteur sur la progressive évolution de la Bourse de Paris au 19e siècle, d'un marché émergent à un marché efficient.

Ces données regroupées en classes d'actifs sont à mettre en balance avec une autre source, Viaene (2005) qui limite son échantillon à six sociétés par actions mais qui reflètent assez fidèlement le poids des différents secteurs en début de période : trois banques, un canal, deux chemins de fer[5]. *La question à laquelle se trouve un jour confronté tout cliomètre financier, au plan de la méthode et des sources, transparaît ici : vaut-il mieux exploiter des rendements de classes d'actifs calculés comme des moyennes arithmétiques à la manière d'Arbulu (1998a, b) ou se contenter d'une source d'information plus limitée, comme Viaene (2005) mais plus précise car constituée des sources premières ? Comme illustré dans la seconde partie de ce chapitre, l'autre intérêt de la source Viaene (2005) est que les six titres sélectionnés sont réputés être les plus liquides du marché, car cotés sur le marché à terme. Ceci permet d'engager des études sur l'efficience du marché boursier parisien au 19e siècle.*

### *4.2.2 L'efficience du marché à terme ferme parisien au 19e siècle testée à partir de la méthodologie de la cointégration*

Nous invitons le lecteur intéressé par ces nouveaux développements de finance historique de se reporter, pour ce qui concerne les marchés d'option à la Bourse de Paris à la fin du 19e siècle, à l'ouvrage de Viaene (2005), très complet et original. Nous choisissons ici de nous intéresser à un autre aspect développé par ce même auteur et qui concerne les marchés « à terme ferme » existants à la bourse de Paris dès le milieu du 19e siècle et que l'on peut considérer comme les ancêtres des contrats *forward* et *future*. L'intérêt réside ici dans la méthodologie suivie par l'auteur aux fins de l'analyse de l'efficience de ces marchés. La méthodologie est strictement statistique, elle relève d'une théorisation de la

5 Société générale, Crédit foncier de France, Crédit lyonnais, Compagnies de chemin de fer d'Orléans et du Nord, Canal de Suez.

mesure telle que développée notamment par Johansen. Elle illustre, non seulement l'évolution récente des travaux en cliométrie financière, mais aussi la portée des résultats que l'on peut obtenir dans un cadre analytique rigoureux, fut-il, noterons ses détracteurs, strictement statistique. Nous avons donc choisi de présenter le fil conducteur de la recherche de Viaene intitulée «Une application des tests d'efficience aux marchés à terme de la Bourse de Paris du 19e siècle», car celle-ci illustre parfaitement le lien entre développements économétriques récents et questionnement cliométrique.

Sans revenir sur les aspects évoqués dans la première partie de ce chapitre (absence de reconnaissance officielle de la coulisse qui pourtant pratique les opérations à terme et donc difficulté à disposer sur la période de séries longues de cours à terme), se pose bien évidemment la question économique de l'efficience de ce type de marché. Rappelons que les marchés à terme sont dits efficients si l'on peut montrer leur fonction informative. L'efficience est couramment définie par le fait que les cours reflètent à tout moment l'information disponible. En conséquence, un marché à terme efficient suppose que la meilleure prévision du cours en t + 1 est le cours en t, puisque celui-ci reflète toute l'information disponible (passée, présente, anticipée). Selon les notations habituelles, le cours à terme (F comme *forward*) établi en t pour l'échéance T ($F_t^T$) est-il un prédicteur sans biais du cours au comptant (S) qui s'établira à l'échéance T?

$$F_t^T = S_T ?$$

L'objet de la recherche de Viaene est de savoir si, sur la base des données hebdomadaires de sept cours collectés sur la période 1853-1911 à la Bourse de Paris, cette relation est vérifiée.

Traditionnellement, les études empiriques sur l'efficience des marchés reposaient, à la suite de Fama (1965), sur le test dit de l'hypothèse jointe:

$$S_t = \alpha + \beta F_{t-1} + \varepsilon_t$$

C'est-à-dire qu'il s'agissait de tester si simultanément $\alpha = 0$ ET $\beta = 1$, cette situation traduisant alors un marché parfaitement concurrentiel et une efficience informationnelle.

Toutefois, de nombreuses voix se sont élevées pour condamner cette méthodologie : les paramètres $\alpha$ et $\beta$ sont biaisés si on utilise la méthodologie des Moindres Carrés Ordinaires. Le cours au comptant dépend alors du terme aléatoire $\varepsilon_t$ qui biaise l'estimation des coefficients (Maberly, 1985). Elam et Dixon (1988) montrent que le rejet de l'hypothèse jointe provient de la présence d'une racine unitaire dans les séries financières. Comme ces séries sont non stationnaires, elles n'ont pas de variances finies et le T de Student et le F de Fisher ne sont plus appropriés. Pour dépasser ces problèmes d'ordre méthodologique, Chowdury (1991) propose l'application systématique de la théorie de la cointégration aux séries financières. Pour tester l'efficience d'un marché, il convient alors de tester d'abord l'hypothèse de cointégration des séries. L'analyse de l'efficience doit être précédée d'une vérification de la non-stationnarité des séries et de tests de cointégration. Ces renouvellements de la méthodologie économétrique, impulsés par Engle et Granger (1987) et Johansen (1995), vont permettre une analyse plus fine et rigoureuse de l'objet cliométrique. La cointégration est une condition nécessaire (mais non suffisante) de l'efficience des marchés à terme. L'hypothèse d'efficience implique en plus que le cours à terme en t – 1 soit un prédicteur sans biais du cours au comptant à l'échéance T. Johansen (1995) propose divers modèles de tests selon que les séries comportent une moyenne non nulle, un trend déterministe (linéaire) ou quadratique pour appliquer un rang de cointégration.

Viaene applique alors scrupuleusement cette démarche[6] sur sept titres[7] les plus représentatifs pour tester si les cours à terme sont de bons prédicteurs des cours au comptant, en distinguant deux périodes : 1853-1869 et 1870-1911. *L'auteur trouve des résultats édifiants : aucun résultat ne diffère véritablement selon l'échéance à terme retenue (un jour, une semaine, deux semaines, trois semaines, un mois) et tous indiquent, hormis quelques exceptions, que les marchés sont efficients pour toutes les échéances.*

*Au terme de l'étude empirique des marchés à terme entre 1853 et 1911 conduite par Viaene, il ressort que les tests d'efficience se sont révélés*

6 C'est-à-dire en procédant en trois étapes : en vérifiant la non stationnarité des cours au comptant et à terme ; en testant la cointégration entre les séries au comptant et à terme ; en « forçant » les coefficients de la relation de cointégration entre terme et comptant à être $\alpha = 0$ et $\beta = 1$.

7 Les mêmes que précédemment plus la rente 3 %.

*concluants. « Il est remarquable de constater avec quelle importance ces marchés sont efficients » note l'auteur. Nous pourrions ajouter que ce résultat jette une pierre dans la mare du « déterminisme légal » : en effet, Viaene trouve des résultats qui semblent indiquer que la partition parquet/coulisse (inefficace sur le plan institutionnel) n'est pas venue entacher les performances de la bourse parisienne sur la période…*

## 4.3 Théorie financière, Histoire et Mesure

Dans cette partie, nous souhaitons illustrer l'apport que représente pour l'analyse historique l'appui d'un modèle théorique sous-jacent. Reprenant l'essentiel de la thèse développée dans l'article d'Antoine Parent et Christophe Rault « The influences affecting French assets abroad prior to WW1 » paru dans *The Journal of Economic History* (2004, Vol. 64, N°. 2, June, pp. 328-362) et consacré aux déterminants des placements extérieurs français avant 1914, nous souhaitons mettre en évidence que sans l'exploitation du cadre de la méthodologie du portefeuille, nous ne serions pas parvenu à réfuter la légende tenace selon laquelle l'investisseur français au 19e siècle était irrationnel et économiquement incohérent.

Nous allons donc nous attacher dans cette partie à montrer que les investissements français à l'étranger, de la fin du 19e siècle à la première guerre mondiale, ont obéi à des déterminants économiques et financiers. Cette thèse réfute la thèse classique selon laquelle ces investissements auraient été prioritairement dictés par des considérations diplomatiques et politiques. Ces résultats ont pu être obtenus grâce à une approche de portefeuille appliquée à des séries reconstruites de balance des paiements, de taux de rendements étrangers, et de stocks d'avoirs financiers en actions et obligations étrangères.

Notre problématique est la suivante : faut-il accepter ou rejeter l'existence de motivations économiques et financières sous-jacentes à la diversification du patrimoine financier français, à la fin du 19e et au début du 20e siècle ?

En dépit de réelles incertitudes quant au montant exact des avoirs français à l'étranger au 19e siècle, les principaux auteurs ayant travaillé sur le sujet (Feis (1930), White (1933), Cameron (1961), Lévy-Leboyer

(1977)) concluent à la prédominance d'une présence financière française à l'étranger dictée par des motivations politiques et diplomatiques. Les déterminants économiques de la délocalisation passeraient au second plan, derrière des considérations d'alliance stratégique entre la France et ses alliés. Autrement dit, les placements des investisseurs français à l'étranger obéiraient passivement aux préférences des politiques. L'explication fournie est à caractère «géopolitique»: la France chercherait à garantir une «stabilité hégémonique» dans sa zone d'influence, les investissements extérieurs servant à souder sur un plan financier une alliance politique et diplomatique avec les Etats. La thèse dominante est celle de l'incohérence des placements français. Les français, contrairement aux anglais, délaissent les «pays jeunes». Un monde en pleine expansion serait demeuré fermé aux capitaux français, la France restant à l'écart des cycles internationaux qui ont entraîné des migrations de main d'œuvre et des mouvements de capitaux vers ces pays jeunes. La polarisation des placements financiers français en Europe est jugée trop risquée, trop peu en phase avec les zones dynamiques, incohérente en regard de flux commerciaux plus diversifiés. La France aurait délaissé dans son implantation les motifs de rentabilité.

Notre ambition dans cette recherche a été de tester la pertinence de cette proposition véhiculée par plusieurs auteurs successifs. Notons que cette explication a été jugée très réductrice par Fishlow (1985). Une première difficulté tient à la nature de cette assertion: celle-ci a la force du préjugé; en effet, l'affirmation de la prédominance des facteurs politiques des placements extérieurs français n'est pas testée par les auteurs qui la revendiquent (elle n'est étayée que par la seule observation d'une distribution géographique des placements extérieurs français distincte de celle des placements extérieurs britanniques); de plus, cette proposition est très difficilement testable statistiquement: en effet quel indicateur retenir pour mesurer l'influence politique dans la décision d'acquisition d'actifs étrangers par les épargnants français? Quelle variable permettrait de capturer ce que certains analystes financiers de l'époque décrivent comme des «contacts informels» entre le gouvernement et la Bourse de Paris? De plus, ces influences politiques et diplomatiques ont-elles cru ou décru sur la période? Si l'on se fit à la distribution géographique des placements extérieurs français sur la période (le poids des économies émergentes est croissant à mesure que l'on se rapproche de 1914), on serait alors tenté de dire que cette influence est décroissante; mais est-il raisonnable d'avancer ceci à l'approche de la première guerre mondiale?

Faute de pouvoir inclure des variables politiques et diplomatiques non seulement pertinentes mais testables dans notre analyse, nous nous posons la question de savoir s'il est possible de restituer la cohérence des placements extérieurs français à partir d'un modèle de portefeuille. Les questions auxquelles nous souhaitons apporter une réponse sont les suivantes: les sorties de capitaux français se sont-elles effectuées au motif de leur rentabilité supérieure? Ont-elles été initiées par les besoins tant financiers qu'industriels des pays d'accueil, qui offraient des potentialités de placement en titres publics (via l'émission d'une dette publique internationale) ou par une croissance industrielle motivant des prises de participation sous forme d'actions? Le poids des dettes publiques étrangères a-t-il été décisif dans la constitution du portefeuille d'actifs étrangers?

Dans l'article auquel nous faisons référence et auquel nous invitons le lecteur à se reporter, nous recensons dans un premier temps les travaux consacrés à ce sujet dans la littérature économique, identifions les problèmes de méthode et faisons état des savoirs établis. Nous présentons, dans un second temps, nos propres séries recomposées d'indices boursiers étrangers (respectivement d'actions et d'obligations), de taux de rendement de ces mêmes actifs, et d'encours financiers français à l'étranger. Nous testons, dans un troisième temps, la pertinence d'un modèle de portefeuille explicatif de la variation de la part des actifs étrangers dans le portefeuille français total.

Notre travail comporte trois aspects distincts mais complémentaires:

- Un *survey* «méthodologique», dont l'objectif est de souligner en quoi les discours tenus sont tributaires des choix de méthode retenus.
- Un travail de recherche historique fondé sur la collecte de données primaires aux Archives Nationales, aux Archives du Crédit Lyonnais, auprès du Comité pour l'Histoire Economique et Financière de la France, auprès de la Mission Historique de la Banque de France, afin de parvenir à la construction de séries statistiques d'indices boursiers étrangers, de taux de rendement étrangers et de stock d'actifs financiers étrangers détenus par les résidents.
- Un travail de conceptualisation destiné à tester l'apport d'une approche financière à la compréhension des facteurs de la délocalisation du capital français avant guerre.

Dans le domaine historique, la fiabilité des données statistiques pose problème, ce qui amène le plus souvent les auteurs à opérer des choix méthodologiques contestables. Faut-il prendre en l'état les données statistiques existantes ou faut-il les retravailler? Une méthode directe, à partir des données disponibles d'émissions de titres n'est-elle pas préférable à une méthode indirecte, construite à partir d'une simple hypothèse comptable déductive? Le principal problème relatif aux mouvements de capitaux entre la France et l'étranger de 1850 à 1913 est qu'ils ne sont pas isolés en balance des paiements. Ne sont disponibles que les mouvements du haut de la balance. Ceci a amené nombre d'auteurs à proposer une méthode alternative, qualifiée d'indirecte, consistant à appréhender le solde des mouvements de capitaux comme une simple contrepartie comptable de tout le reste. Notre propos vise dans un premier temps à souligner les dangers d'un procédé qui systématise un moyen d'identification indirect (les mouvements de capitaux sont saisis par déduction, en vertu de la seule nécessité comptable d'une balance équilibrée) et dans un second temps à réhabiliter la méthode «directe», fondée sur l'exploitation des publications des journaux financiers de l'époque.

Nous proposons dans un second temps des séries recomposées d'indices boursiers des actifs étrangers détenus par les résidents, de rendement de ces actifs étrangers et un nouvel encours des avoirs extérieurs français. Ces séries ont été élaborées à partir de l'exploitation de *«L'Economiste français»* qui propose un suivi hebdomadaire des cours des «principaux fonds d'Etat étrangers» et des «principales actions étrangères cotées à la Bourse de Paris» sur la période 1873-1913. Il a été possible de construire séparément un indice boursier pour les actions et un indice boursier pour les titres à revenu fixe à partir des valeurs les plus représentatives des pays de destination des placements français. L'indice boursier construit par nos soins est très sommaire et donne une vision du monde très simplifiée, puisqu'il suppose que les valeurs d'un pays détenues par les résidents sont forcément celles publiées par *«l'Economiste français»*, mais il s'agit là de la seule source exploitable sur une aussi longue période. Le rendement de ces actifs a été calculé, toujours d'après la même source, comme le rapport coupon/cours pour les titres à revenu fixe, et revenu/cours pour les actions étrangères. Pour le calcul de l'encours d'actifs délocalisés, nous avons retenu les données de souscriptions effectives d'actions et d'obligations étrangères publiées par F. Marnata (1973) d'après son exploitation des archives du Crédit

Lyonnais. Nous présentons un encours de titres obligataires étrangers et d'actions étrangères corrigé des plus ou moins values de cours boursiers. Sur la base de ce stock, nous avons calculé les parts du portefeuille total détenues respectivement sous forme d'obligations et d'actions étrangères.

Nous testons enfin la pertinence d'un modèle financier pour expliquer la délocalisation des avoirs français à l'étranger sur la période 1892-1913. L'étude entreprise s'inspire des fondements micro-économiques de l'approche patrimoniale et exploite le cadre d'analyse fourni par la théorie de la cointégration. L'objectif recherché est de disposer d'un cadre analytique cohérent pour mener à bien l'analyse de la délocalisation française. Les fondements micro-économiques de l'approche patrimoniale permettent de préciser les composantes de la demande d'actifs en devises étrangères. L'utilisation d'un modèle à correction d'erreurs (Engle et Granger, 1987) permet de préciser la nature des comportements mis en avant par la théorie sur la période étudiée.

La modélisation économique appliquée aux données historiques soulève de nombreux problèmes qui impliquent d'effectuer des choix:

- nous considérons que l'objection d'une plus grande pertinence de l'approche de portefeuille sur un horizon court ne saurait empêcher le recours à la modélisation économique pour aider à une meilleure compréhension des phénomènes historiques;
- compte tenu de la période couverte (plus de 20 ans), nous considérons les titres des Dettes publiques étrangères souscrits par les résidents comme des rentes perpétuelles, ce qui nous permet de considérer le rapport coupon/cours comme l'estimateur approprié des taux de rendement étranger. Cette approximation, techniquement juste dans le cas des rentes perpétuelles, nous permet de contourner les difficultés rencontrées pour construire un taux de rendement actuariel correct: en effet, de nombreuses données sont manquantes pour certains des titres composant le panel de titres étrangers, comme les dates de distribution du coupon, la connaissance des possibilités offertes de remboursement anticipé;
- un autre problème concerne la relation entre les taux de rendement observés et les taux de rendement anticipés. En l'absence de séries de taux de rendement anticipés sur cette période historique et pour mener à bien notre analyse de portefeuille nous avons fait l'hypo-

thèse que les investisseurs français formaient des anticipations rationnelles et que leurs prévisions étaient justes. C'est pourquoi nous avons considéré le taux de rendement observé pour l'année t+1 comme le taux de rendement correctement anticipé en t.

Deux tests ont été effectués, l'un relatif à la détention de titres étrangers à revenu fixe, l'autre relatif à la détention d'actions étrangères. Dans le premier cas, la variable endogène du modèle est la «part du portefeuille détenue sous forme d'obligations étrangères»; dans le second, «la part du portefeuille détenue sous forme d'actions étrangères». Dans chacun des cas, deux catégories de variables ont été testées comme variables explicatives de la variation de ces parts: *des variables financières* comme le taux de rendement des titres domestiques et étrangers souscrits par les nationaux. *Des variables nominales*: le taux de change au certain du Franc contre une moyenne de douze monnaies (nous justifions ce choix par le fait qu'en dépit de la période d'Etalon-or, un certain risque de change existait, notamment vis-à-vis de devises comme la Lire, la Peseta et le rouble) ainsi que des variables spécifiques qui méritent de figurer dans le contexte de l'époque; en nous inspirant des travaux d'Edelstein (1982), qui étudie les sorties de capitaux anglais sur la période 1873-1913, nous nous efforçons d'apprécier l'incidence de facteurs externes («pull»), comme le poids des dettes publiques en Europe ou la croissance industrielle de cette zone.

Les vérifications empiriques des hypothèses théoriques du modèle du choix de portefeuille ont été réalisées au moyen d'un modèle à correction d'erreur qui fait dépendre la variation d'une variable endogène d'un écart à la cible (la relation d'équilibre de long terme) et des variations des déterminants de la cible. Nous avons vérifié que les variables mises en jeu sont toutes stationnaires en variation, à partir du test de Dickey-Fuller augmenté en utilisant la stratégie dite «descendante».

Concernant la part en obligations étrangères dans le portefeuille total, les résultats obtenus permettent de mettre en évidence les points suivants:

- Dans le long terme, les arguments d'un effet «pull» sont significatifs: les placements extérieurs français sont positivement influencés à long terme par le niveau de la dette publique de la zone. Les besoins de financement public des pays proches de la France exercent une influence déterminante sur les placements français. Ceci suggère que l'importance de la dette publique internationale émise par ces pays, sa bonne diffusion sur la place de Paris, garantissent une liquidité forte pour ces titres et constituent un gage de sécurité pour les investisseurs français. Il est possible d'avancer que l'effet «pull» explique l'orientation géographique des placements extérieurs.

- Des arguments financiers ressortent de manière significative: la part en obligations étrangères est corrélée positivement au taux de rendement étranger anticipé et négativement au taux de rendement domestique anticipé. Ceci révèle une logique spéculative sous-jacente, cohérente avec les prédictions théoriques de l'approche de portefeuille: les investisseurs français restructurent leur portefeuille en fonction de l'écart de rendement anticipé entre placements français et étrangers.
- En dynamique, on relève l'influence de la variation de la dette publique étrangère, qui signifie que la demande française pour ce genre d'actif suit l'offre européenne de titres de la dette publique. Le taux de change ressort significativement: ici, un accroissement du taux de change du Franc contre les devises étrangères facilite l'acquisition de titres étrangers par les résidents. Enfin, on note l'incidence positive de la variation du taux de rendement étranger anticipé sur la composition du portefeuille en obligations étrangères (ce qui est là encore conforme aux prédictions théoriques).

Nos résultats permettent de reconstituer le comportement suivant: l'objectif de long terme de l'investisseur français (ici la part d'actifs étrangers à revenu fixe dans son portefeuille total) dépend négativement du niveau des taux domestiques anticipés et positivement du niveau des taux de rendement étrangers anticipés; positivement des besoins de financement publics de la zone Europe. A court terme, l'investisseur corrige l'écart à cette cible de long terme en fonction des variations du taux de change de sa monnaie, de la variation de la dette publique de la zone «Europe et sa périphérie», ainsi que de la variation du taux de rendement étranger anticipé (tous les signes étant correctement orientés).

Concernant la part en actions étrangères dans le portefeuille total, là encore, le modèle estimé donne des résultats conformes aux prédictions théoriques. Dans la relation de long terme, la part du portefeuille total détenu sous forme d'actions étrangères dépend positivement du taux de rendement anticipé des actions étrangères et négativement du taux de rendement anticipé des actions françaises. On trouve également un «effet pull», lié cette fois au niveau de la production industrielle de la zone «Europe et sa périphérie». Dans la relation de court terme, il convient de noter que seule la variable dépendante intervient avec un retard d'une période. Nous en concluons que les investisseurs adaptent leur comportement à la variation passée du portefeuille détenu en actions étrangères.

Au total, il ressort de cette étude qu'à l'inverse des conclusions habituelles sur le sujet, la combinaison des approches micro-économique et économétrique permet de faire ressortir des motivations économiques et financières à l'expansion du capital français à l'étranger à la veille de la première guerre mondiale. Ces résultats montrent que la thèse économique et financière ne peut être rejetée, ce qui amoindrit et relativise la seule thèse diplomatique et politique.

## Conclusion

Par sa construction, histoire financière – histoire et mesure – théorie financière, histoire et mesure, ce chapitre a cherché à illustrer, à partir d'un point de la littérature, les complémentarités entre histoire financière et cliométrie financière. La cliométrie financière se distingue par ses choix méthodologiques (ici la théorie du portefeuille), ses hypothèses sous-jacentes de comportements économiques explicites qui ont été testées empiriquement. L'application proposée est une étude de faits économiques passés réinterprétés à la lumière d'un modèle explicite testé selon les critères de l'économétrie.

La méthodologie retenue a permis de soumettre les savoirs établis («conventional wisdom») au principe de falsification. Ce principe appliqué aux sciences sociales permet de réfuter certains mythes à la vie dure (comme ici, l'incohérence économique des investisseurs français durant la première mondialisation à la différence des investisseurs anglais).

Qu'est-ce qui distingue alors l'historien de la finance du cliomètre de la finance ? Dans notre étude, point de tentative d'une histoire «totalisante», il ne s'agit pas d'embrasser l'ensemble du phénomène. Notre démarche s'est limitée à la recherche d'un certain nombre de relations expressément décrites par la théorie du portefeuille pour mener à bien une analyse économique et financière de l'évolution des avoirs extérieurs français avant 1914. En somme, nous avons soumis un pan de l'histoire financière (une très brève période en regard du temps historique) au crible d'un modèle économique explicite en testant ses propositions. Pour autant, par delà ce choix méthodologique, le cliomètre doit, comme l'historien, savoir poser les bonnes questions. Pour paraphraser Williamson (1974), le chercheur en cliométrie doit se distinguer non seulement par son habileté à bâtir un modèle mais aussi par sa capacité, comme l'historien, à formuler des «questions historiques utiles».

## Références


*Annuaire Statistique*

ADLER, M. & DUMAS, B. «International Portfolio Choice and Corporation Finance: A Synthesis», *Journal of Finance* 38, no. 3 (June 1983): 925-84.

ARBULU, P. (1998). *Le marché parisien des actions au 19e siècle: performance et efficience d'un marche émergent.* Thèse de Doctorat, Université d'Orléans.

ARBULU, P. (1998). «La bourse de Paris au 19e siècle: l'exemple d'un marché émergent devenu efficient», *Revue d'Economie Financière*, pp. 213-249.

ARBULU, P., VASLIN, J.-M. (2000). «La place de Paris dans la finance internationale du 19e siècle», *Revue d'Economie Financière*, pp. 29-36.

BECQUÉ, Emile (1912). *L'internationalisation des capitaux.* Paris: Impr. Générale du midi.

BLOOMFIELD, Arthur (1968). *Patterns of Fluctuation in International Investment before 1914.* Princeton Studies in International Finance, no. 21, Princeton University.

BORDO, Michael D. & Hugh ROCKOFF. «The Gold Standard as a 'Good Housekeeping Seal of Approval», *The Journal of Economic History*, 56, no. 2 (1996): 389-428.

BORDO, Michael D. & Finn E. KYDLAND. «The Gold Standard as a Rule: An Essay in Exploration», *Explorations in Economic History* 32 (October 1995): 423-64.

BORDO, Michael D. & Anna J. SCHWARTZ (1996). «The Operation of the Specie Standard: Evidence for Core and Peripheral Countries 1880-1990», in *Currency Convertibility: The Gold Standard and Beyond* edited by Jorge Braga de Macedo, Barry Eichengreen & Jaime Reis. New York: Routledge.

BOSWIJK, Peter & Philip Hans FRANSES (1992). «Dynamic Specification and Cointegration», *Oxford Bulletin of Economics and Statistics* 54, no. 3: 369-81.

BOURGUIGNON, François & Maurice LEVY-LEBOYER (1986). *L'Economie française au 19^e^ siècle, analyse macroéconomique.* Paris: Economica.

BOUVIER Jean et al. (1970). *Histoire économique et sociale de la France,* tome IV.

BOZIO, A. «La capitalisation boursière en France au 20^e^ siècle», Mémoire de DEA, EHESS, septembre (2002).

*Bulletin de statistique et de législation comparée* (revue)

CAMERON, R. (1961). *France and the Economic Development of Europe, 1800-1914.* Princeton, NJ: Princeton University Press.

CHAUDHURY, A.R. (1991). «Futures Markets Efficiency: Evidence from Cointegration Tests», *Journal of Futures Markets*, 5, pp. 577-589.

CLEMENS, Michael A. & Jeffrey G. WILLIAMSON. «Where Did British Foreign Capital Go? Fundamentals, Failures and the Lucas Paradox, 1870-1913», NBER Working Paper 8028, December, 2000.

COURTOIS, A. (1910). *Traité élémentaire des opérations de bourse et de change*, Paris.

*Crédit Lyonnais* (1963). *Un siècle d'économie française* (1863-1963). Paris: Draeger.

DENUC, Jules (1934). «Dividendes, valeurs boursières et taux de capitalisation des valeurs mobilières françaises de 1857 à 1932», *Bulletin de la Statistique Générale de la France,* volume XXIII, juillet, pp. 691-767

DESSIRIER, Jean (1928). «Les indices des valeurs mobilières en France et en divers pays», *Revue d'Economie Politique,* mars-avril, 42^e^ année, pp. 202-232.

DESSIRIER, Jean (1928). «La prévision statistique des mouvements des valeurs de Bourse (1860-1914)», *Journal de la Société Statistique de Paris*, mai, pp. 160-192.

DESSIRIER, J. «Cours, revenu et taux de capitalisation des va leurs mobilières françaises», *Journal de la Société Statistique de Paris*, no. 6 (June 1927): 184-91.

DESSIRIER, J. «Nouveaux essais de statistiques sur les mouvements boursiers», *Journal de la Societe Statistique de Paris* 71, no. 2 (February 1929): 35-94.

DUGÉ DE BERNONVILLE, L. (1931). «Les revenus privés en France avant et après la guerre», in M. Huber, *La population de la France pendant la guerre, avec un appendice sur les revenus avant et après la guerre*, PUF, pp. 911-965.

*L'économiste français (Revue).*

DES ESSARTS, Pierre. «Les dépôts de titres à la Banque de France», *Journal de la Société Statistique de Paris* 38, no. 10 (October 1897): 321-30.

EDELSTEIN, Michael (1970). «The Rate of Return on U.K. Home and Foreign Investment, 1870-1913». Ph.D. diss., University of Pennsylvania.

EDELSTEIN, M. (1974). «The Determinants of U.K. Investment Abroad, 1870-1913: The U.S. Case», *The Journal of Economic History*, 34, no. 4: 980-1007.

EDELSTEIN, M. (1977). «Realized Rates of Return on U.K. Home and Overseas Portfolio Investment in the Age of High Imperialism», *Explorations in Economic History* 13.

EDELSTEIN, M. (1982). *Overseas Investments in the Age of High Imperialism: The United Kingdom, 1850-1914.* New York: Columbia University Press.

EICHENGREEN, Barry (1996). *Globalizing Capital: A History of the International Monetary System.* Princeton, NJ: Princeton University Press.

ELAM, E. and B. DIXON (1988). «Examining the validity of a test of futures market efficiency», *Journal of Futures Markets*, 8, pp. 365-372.

ELLIOTT, Graham, Thomas J. ROTHENBERG & James H. STOCK (1996). «Efficient Tests for an Autoregressive Unit Root», *Econometrica* 64, no. 326: 813-36.

ENGLE, Robert F. & Clive W.J. GRANGER (1987). «Cointegration and Error Correction: Representation and Testing», *Econometrica* 55, no. 123: 251-76.

FAMA, E.F. (1965). «The Behavior of Stock-Market Prices», *The Journal of Business*, vol. 38, n° 1 (Jan.), pp. 34-105.
FEINSTEIN, C.H. (1961). «Income and Investment in the UK, 1856-1914», *Economic Journal*, 71.
FEIS, Herbert (1930). *Europe the World's Banker, 1870-1914: An Account of European Foreign Investment and the Connection of World Finance with Diplomacy before the War.* New Haven, CT: Yale University Press.
FISHLOW, Albert (1965). *American Railroads and the Transformation of the Ante-Bellum Economy,* Cambridge, MA: Harvard Economic Studies, Harvard University Press.
FISHLOW, Albert (1985). «Lessons from the Past: Capital Markets during the Nineteenth Century and the Interwar Period», *International Organization* (MIT Press) 39, no. 3: 383-439.
FLANDREAU, Marc & Jacques LE CACHEUX. «La convergence est-elle nécessaire a la création d'une zone monetaire? Reflexions sur l'étalon or 1880-1914», *Revue de l'OFCE* 58 (July 1996): 5-41.
DE FOVILLE, Alfred (1890). *La France économique: statistique raisonnée et comparative.* Paris: Armand Colin.
*International Historical Statistics.*
GREENSLADE, Jennifer V., Stephen G. HALL & S.G. Brian HENRY (1999). «On the Identification of Cointegrated Systems in Small Samples: Practical Procedures with an Application to UK Wages and Prices», London Business School Working Paper.
HAUTCŒUR, P.C. (1994). *Le marché boursier et le financement des entreprises, 1890-1939,* Thèse de l'Université de Paris 1.
HAUTCŒUR, P.C., GALLAIS-HAMONNO, G., (ss. la dir. de) (2006 et 2007). *Le marché financier français au 19^e^ siècle.* Vol. I: Récit. Vol. II: Aspects quantitatifs des acteurs et des instruments à la bourse de Paris. Publications de la Sorbonne.
HAUTCŒUR, P.C., RIVA, A. (2007). «The Paris Financial market in the 19th century: an efficient multi-polar organization?», Document de Recherche, Paris School of Economics, n° 2007-31.
HOBSON, C.K. (1914). *The Export of Capital,* London: Constable.
IMLAH, Albert H. (1958). *Economic Elements in the* Pax Britannica: *Studies in British Foreign Trade in the Nineteenth Century.* Cambridge, MA: Harvard University Press.

JENKS, Leland Hamilton (1927). *The Migration of British Capital to* 1875. New York: Knopf.

JOHANSEN (1988). «Statistical Analysis of Cointegration Vectors», *Journal of Economic Dynamics and Control* 12: 231-54.

JOHANSEN (1995). *Likelihood-Based Inference in Co-Integrated Vector Autoregressive Models.* Oxford: Oxford University Press.

JOHNSON S., LA PORTA, R., LOPEZ DE SILANES, F., SHLEIFER, A. (2001) «Tunneling», *American Economic Review*, 90, may, pp. 22-27.

KOURI, Pentti (1976). «The Exchange Rate and the Balance of Payments in the Short Run and in the Long Run: A Monetary Approach», *Scandinavian Journal of Economics*, 280-304.

KWIATKOWSKI, Denis, Peter C.B. PHILLIPS, Peter SCHMIDT & YONG-CHEOL Shin (1992). «Testing for the Null Hypothesis of Stationarity against the Alternative of a Unit Root», *Journal of Econometrics* 54: 159-78.

LA PORTA, R., LOPEZ DE SILANES, F., SHLEIFER, A., VISHNY, R.W. (1997). «Legal Determinants od External Finance», *NBER Working Paper,* N° 5879, January.

LA PORTA, R., LOPEZ DE SILANES, F., SHLEIFER, A., VISHNY, R.W. (1998). «Law and Finance», *Journal of Political Economy,* 106(6), pp. 1113-1155.

LA PORTA, R., LOPEZ DE SILANES, F., SHLEIFER (1999). «Corporate Ownership Around The World», *Journal of Finance,* 54(2), April, pp. 471-517.

LA ROUILLÈRE, R. de, «Rendement sur longue période de quelques actifs financiers», *Risques,* N° 15, juillet-septembre, (1993), pp. 103-119.

LENOIR, M. (1919). «Cours des valeurs mobilières françaises depuis 1856», *Bulletin de la Statistique Générale de la France.*

LEVINE, R., ZERVOS, S. (1998). «Stock Markets, Banks, and Economic Growth», *The American Economic Review*, vol. 88, N° 3 (June), pp. 537-558.

LEWIS, W. Arthur (1949). *Economic Survey,* 1919-1939, London: Allen & Unwin.

LÉVY-LEBOYER, Maurice (1977). «La balance des paiements et l'exportation des capitaux français», in *La position internationale de la France.* Paris: Ed de l'EHESS.

MABERLY, E.D. (1985). «Testing Futures Markets Efficiency. A Restatement», *Journal of Futures Markets*, 5, pp. 425-432.

MALISSEN, M. (1953). *L'autofinancement des sociétés en France et aux Etats-Unis.*
MARNATA, Françoise (1973). *La bourse et le financement des investissements.* Paris: A. Colin.
MARTIN, G. (1927). *Histoire économique et financière.* Paris: Impr.-libr. Plon-Nourrit et Cie Société de l'Histoire nationale.
MATTHEWS, R.C.O., C.H. FEINSTEIN & J.C. ODLING-SMEE (1982). *British Economic Growth.* Stanford, CA: Stanford University Press.
MITCHELL, B. (1980). *European Historical Statistics.* New York: New York University Press.
MOREAU-NÉRET, Olivier (1939). *Les valeurs mobilières.* 2 vols. Paris: Librairie du Recueil Sirey (S.M.).
NEYMARCK, Alfred. «Les valeurs mobilières en France», *Journal de la Société Statistique de Paris* 29, no. 6 (June 1888): 208-26.
NEYMARCK, A. (1903). «La statistique internationale des valeurs mobilières», *Bulletin de l'Institut International de Statistique,* lye rapport.
NEYMARCK, A. (1911). *Finances contemporaines,* 7 vol, Paris: Guillaumin (F. Alcan).
NURKSE, Ragnar. «International Investment Today in the Light of Nineteenth Century Experience», *Economic Journal* 64 (December 1954).
PRADEL, Jacqueline & Christophe RAULT. «Exogeneity in VAR-ECM Models with Purely Exogenous Long-Run Paths», *Oxford Bulletin of Economics and Statistics* 65, no. 5, (December 2003).
PUPIN, René (1916). *La richesse française devant la guerre.* Paris: M. Riviere.
RAJAN, R.G., ZINGALES, L. (2001). «The Great Reversals: The Politics of Financial Development in the 20th Century», *NBER Working Paper N° 8178,* march.
RAJAN, R.G., ZINGALES, L. (1998). «Financial Dependance and Growth», *The American Economic Review,* 88, N° 3, pp. 559-586.
RIVA, A. and WHITE, E.N. (2010). «Danger on the exchange: How counterparty risk was managed on the Paris Bourse in the 19th century», *NBER Working Paper n° 15634,* Jan.
SAINT-MARC, Michèle (1974). «Introduction aux statistiques monétaires et financières françaises (1807-1970)», *Revue Internationale de l'Histoire de la Banque,* N° 8, Librairie Droz, Genève, pp. 98-110.
SAINT-MARC, Michèle (1983). *Histoire Monétaire de la France 1800-1980,* PUF, chapitre 3, pp. 45-60.

SCHMIDT, Peter & Peter C.B. PHILLIPS (1992). «LM Tests for a Unit Root in the Presence of Determinist Trends», *Oxford Bulletin of Economics and Statistics* 54, no. 3: 257-87.

SIMON, Matthew (1967). «The Pattern of New British Portfolio Foreign Investment, 1865-1914», in *The Export of Capital from Britain 1870-1914,* edited by A.R. Hall. London: Methuen.

*La Statistique Générale de la France.*

THÉRY, E. «L'Europe économique et financière dans le dernier quart du siècle», Supplément spécial de L'*économiste européen* publié pour l'exposition universelle de 1900. Paris: *L'économiste européen, 1900.*

THÉRY, E. (1897). *Les valeurs mobilières en France.* Paris: *L'économiste européen.*

VASLIN, J.-M. (2007). «Le siècle d'or de la rente perpétuelle française», *Le marché financier français au 19e siècle,* volume 2. Publications de la Sorbonne.

VASLIN, J.-M. (1999). «Le Marché des rentes françaises au 19ème siècle et la crédibilité financière de l'Etat», Thèse de doctorat, Université d'Orléans.

VIAENE, A. (2005). *L'efficience de la Bourse de Paris au 19e siècle,* Connaissances et savoirs.

WHITE, Harry Dexter (1933). *The French International Accounts.* Cambridge, MA: Harvard University Press.

# *Troisième partie*
# *Cliométrie de la croissance et des cycles économiques*

# 5. Epistémologie du cycle économique

L'étude de la conjoncture économique n'est pas une nouveauté dans l'Allemagne de Weimar.[1] En 1923, Arthur Spiethoff va pourtant renouveler l'analyse par la publication d'un article important, point de départ d'une nouvelle étape dans le domaine de l'analyse cyclique de l'économie. Intitulé *Krisen*, sa contribution repose sur une observation minutieuse, pour l'Allemagne, la France, les Etats-Unis et le Royaume-Uni, des événements économiques de 1840 à 1914. Il élabore, dans la tradition de Clément Juglar, mais aussi de Franz von Neumann-Spallart, Roger Babson, William Beveridge, Lucien March et des théoriciens des cycles longs (Van Gelderen, Kondratieff, etc.)[2], des séries statistiques, afin d'isoler les chaînes des phénomènes qui présentent la plus grande régularité et caractérisent les diverses phases de l'évolution conjoncturelle.[3] Cette recherche lui vaudra les éloges de chercheurs aussi renommés que Joseph Schumpeter.[4]

L'ambition d'Arthur Spiethoff est de dresser une description explicative, *eine erklärende Darstellung*, du processus conjoncturel. Ce faisant, en favorisant une théorisation historique du développement capitaliste au 19e siècle au détriment de la théorie pure, il s'inscrit dans la

1 Pour une excellente synthèse de la littérature, cf. notamment Haberler, 1943; Heinrich, 1928; Lutz, 1932 et Vogel, 1928.

2 Cf. Diebolt, 2005 et Diebolt & Doliger, 2006.

3 Nous n'oublions pas non plus, comme suggéré par le rapporteur dans son commentaire, *les théoriciens appartenant à ce que Axel Leijonhufvud a qualifié de « tradition wicksellienne ». Ces auteurs, Wicksell, Cassel, Robertson, Hawtrey, les jeunes Mises et Hayek, se sont intéressés, eux aussi, au problème de Spiethoff, c'est à dire à l'analyse de la demande de biens de production en rapport avec l'offre de capital libre ou oisif, tout en mettant en évidence (à la différence de Spiethoff) le rôle du crédit bancaire dans le mouvement conjoncturel.*

4 *« Nachfolger Juglars in direkter Linie ist aber Spiethoff, dessen Leistung eine Klasse für sich und zweifellos das Vollkommende ist, was auf diesem Gebiet bisher getan wurde. »* Schumpeter, J.: « Deutschland », *in* Mayer, H. édit. (1927), p. 15. *« La réputation internationale d'Arthur Spiethoff – qui fut longtemps l'assistant de Schmoller […] repose sur le remarquable travail de recherche qu'il a accompli dans le domaine des cycles économiques. »* Schumpeter, J. (1983), p. 96.

continuité des Ecoles historiques allemandes et s'affirme, avec Werner Sombart et Max Weber, comme l'un des éminents penseurs de la *toute jeune Ecole historique allemande* (cf. notamment Clausing, 1958; Festschrift für Arthur Spiethoff, 1933; Kamp, 1958)[5].

Comme beaucoup de ses contemporains, Arthur Spiethoff reconnaît au progrès technique un rôle plus ou moins important dans le mécanisme des crises périodiques. Ses travaux suivent en cela le chemin ouvert par Marx qui, le premier, a lié le retour périodique du cycle *crise, dépression et reprise* à la marche du progrès. Même si l'on fait abstraction de théories telles que celles de Schumpeter dans lesquelles les innovations jouent un rôle prépondérant dans la détermination des mouvements cycliques, et quelle que soit l'importance accordée au développement technologique par les théories réelles et monétaires du cycle, il est généralement reconnu que l'expansion des investissements constitue l'une des principales caractéristiques de la période d'essor. Or cet accroissement n'est autre que le reflet de l'évolution technologique, au même titre que le développement des industries de biens d'équipement, sujettes aux fluctuations cycliques les plus prononcées. Ainsi, Keynes considère que le cycle économique est dû en premier lieu aux fluctuations des investissements en biens capitaux. Pour Cassel, les cycles économiques sont, par essence, des variations dans la production de capital fixe. L'expansion immodérée des industries d'équipement dans la phase de prospérité est à l'origine de la crise et de la dépression consécutive dans les théories de Tugan-Baranowski. Quant à Wicksell, il voit dans l'apparition irrégulière des innovations techniques la cause principale et suffisante des fluctuations cycliques, car elle implique l'alternance de périodes de conversion de larges masses de capitaux disponibles en capitaux fixes avec des périodes au cours desquelles le capital est conservé sous des formes plus liquides. Parmi les économistes expliquant les crises par une surproduction de biens de consommation, Bouniatian attribue les fluctuations cycliques à une capitalisation exagérée par rapport à l'augmentation de la demande de consommation. Alors que cette surcapitalisation a été rendue possible par l'essor de la technique, celle-ci contribue également à limiter cette expansion, car, en accroissant la productivité, elle conduit à une produc-

5 Plus tard, le thème de la grande antinomie de Walter Eucken et de l'ordolibéralisme allemand en général sera de lier pensée économique, théorie et histoire économique. Pour le lecteur intéressé, cf. Bombach, Lenel et Schlecht, 1990.

tion excessive de produits finis, donc à la crise. Défendant dans l'ensemble les mêmes principes généraux, Aftalion fait ressortir plus explicitement divers facteurs de crise d'origine technologique. Il insiste notamment sur le temps de construction relativement long de l'équipement moderne ; son coût élevé et sa longévité qui contraignent les entrepreneurs à le maintenir en activité au-delà des limites fixées par la demande ; enfin, la rapidité avec laquelle est produite n'importe quelle unité de bien de consommation. D'une manière générale, ces auteurs se sont cependant contentés de constater les situations de crises, sans chercher véritablement à déterminer dans quelle mesure celles-ci pouvaient être attribuées à l'incidence du progrès technique (Diebolt, 1997).

Aussi est-ce à l'analyse des thèses d'Arthur Spiethoff (rare économiste, avec Lederer, à s'être penchés sur cette question), que nous consacrons la suite de notre raisonnement. En effet, parmi les théoriciens du début du 20e siècle qui ont employé la distinction entre biens de production et biens de consommation pour expliquer la course fatale de tout progrès technique, le plus remarquable est peut être Arthur Spiethoff.

Partant de là, cet article a pour but principal de dégager, en prolongement d'une précédente publication centrée sur le passage du cycle conjoncturel au mouvement long de l'économie (Diebolt, 1993), les lignes directrices et les principes méthodologiques de la pensée conjoncturelle, toujours actuelle (sans paralogisme), d'Arthur Spiethoff, trop souvent ignorée ou plus simplement méconnue en-dehors du monde universitaire de langue allemande.

Après une présentation du modèle théorique d'Arthur Spiethoff (I), nous discuterons sa portée empirique (II).

## 5.1 Du modèle théorique…[6]

De 1926 à 1927, la revue hambourgeoise *Wirtschaftsdienst* publie un baromètre de conjoncture avec comme ambition majeure de délivrer, aux chefs d'entreprise, une vue synthétique de l'évolution économique

6 Pour le lecteur intéressé par la formalisation mathématique du modèle de Spiethoff, cf. Kraft et Weise (1987).

de l'Allemagne. Cette expérience, anecdotique pour certains et sans doute de trop courte durée pour d'autres, n'en offre pas moins un grand intérêt. C'est, à notre connaissance, l'unique tentative (des années 1920) d'extraire d'une théorie, celle d'Arthur Spiethoff, un schéma d'observation (dont le promoteur principal sera Kurt Singer) destiné à retracer les mouvements de la conjoncture économique. Puisque, pour l'élaboration de son baromètre, le *Wirtschaftsdienst* s'est inspiré de la théorie conjoncturelle d'Arthur Spiethoff, un bref rappel de cette dernière permettra, nous l'espérons, de mieux comprendre la composition de ce dernier.

Arthur Spiethoff discerne deux grandes phases dans l'évolution économique: l'expansion et la récession (pour le lecteur intéressé, cf. également Schweitzer, 1938). Il attribue l'élément moteur de ces mouvements au comportement de quelques productions spécifiques: les *Ertragsgüter* ou biens de production. Ces derniers possèdent deux caractéristiques essentielles. D'une part, ils s'achètent avec du capital, à la différence des biens de consommations qui sont acquis avec du revenu. D'autre part, ils servent à reproduire d'autres biens ou à fournir des services pour une durée relativement longue. Ces biens de productions sont les combustibles, l'acier, les chemins de fer, etc. Parmi ces biens, l'acier est assurément le plus important, puisqu'il entre dans la fabrication de la plupart des autres. Les achats de produits sidérurgiques constituent de ce fait, aux yeux de Spiethoff, le meilleur indice de l'activité dans le secteur clé des biens de production. L'expansion entraîne un développement de l'activité d'investissements et, par voie de conséquence, de la demande d'acier. La récession provoque sa diminution et, par conséquent, une surproduction d'acier, qui contraint les chefs d'entreprise à réduire la marche de leurs usines.

Arthur Spiethoff cherche à examiner les causes de ce mouvement économique. Il pense que l'expansion est déclenchée par l'abondance des capitaux en quêtes de placement. Cette situation encourage les entreprises à étendre leurs investissements et stimule la demande de biens de production. Ainsi, le développement de l'activité dans ce secteur entraîne toute l'économie qui entre dans une période de prospérité, caractérisée par une hausse des prix et du taux d'intérêt.

La récession est due à la surproduction généralisée, c'est à dire au fait que les capitaux disponibles sont devenus insuffisants pour acheter toute la masse des biens de production. Spiethoff distingue deux causes principales à cette évolution défavorable. La première tient au fait que l'expansion n'a pas favorisé la formation du capital pour deux raisons:

(i) le relèvement des salaires a pris de telles proportions qu'il a empêché l'accumulation de capitaux disponibles pour l'investissement; (ii) les mauvaises conditions dans lesquelles se réalise la production ont eu pour conséquence une diminution des marges de profit. La seconde cause, la plus fréquente, est liée au comportement des industriels eux-mêmes. Leur manque de prévision quant aux possibilités d'écoulement des marchandises ou l'absence d'introduction de nouvelles technologies susceptibles d'élever la productivité, a eu pour effet de développer la production bien au-delà des capacités d'absorption des marchés, c'est à dire du montant des capitaux disponibles.

Quelle que soit la cause de la récession celle-ci est marquée par un fléchissement des investissements. Le passage de l'expansion à la récession peut s'opérer sans difficulté ou de manière brusque. Dans ce dernier cas, il y a une crise, caractérisée par des cessations de paiement et par un effondrement du crédit. Elle provient d'un abus des facilités de crédit de la part des entreprises qui, par excès de spéculation, ont largement anticipés sur les possibilités d'élargissement des marchés. Ce faisant, Arthur Spiethoff ne décrit pas le déroulement de l'expansion et de la récession. Il s'en tient à l'action, essentielle dans son esprit, de quelques facteurs qui forment le nœud du processus d'expansion et de récession de l'activité économique ou, pour reprendre le terme allemand, le *Kernprozess* des fluctuations conjoncturelles.

## 5.2 … à sa portée empirique

D'après Spiethoff, l'économiste, capable de suivre, par l'observation directe, le comportement des facteurs cités plus haut connaîtra, à tout moment, l'état de la conjoncture et en comprendra aussi son déroulement. Ce faisant, à l'image de la *Frankfurter Gesellschaft für Konjunkturforschung* (fondée en 1926 par Eugen Altschul), il préconise, à sa manière, la sémiologie économique[7] qui mettrait en œuvre les

7 Le terme *sémiologie* se définit comme la partie de la médecine qui traite des signes de maladies. A notre connaissance, en économie, le terme est utilisé pour la première fois par Costantino Ottolenghi (1926).

résultats des recherches statistiques et les raisonnements déductifs de la théorie.

Deux influences majeures peuvent être identifiées dans les travaux d'Arthur Spiethoff. Celle, tout d'abord, de Tugan-Baranowski qui relie l'expansion et la récession aux mouvements de la production de biens d'équipements. Sombart qualifiant même Spiethoff (malgré les réticences de ce dernier) d'*enfant de Tugan* (Diebolt, 1993, p. 298). Celle, ensuite, de l'Ecole historique allemande avec une différence notoire toutefois, à savoir de viser le dépassement de l'ancienne querelle des méthodes (opposant Menger à Schmoller notamment), par la recherche systématique d'une véritable harmonie entre la formulation théorique et sa validation empirique. Les économistes viennois eux-mêmes voient, avec la création d'un Institut de recherche conjoncturelle, non pas une possibilité de *météorologie économique* (comme prôné par Spiethoff), mais à l'évidence un outil de travail au service de la théorie.

Avec Arthur Spiethoff, l'ancien débat des méthodes n'est donc nullement clos !

Les représentants majeurs de l'Ecole autrichienne (Hayek et Morgenstern plus particulièrement) estiment que les travaux de sémiologie économique n'ont pas révolutionné la recherche dans ce domaine. Seule la théorie conjoncturelle, construite de manière déductive, est capable de donner l'explication fondamentale du processus conjoncturel. Dans l'amas des données empiriques, elle introduit un ordre logique qui seul rend les mouvements conjoncturels compréhensibles. Les travaux autrichiens de l'époque ne laissent donc place à aucune équivoque sur la préoccupation majeure de cette Ecole de pensée : forger un outil d'analyse avant d'entreprendre une quelconque étude des phénomènes empiriques.

Seul en mobilisant la pensée de Wicksell l'on aboutit finalement, avant les écrits d'Arthur Spiethoff, à une situation intermédiaire entre celle préconisée par l'Ecole historique allemande et celle utilisée par la tradition autrichienne. En précurseur, ce dernier adhère, dès 1904, à la démarche hypothético-déductive tout en affirmant la nécessité de retourner aux faits (Barbaroux, 2004).

Dans la pensée théorique de Spiethoff deux statistiques sont particulièrement représentatives des facteurs fondamentaux du *Kernprozess* : l'évolution de la demande de biens de production qui se reflète dans la consommation apparente de produits sidérurgiques d'une part, celle des capitaux disponibles dans les variations du montant nominal des émissions de capital d'autre part.

Les courbes représentatives de ces deux séries statistiques retracent les fluctuations de la conjoncture. Afin d'en contrôler la valeur, Kurt Singer et Arthur Spiethoff les confronteront avec les courbes du schéma de Harvard (cf. plus particulièrement Anderson, 1929 et Däbritz, 1929, Singer, 1928), appliqué à l'économie allemande pour la période allant de 1897 à 1913.[8] Les deux baromètres ont évolué de manière quasi identique. Les sommets des courbes des taux d'intérêts du schéma du Comité de Harvard et des émissions d'actions du schéma du *Wirtschaftsdienst* marquaient les maxima conjoncturels des années 1899-1900, 1906-1907 et 1912-1913. Singer et Spiethoff ont toutefois souligné les limites de leur expérimentation, notamment pour la période d'après-guerre. Ils estimaient le début d'une reprise comme imprévisible, car celle-ci dépendait avant toute chose de la réaction des chefs d'entreprise devant un élargissement de leurs marges bénéficiaires et un accroissement de la propension à investir. L'approche de la récession

8 Plusieurs Instituts de conjoncture se sont inspirés de l'exemple du *Harvard Committee on Economic Research* (créé en 1917). Pour le lecteur intéressé, cf. plus particulièrement Coenen (1964) et Kulla (1996). En Autriche, c'est Friedrich von Hayek (1925) qui fit connaître aux maîtres de l'Ecole de Vienne, les résultats des nouvelles méthodes d'analyse empiriques poursuivies aux Etats-Unis. L'article éveilla un vif intérêt et tous se montrèrent disposés à créer un Institut autrichien de recherches conjoncturelles et ce, malgré les réserves et la mise en garde d'Oskar Morgenstern (publiés dans la revue *Der Österreichische Volkswirt*) contre les espoirs trompeurs que la description des méthodes d'analyse conjoncturelle avait soulevé dans son pays. Il n'en approuvait pas moins la création d'un Institut de conjoncture. En Allemagne, l'influence du Harvard Committee est perceptible dans les ouvrages d'Ernst Wagemann (1928, 1931), le fondateur, également en 1925, de l'Institut de conjoncture de Berlin. Le plus célèbre Institut demeure toutefois le *National Bureau of Economic Research* fondé en 1920 à l'instigation de Westley Mitchell. Le schéma de Harvard est avant tout empirique. Il prend appui sur la constatation d'une régularité dans la succession des mouvements entre plusieurs séries statistiques représentatives de l'activité économique. La méthode employée est celle des écarts à la tendance ou *trend-deviations*. Elle suppose de calculer la série théorique de la tendance séculaire (calcul des moindres carrés), puis les écarts de la série empirique à la série théorique, afin d'obtenir des indices de longue durée. Simon Kuznets en 1930, Granger et Newbold, bien plus tard (en 1974), ainsi que Nelson et Plosser (1982) montreront les limites d'une telle approche, souvent productrice de résultats fallacieux.

paraissait, en revanche, décelable dans l'évolution des courbes. Et pourtant, l'expérience se solda par un échec et fut brusquement abandonnée en 1927. On relèvera tout de même que les diagnostics de Singer et Spiethoff ne concordèrent pas avec la réalité.

Le baromètre du *Wirtschaftsdienst* se révéla donc impropre à l'analyse de la conjoncture. Pourquoi un tel échec ? La théorie d'Arthur Spiethoff ne peut pas véritablement être mise en cause. Elle est cohérente et jette des lumières sur les mécanismes fondamentaux des mouvements économiques. Nous pensons, dès lors, qu'il faut rechercher les raisons dans la technique même de l'investigation.

En premier lieu, le champ de l'observation est restreint. La formation du capital ne se reflète pas exclusivement dans les émissions de valeurs mobilières. Elle prend aussi d'autres formes, notamment celles de l'autofinancement, de prêts de long terme consentis par les banques et autres organismes financiers. De plus, les pouvoirs publics ont joué un rôle grandissant dans le développement des investissements à l'intérieur des économies nationales. De fait, ils sont devenus d'importants demandeurs de biens de production dont l'achat était financé par les budgets.

En second lieu, le baromètre s'en tient à une seule cause des mouvements économiques. Or, le déséquilibre, à l'origine des retournements conjoncturels, peut prendre naissance dans d'autres secteurs du système économique que dans la seule relation entre la demande de biens de production et l'offre de capitaux.

Par ailleurs, l'échec du système barométrique élaboré par le *Wirtschaftsdient* a mis en évidence la nécessité de remplacer l'analyse causale déductive par une étude des agencements fonctionnels entre les divers facteurs de la vie économique. Il faut donc allier la théorie avec les recherches empiriques. Ces dernières posaient, à l'époque, de sérieux problèmes et allaient demander de nombreux tâtonnements.

En effet, *l'échec de Spiethoff* se trouve aussi dans les concepts et les méthodes forgées au sein du Comité de Harvard lui-même. N'oublions pas que, d'un point de vue mathématique, la méthode des moindres carrés ne peut fournir de solution pré-déterminé quand à la forme d'une courbe. Cette dernière est souvent adoptée *a priori* par les chercheurs, alors qu'un travail préalable d'analyse des causes à l'origine des variations mises en évidence dans les séries chronologiques s'avère incontournable.

Par ailleurs, comme souligné par Anderson (1929), le schéma de Harvard ne reproduit pas exactement les fluctuations conjoncturelles. Il est affecté d'une erreur systématique résultant de la technique de dissociation employée pour éliminer le trend. Ici, il serait sans doute aisé d'objecter à cette conclusion, que les membres du Comité de Harvard ont trouvé des corrélations étroite entre les courbes représentatives de la conjoncture. Mais n'est-il pas vrai que trop souvent l'on établi des corrélations parfaites entre deux séries statistiques là où manifestement il n'y a aucune relation entre les phénomènes ?

L'exemple le plus amusant et le plus connu aussi est sans doute celui mis en avant par Yule (1926). Souvenons nous que ce dernier a calculé la corrélation entre la mortalité et le nombre de mariages célébrés par l'Eglise anglicane en Grande-Bretagne. Pour la période 1866-1911, il a trouvé un coefficient positif de +0,95. Yule remarque que certains diront peut être qu'il y a un lien causal entre les deux phénomènes : les progrès de la science diminuent la mortalité, tandis que la diffusion de l'esprit scientifique dans le public va de pair avec la réduction du nombre de mariages célébrés dans l'Eglise anglicane. Mais, ce serait un rapport indirect et bien vague et il faudrait conseiller aux individus de ne pas se marier en dehors de l'Eglise anglicane pour être assuré d'une grande longévité.

Abstraction faite de ces limitations, le message et les travaux de Spiethoff demeure néanmoins très actuel, pensons uniquement au rôle de l'acier dans la Chine d'aujourd'hui. En même temps, la théorie conjoncturelle cherche toujours, dans les sphères réelles comme monétaires, son équilibre entre la théorie et sa validation empirique. L'analyse des chocs devient centrale (cf. Darné & Diebolt, 2004, 2006 ; Diebolt, 2006 ; Diebolt & Kyrtsou, 2005) ; les travaux fondateurs de Finn Kydland et Edward Prescott (Prix Nobel d'économie en 2004) sans doute plus incontournables que jamais auparavant !

# Conclusion

Après la Première Guerre mondiale, l'analyse de la conjoncture n'était qu'une discipline à la recherche de ses principes et à la découverte de sa méthode. La multiplication des théories, axées pour l'essentiel sur le principe du *Kernprozess,* avait suscité une vive réaction chez les économistes, dans le sens d'une plus large confrontation de la théorie avec l'observation des faits. L'expérience d'Arthur Spiethoff s'inscrit dans cette dynamique.[9] D'une certaine manière, elle la précède. Elle prolonge également la tradition de l'Ecole historique allemande.

Aux yeux de Spiethoff, l'étude minutieuse de l'histoire économique, conduite au moyen de nombreuses séries statistiques, est seule à pouvoir dévoiler le nœud des relations causales, le *Musterkreislauf* (selon ses propres termes) typique des mouvements économiques.

Cette pensée, aujourd'hui qualifiée d'erronée, illustre le risque de s'en tenir aux seules méthodes historiques et inductives dans l'analyse de la conjoncture économique. Néanmoins, il est bon d'insister sur le caractère historique des mouvements économiques, que trop de théoriciens purs sont enclins à méconnaître. En même temps, il est évident que le choix de la période étudiée, la sélection des seuls phénomènes les plus apparents amènent trop souvent l'économiste à placer au premier plan l'action de quelques facteurs et à leur attribuer un rôle déterminant.

En fait, les partisans de la méthode historique ne se rendent pas toujours clairement compte que la manière dont ils isolent les faits est déjà un parti pris, souvent inconscient. Ce dernier introduit dans l'observation, neutre d'apparence, des éléments susceptibles d'orienter l'explication.

Par ailleurs, le recours exclusif à la méthode historique présente, pour l'analyse conjoncturelle notamment, un autre inconvénient bien plus sérieux. Il condamne les chercheurs à ne considérer que les faits perceptibles à l'observation immédiate. Ce faisant, ils ne cernent que

9 Nous suggérons ici la lecture du Chapitre *C. Angewandte Konjunkturtheorie : Der Fall Spiethoff* de l'ouvrage de Bernd Kulla (1996). Le lecteur intéressé y trouvera également des extraits de correspondances entre Spiethoff et Bücher, Clausing, Däbritz, Mitchell, Pribram, Salin, Singer et Wagemann.

les épiphénomènes et sont soumis à une constante révision de leur construction théorique puisque la physionomie des fluctuations conjoncturelles en particulier se modifie sous l'effet des transformations du contexte historique.

L'héritage de Spiethoff demeure toutefois considérable. Après la publication de l'article *Krisen*, les milieux scientifiques, notamment germaniques, ne pouvaient plus admettre qu'un déterminisme absolu puisse gouverner l'apparition des phénomènes conjoncturels.

Pour l'économiste du 21e siècle, les travaux d'Arthur Spiethoff transmettent un autre message fondamental : la démarche purement inductive renferme le chercheur dans une pétition de principes. Avant d'analyser le fait conjoncturel, il importe d'en délivrer l'explication théorique et non historique.

En définitive, pour l'analyse économique, d'hier à aujourd'hui [...] *ce ne sont pas les effets des causes les plus connues, ni les causes des effets les plus manifestes, qui ont d'ordinaire le plus d'importance. « Ce que l'on ne voit pas » mérite souvent beaucoup plus d'être étudié que « ce que l'on voit »* (Alfred Marshall, 1906, p. 136).

## Références bibliographiques


ANDERSON, O. (1929). *Zur Problematik der empirisch-statistischen Konjunkturforschung. Kritische Betrachtung der Harvard-Methoden*, Bonn, Kurt Schroeder.

BARBAROUX, N. (2004). « Knut Wicksell : La notion d'*auxiliaire* au service de la compréhension des relations entre l'Economie et l'Histoire », *VIIe Université d'Eté en Histoire de la Pensée et Méthodologie Economique*, Nice, Septembre 2004, pp. 1-20.

BOMBACH, G., LENEL, H-O. & SCHLECHT, O. (1990). *Über Walter Euckens « Grundlagen der Nationalökonomie »*, Düsseldorf, Wirtschaft und Finanzen.

CLAUSING, G. (1958). « Arthur Spiethoffs wissenschafliches Lebenswerk », *Schmollers Jahrbuch*, 78, pp. 257-290.

COENEN, E. (1964). *La « Konjunkturforschung » en Allemagne et en Autriche 1925-1933*, Louvain, Nauwelearts.

DÄBRITZ, W. (1929). *Die typischen Bewegungen im Konjunkturverlauf. Bemerkungen zur Klassifikation von Harvard unter dem Gesichtspunkt der deutschen Verhältnisse*, Leipzig, G.A. Gloeckner.

DARNÉ, O. & DIEBOLT, C. (2004). «Unit Roots and Infrequent Large Shocks: New International Evidence on Output», *Journal of Monetary Economics*, 51, pp. 1449-1465.

DARNÉ, O. & DIEBOLT, C. (2006). «Chocs temporaires et permanents dans le PIB de la France, du Royaume-Uni et des Etats-Unis», *Revue d'Economie Politique*, 116, pp. 65-78.

DIEBOLT, C. (1993). «Du cycle des affaires au mouvement long de l'économie chez Arthur Spiethoff», *Economies et Sociétés*, Série F, 33, pp. 295-318.

DIEBOLT, C. (1997). «La théorie de la sous-consommation du cycle des affaires de Emil Lederer», *Economie Appliquée*, 50, pp. 27-50.

DIEBOLT, C. (2004). «Die Behandlung des Trends bei Simon Kuznets», *Historical Social Research*, 29, pp. 271-276.

DIEBOLT, C. (2005). «Long Cycles Revisited. An Essay in Econometric History», *Economies et Sociétés*, Série AF, 32, pp. 23-47.

DIEBOLT, C. (2006). «Comments on Constant Gain Learning and Business Cycles», *Journal of Macroeconomics*, 28, pp. 86-89.

DIEBOLT, C. & DOLIGER, C. (2006). «Economic Cycles under Test: A Spectral Analysis», in DEVEZAS, T. édit.: *Kondratieff Waves, Warfare and World Security*, Amsterdam, IOS Press, pp. 39-47.

DIEBOLT, C. & KYRTSOU, C. édit. in collaboration with O. DARNÉ (2005). *New Trends in Macroeconomics*, Berlin, Springer.

FESTSCHRIFT FÜR ARTHUR SPIETHOFF (1933). *Der Stand und die nächste Zukunft der Konjunkturforschung*, München, Duncker & Humblot.

GRANGER, C. & NEWBOLD, P. (1974). «Spurious Regressions in Econometrics», *Journal of Econometrics*, 2, pp. 111-120.

HABERLER, G. (1943, première édition 1937). *Prospérité et dépression. Etude théorique des cycles économiques*, Genève, Société des Nations.

HAGEMANN, H. (2003). «Schumpeter's Early Contributions on Crises Theory and Business-Cycle Theory», *History of Economic Ideas*, 11, pp. 47-67.

HAYEK, F. VON (1925). «Die Währungspolitik der Vereinigten Staaten seit der Überwindung der Krise von 1920», *Zeitschrift für Volkswirtschaft und Sozialpolitik*, 5, pp. 25-63 et 254-317.

HEINRICH, W. (1928). *Grundlagen einer universalistischen Krisenlehre*, Jena, G. Fischer.

JUGLAR, C. (1889, première édition 1862). *Des crises commerciales et de leur retour périodique en France, en Angleterre et aux Etats-Unis*, 2e édition, Paris, Guillaumin et Cie.

KAMP, M. (1958). *Gedenkrede auf Arthur Spiethoff gehalten bei einer von der Rechts- und Staatswissenschaftlichen Fakultät der Rheinischen Friedrich Wilhelms-Universität am 13. Mai 1958 veranstalteten Gedächtnisrede*, Bonn, Peter Hanstein.

KRAFT, M. & WEISE, P. (1987). «Eine Formalisierung von Spiethoffs Theorie der wirtschaftlichen Wechsellagen», *Schweizerische Zeitschrift für Volkswirtschaft und Statistik*, 123, pp. 531-542.

KULLA, B. (1996). *Die Anfänge der empirischen Konjunkturforschung in Deutschland 1925-1933*, Berlin, Duncker & Humblot.

KUZNETS, S. (1930). *Secular Movements in Production and Prices. Their Nature and their Bearing upon Cyclical Fluctuations*, Boston, Houghton Mifflin Co.

KYDLAND, F. & PRESCOTT, E. (1982). «Time to Build and Aggregate Fluctuations», *Econometrica*, 50, pp. 1345-1370.

LUTZ, F. (1932). *Das Konjunkturproblem in der Nationalökonomie*, Jena, G. Fischer.

MARSHALL, A. (1906). *Principes d'économie politique*, Tome Premier, Paris, V. Giard & E. Brière.

MAYER, H. édit. (1927). *Die Wirtschaftstheorie der Gegenwart*, Wien, Julius Springer.

MITCHELL, W. (1931). *Der Konjunkturzyklus. Problem und Problemstellung*, Leipzig, H. Buske.

NELSON, C. & PLOSSER, C. (1982). «Trend and Random Walks in Macroeconomic Time Series», *Journal of Monetary Economics*, 10, pp. 139-162.

OTTOLENGHI, C. (1926). «Le basi scientifiche della semiologia economica», *La Riforma Sociale*, 37, pp. 124-133.

SCHUMPETER, J. (1983). *Histoire de l'analyse économique, III. L'âge scientifique (De 1870 à J.M. Keynes)*, Paris, Gallimard.

SCHWEITZER, A. (1938). *Spiethoffs Konjunkturlehre*, Basel, Helbing & Lichtenbahn.

SINGER, K. (1928). «Kreditkreation und Konjunktur», in DIEHL, K. édit.: *Beiträge zur Wirtschaftstheorie*, 2e partie, München, Duncker & Humblot.

SPIETHOFF, A. (1902). «Vorbemerkungen zu einer Theorie der Überproduktion. Vortrag, gehalten am 17. Dezember 1901 in der Staatswissenschaftlichen Vereinigung zu Berlin», *Jahrbuch für Gesetzgebung, Verwaltung und Volkswirtschaft im Deutschen Reich*, 26, pp. 267-305.

SPIETHOFF, A. (1925, première édition 1923). «Krisen», *Handwörterbuch der Staatswissenschaften*, 6, pp. 8-91.

SPIETHOFF, A. (1926). «Die Beobachtung der wirtschaftlichen Wechsellagen», *Wirtschaftsdienst*, 11, pp. 3-7.

SPIETHOFF, A. (1955). *Die wirtschaftlichen Wechsellagen. Aufschwung, Krise, Stockung*, 2 vols, Tübingen, J.C.B. Mohr.

VOGEL, E. (1928). «Die Theorie des volkswirtschaftlichen Entwicklungsprozesses und ihre Fortbildung durch eine evolutionäre Konjunkturtheorie», *Jahrbücher für Nationalökonomie und Statistik*, 128, pp. 321-387, pp. 481-518 & pp. 663-705.

WAGEMANN, E. (1928). *Konjunkturlehre. Eine Grundlegung zur Lehre vom Rhythmus der Wirtschaft*, Berlin, R. Hobbing.

WAGEMANN, E. (1931). *Struktur und Rhythmus der Weltwirtschaft. Grundlagen einer weltwirtschaftlichen Konjunkturlehre*, Hamburg, Hanseatische Verlagsanstalt.

YULE, U. (1926). «Why Do we Sometimes Get Nonsense Correlations between Time Series?», *Journal of the Royal Statistical Society*, 89, pp. 1-69.

# 6. La croissance endogène

## Introduction

Le débat quant au rôle du savoir sur le processus de la croissance économique a connu une ampleur considérable, tant par l'importance de ses implications en termes de politique économique que par le nombre d'analyses théoriques et empiriques auxquelles il a donné lieu. Ainsi, l'argumentation selon laquelle les modèles de croissance endogène expliquent la croissance économique de long terme est souvent avancée. Ils affirment que la production de savoir induit une croissance économique auto-entretenue. Cependant, malgré les nombreux développements théoriques, les tentatives de vérifications empiriques se sont heurtées à de sérieuses difficultés méthodologiques. Le premier et principal écueil concerne la façon dont est évalué un bien immatériel, une grandeur incommensurable telle que le savoir. De plus, une large majorité des tests empiriques réalisés à ce jour porte sur la place des facteurs dans la croissance ou sur des études de type «cross-section-countries» effectuant des comparaisons internationales sans pour autant s'interroger et apporter des éléments de réponse sur le fait que le savoir puisse induire ou non une croissance économique de long terme. Partant de là, l'objet de cet article est de produire, en prolongement de publications antérieures (Diebolt/Monteils, 2000; Monteils, 2000) et en fonction des hypothèses développées par les théoriciens de la croissance endogène (Lucas, 1988, Romer, 1990), les éléments d'une lecture renouvelée des rapports entre savoir et croissance économique en Allemagne, de 1872 à 1989.

Notre article est scindé en trois parties. Après un rappel des hypothèses théoriques (6.1) et un état des lieux en matière de vérification empirique (6.2), nous formulons, grâce aux méthodes de l'histoire quantitative et de la cliométrie, une lecture renouvelée sur la fonction spécifique des savoirs dans le processus de la croissance économique (6.3).

## 6.1 Les hypothèses théoriques

### *6.1.1 Le modèle de R.E. Lucas (1988)*

R.E. Lucas analyse les décisions individuelles visant à acquérir des connaissances, leurs conséquences sur la productivité des individus et la croissance économique dans son ensemble. Il conçoit le capital humain comme une alternative et un complément au progrès technique dans sa fonction de moteur de la croissance. Il le définit comme le niveau général d'aptitude, l'ensemble des capacités physiques, intellectuelles et techniques de l'individu. Le capital humain est rival et exclusif puisque incorporé aux individus. Dans son modèle coexistent un secteur de la production et un secteur de la formation. Le premier secteur produit les biens à partir du capital physique et une partie du capital humain, qui est par hypothèse susceptible d'accumulation, avec une productivité marginale non décroissante, au moins constante. Dans le second secteur, le capital humain se forme et s'accumule à partir de lui même, avec la part du capital humain non employée dans le secteur de la production. L'individu s'éduque seul utilisant pour cela son temps et une partie des compétences qu'il a déjà acquises.

L'individu consacre ainsi son temps de non-loisir aux activités de production ou d'éducation. Cette allocation affecte sa productivité et son niveau de capital humain $h$. Ainsi, si $N$ travailleurs, traités comme des agents identiques, possèdent le même niveau de compétence $h$ et consacrent une fraction $u$ de leur temps de non-loisir à la production actuelle, la partie restante $1-u$ est allouée à l'accumulation de capital humain.

Dès lors, la force de travail efficace, c'est-à-dire la somme des compétences humaines consacrées à la production présente s'écrit:

$$L^e = uhN$$

La production est une fonction du capital physique total $K$ et du travail efficace: $Y = F(K, L^e)$. L'auteur identifie deux effets du capital humain. Le premier, interne, affecte la productivité propre de l'individu qui acquiert des connaissances, alors que le second est qualifié d'externe dans la mesure où l'accumulation de capital humain par un agent contribue à améliorer la productivité des autres. Cet effet externe n'est pas pris en compte dans les décisions d'allocation du temps des agents économiques. Cette externalité dans la production du bien représente le capital humain moyen et non total des individus qui y participent, notée $h_a$. Elle traduit l'idée selon laquelle les individus seront plus productifs en côtoyant des gens formés et qualifiés, et que de cette rencontre naîtra une compétence collective accrue fruit des échanges d'idées et de pratiques. A l'équilibre, les individus étant tous identiques, le niveau moyen de compétence $h_a$ devient simplement $h$.

Dans le secteur productif, la technologie des biens de production s'écrit ainsi :

$$Y(t) = N(t)c(t) + \dot{K}(t) = AK(t)^{\beta}[u(t)h(t)N(t)]^{1-\beta} h_a(t)^{\gamma}$$

$c(t)$ est la consommation par tête. Le niveau de la technologie $A$ est supposé constant. L'externalité n'est pas nécessaire pour obtenir une croissance endogène, puisque dans la fonction de production un input susceptible d'accumulation, selon des rendements non décroissants – le capital humain –, se substitue au facteur travail permettant ainsi une croissance positive. R.E. Lucas utilise cette démonstration pour expliquer la dépendance de la trajectoire du revenu par tête aux conditions initiales et donc la persistance des différences internationales de développement, ainsi que la non-convergence des économies ou encore d'autres phénomènes tels que les mouvements de population (qui dépassent pourtant le champ de cette problématique).

Dans la sphère éducative, le capital humain est produit à partir de lui-même. L'effort consacré à l'accumulation de capital humain $1\text{-}u(t)$ doit être relié au taux de variation de son niveau $h(t)$. L'obtention d'une croissance endogène, sans prendre en compte l'existence d'une éventuelle externalité, nécessite que les rendements de l'accumulation en capital humain ne soient pas décroissants. L'expression de $\dot{h}(t)$, ci-après, n'induit pas de rendements décroissants du stock $h(t)$ de capital humain:

$$\dot{h}(t) = h(t)\varphi[1 - u(t)]$$

L'accumulation de connaissances étant supposée linéaire (ce qui est discutable, car on peut soutenir l'hypothèse que le stock de connaissances présente des effets de seuil), elle présente des rendements marginaux non décroissants qui favorisent une croissance illimitée. L'incitation à investir en capital humain est non décroissante (la fonction $\varphi$ est par hypothèse non décroissante). Une augmentation du stock de capital humain requiert un effort identique quelque soit le niveau déjà atteint auparavant. En substance, l'accumulation du capital humain présente intrinsèquement des rendements factoriels au moins constants par rapport au niveau précédemment atteint. L'accroissement de capital humain est indépendant *en termes relatifs* du stock de capital humain existant: l'enfant qui apprend à lire (son stock de capital humain est très faible) progresse moins, en valeur absolue, en une heure de formation que l'ingénieur (dont le stock de capital humain est évidemment considérable) qui se forme à de nouvelles techniques. Pourtant, en valeur relative, il progresse peut-être autant (sinon plus), de telle sorte que la productivité marginale du capital humain reste toujours (au moins) constante au fur et à mesure que l'on investit dans l'éducation. Il s'agit là d'une spécificité inhérente à un bien immatériel soulignée par R.E. Lucas. Le taux de croissance du capital humain apparaît ainsi comme indépendant du niveau initial de capital humain:

$$\dot{h}(t) / h(t) = g_h = \varphi(1 - u(t))$$

Pour éviter que le stock de capital humain des ménages ne demeure constant, R.E. Lucas suppose que l'équation de $\dot{h}(t)$ concerne un ménage représentatif dont la durée de vie est infinie. Cette hypothèse permet d'affirmer que cette accumulation ne présente pas de rendements décroissants. Cette formulation n'est plus évidente si l'on considère un individu dont la vie est limitée, dans la mesure où son capital humain disparaît avec lui à sa mort. Dès lors, le niveau initial de chaque nouveau membre est proportionnel (et non égal) au niveau déjà atteint par les membres plus âgés de la famille.

Le sentier de croissance optimale correspond aux choix d'un flux de consommation et du temps passé à travailler (ou à étudier) qui maximisent l'utilité intertemporelle des agents tout en respectant les contraintes d'accumulation du capital physique et humain. En supposant une économie fermée et la population augmentant à un taux fixé, $n$, la préférence du ménage représentatif est exprimée par la fonction d'utilité isoélastique ci-après, où la variable $\rho$ représente un taux de préférence pour le présent et $s$ l'élasticité de substitution intertemporelle constante:

$$\int_0^\infty e^{-(\rho-n)t}\left[\frac{c(t)^{1-1/\sigma}}{1-1/\sigma}\right]dt$$

Le recours à l'optimisation dynamique permet de résoudre le programme de maximisation et de déterminer la valeur de $g$, le taux commun de croissance de la consommation, du capital et du produit:

$$g = g_k = (1-\beta+\gamma)g_h/(1-\beta) = \varphi(1-\beta+\gamma)(1-u)/(1-\beta)$$

Le moteur de la croissance économique réside donc dans l'efficacité de l'accumulation de capital humain, $\varphi$, l'ampleur de l'externalité qu'il exerce sur la production, $\gamma$, et la fraction du temps disponible qui est allouée à l'accumulation de connaissances (*1-u*). La source de la croissance se situe ainsi dans l'accumulation illimitée du capital humain *h* dont les rendements ne sont pas décroissants. En d'autres termes, l'accroissement linéaire de *h* à chaque période explique le caractère potentiellement illimité de l'expansion économique; l'existence de l'externalité mesurée par le paramètre $\gamma$ n'est pas indispensable à l'obtention d'une croissance positive, elle se borne à l'accélérer. Sa présence conduit toutefois à différencier l'équilibre et l'optimum, ainsi qu'à prendre en compte l'insuffisance des investissements éducatifs qui justifie les politiques éducatives publiques. Cependant, l'hypothèse retenue pour la fonction $\varphi$ soulève quelques questions. En effet, sur quels arguments R.E. Lucas se fonde-t-il pour affirmer que l'accumulation du capital humain présente des rendements non décroissants. L'hypothèse admise par H. Uzawa (1965), selon laquelle cette même fonction est décroissante, n'est-elle pas tout aussi réaliste? La croissance endogène repose donc sur une hypothèse très particulière que l'on peut aisément remettre en cause: ce ne serait pas le taux de croissance, mais son niveau qui dépendrait de l'effort d'éducation. En somme, la croissance endogène semble reposer, contrairement à ce que suppose R.E. Lucas, plutôt sur l'existence d'externalités dues à l'accumulation de capital humain que sur les rendements non décroissants de cette dernière.

Les modèles de R.E. Lucas et de H. Uzawa semblent finalement très proches à l'exception notable, soulignée par K. Mino (1996, p. 227), que H. Uzawa se refuse à considérer l'hypothèse d'externalités de type «marshallien» dans l'accumulation de capital humain. En d'autres termes, il n'envisage pas l'hypothèse de rendements d'échelle croissants.

Toutefois, R.E. Lucas évoque la possibilité d'une croissance non-équilibrée et a fortiori d'une situation non-optimale au regard du critère parétien. Ainsi, la différence majeure entre ces deux modèles se situe au niveau de la nature des facteurs et de l'hypothèse formulée quant à la fonction d'éducation $\varphi$. Chez R.E. Lucas le capital humain se substitue au facteur travail. Il devient un facteur d'accumulation induisant une croissance auto-entretenue. La fonction $\varphi$ est supposée non décroissante, ce qui rend possible une accumulation sans limite du capital humain source de croissance endogène. H. Uzawa, quant à lui, conserve la notion «classique» de facteur travail non reproductible. $A(t)$ peut être modifié instantanément et ne porte aucune trace du passé. La fonction $\varphi$ demeure à rendements décroissants et, de ce fait, le taux de croissance de l'économie dépend toujours d'éléments exogènes tels que le taux de croissance de la population active, le rythme du progrès technique ou l'amélioration de l'efficacité du travail.

Le modèle de R.E. Lucas constitue la référence de nombreuses analyses soucieuses d'étudier l'impact de l'investissement éducatif sur la croissance économique. La vision de C. Chamley (1993), par exemple, est identique à celle de R.E. Lucas. Toutefois, sa conception des externalités s'avère différente. Pour R.E. Lucas, elles s'exercent au niveau des stocks de capital humain (sur la production de biens). Pour C. Chamley, elles se produisent sur les flux de capital humain (sur la production de capital humain dans le cas de chercheurs travaillant ensemble). L'accumulation de capital humain s'en trouve modifiée:

$$\dot{h}(t) = h_t \varphi(u_t, \overline{h_t})$$

*où* $\bar{h}$ *représ*ente le niveau moyen de capital humain. Les conclusions de C. Chamley, quant à l'importance d'un investissement conséquent en capital humain comme source principale de la croissance, demeurent néanmoins identiques à celles de Lucas.

J. Caballé et M.S. Santos (1993) ne considèrent pas l'existence d'externalité. Ils supposent que le capital physique peut constituer un input dans la production de capital humain. L'accumulation de capital humain s'écrivant alors sous la forme suivante:

$$\dot{h}(t) = \varphi[\frac{(1 - v(t))K(t)}{N_0}, (1 - u(t))h(t)] - (\nu + \theta)h(t)$$

La fonction d'éducation $\varphi$ devient donc une fonction croissante des deux types de capital, où $v(t)$ représente la fraction du capital physique consacrée à la production de biens de consommation, $u(t)$ la part du capital humain allouée au secteur productif, $\nu$ le taux de croissance du capital humain, $\theta$ le taux constant de dépréciation du capital humain et $N_0$ la condition initiale de la variable population. Le capital humain demeure le facteur clé de la croissance endogène. En effet, à partir d'un équilibre donné, une injection de capital humain conduit l'économie vers un autre état d'équilibre avec des niveaux de capital physique et de consommation supérieurs. De même, un accroissement de capital physique engendre un processus d'accumulation du capital humain ce qui favorise la croissance.

Le fait que, dans ces divers modèles, l'accroissement du niveau moyen de capital humain soit linéaire soulève cependant un certain nombre de questions. En effet, n'est-il pas possible d'envisager que l'accumulation de capital humain, par un individu représentatif, dépende du niveau déjà atteint par ses parents, du niveau moyen présent dans l'économie ou encore du niveau initial de l'individu ? Par ailleurs, l'hypothèse d'un individu dont la durée de vie serait infinie n'est-elle pas «hasardeuse» et trop simplificatrice? En tout état de cause, en la supprimant, C. Azariadis et A. Drazen (1990) démontrent que l'accumulation de capital humain présente des effets de seuil et justifient ainsi la possibilité d'équilibres multiples et de différences soutenues entre les taux de croissance par tête des économies nationales. Quoiqu'il en soit, tester la fonction de production d'éducation, $\varphi$, implique la connaissance de deux grandeurs: le temps de formation, $(1\text{-}u)$, et le stock de capital humain $h$.

### *6.1.1.1 Calcul du temps de non-loisir passer à se former,* (1-u)

La première étape consiste à calculer la durée moyenne de formation de la population active, $(1\text{-}u)$. Plusieurs hypothèses doivent être mises en place afin d'évaluer cette variable. Les effectifs scolarisés par niveau constituent le point de départ de ce travail. Ils permettent, en supposant que chaque niveau d'étude correspond à une durée déterminée, de calculer la durée moyenne de scolarisation. En Allemagne, le premier degré d'éducation, le niveau élémentaire correspond à une durée de scolarisation de 4 ans. Le second degré porte la durée d'étude à 13 ans. La durée moyenne d'étude d'un individu achevant sa formation professionnelle est de 17 ans, celle d'un individu finissant l'enseignement supérieur est supposé être de 19 ans (Münch, 1995, p. 23). Le calcul à effectuer consiste ainsi, pour chaque année, à multiplier la somme des effectifs scolarisés dans chaque niveau par leurs durées respectives et ensuite à diviser ce résultat par les effectifs totaux afin d'obtenir la durée moyenne de scolarisation. Le jardin d'enfants est exclu de ce calcul, l'école étant obligatoire à partir de six ans. Par ailleurs, les statistiques concernant les enfants attardés ne sont pas prises en compte car l'on peut supposer qu'ils ne participeront pas à la production ou que leur capital humain sera faible.

Lorsque R.E. Lucas évoque le temps passé à se former, il indique également qu'il s'agit du temps de non-loisir. La durée moyenne de formation est donc théoriquement celle de la population active. Or, cette durée, pour une année *x*, dépend des effectifs scolarisés. Elle concerne ainsi des individus hors du système productif. Cette durée ne correspond donc pas à celle de la population active. Toutefois, selon R.E. Lucas, l'individu dont la durée de vie est infinie, consacre son temps de non-loisir aux activités de production et d'éducation et cela sans intégrer de considération de période comme le stipulent les modèles à générations imbriquées. L'individu travaille et s'éduque dans une période de temps identique. Le calcul du temps passé à se former, proposé ci-dessus, même s'il présente certaines limites, paraît finalement acceptable au regard de l'hypothèse utilisée par R.E. Lucas dans la construction de son modèle. Cependant, pour que ces résultats soient réalistes, il convient de vérifier que la somme de la durée moyenne de formation et de la durée de travail sur le cycle de vie ne dépasse pas la durée moyenne de vie, à savoir l'espérance de vie. Peu de travaux ont évalué le nombre d'heures de travail effectives sur le cycle de vie, le concept même étant novateur, une étude du CSERC (Conseil Supérieur de l'Emploi, des Revenus et des Coûts, 1998, pp. 42-44) permet de connaître ce chiffre pour la seule année 1992, il est de 51642 heures. Sachant que la durée moyenne annuelle est de 1382 heures, l'individu représentatif travaille 37,4 années. Il travaille et se forme durant 49,4 (estimation) années en moyenne ce qui ne dépasse pas son espérance de vie de 69,65 ans.

La description de R.E. Lucas précise que le temps est normé à l'unité. Afin de respecter cette indication, il convient d'utiliser les statistiques sur l'espérance de vie des individus et de procéder à une règle de trois pour obtenir une durée de formation qui corresponde à un temps égal à un. Nous savons qu'en 1960, l'individu représentatif peut espérer vivre 69,65 ans et étudier pendant 7,96 années. Lorsque le temps est normé à l'unité, la durée de formation devient donc 0,11.

#### *6.1.1.2 Le diplôme comme « signal » du niveau de capital humain*

Par usage, on utilise la durée moyenne des études ou le taux de scolarisation pour rendre compte du niveau de capital humain. Cela dit, dans le modèle de R. E. Lucas, il serait tautologique de dire que la durée moyenne des études, voire même le taux de scolarisation sont fonction de la durée de formation. L'idée de base est donc d'utiliser les diplômes obtenus par la population active pour représenter le stock de capital humain $h$, c'est à dire de mesurer le capital humain par la validation de la formation.

Pour M.A. Spence (1974), l'éducation améliore la productivité de l'individu, cette dernière restant une inconnue pour les employeurs, ces derniers sont forcés de se référer à divers signaux et indices tels que le niveau du diplôme pour l'évaluer. La méthode employée ici utilise un point de départ identique : le diplôme représente un signal du niveau de capital humain des individus.

Partant de là, la démarche que nous adoptons est la suivante:

- Utilisation des effectifs de diplômés par niveau : sans diplôme, diplômés du baccalauréat et diplômés de l'enseignement supérieur. Le choix du diplôme comme indicateur du niveau de capital humain dans la société n'est pas parfait. En effet, les individus qui possèdent un même diplôme n'ont pas forcément un niveau de capital humain identique puisque ce dernier dépend d'autres éléments tels que le cadre socioculturel, les aptitudes innées ou encore le savoir hérité. Ce choix reste néanmoins défendable pour plusieurs raisons. En premier lieu, il est difficile, sinon impossible, d'évaluer toutes les composantes du capital humain et, en ce sens, il convient d'utiliser un signal fort : l'obtention d'un diplôme démontre certaines aptitudes bien définies et correspond dans l'esprit de chacun à un niveau déterminé de capital humain. De plus, les individus ayant suivis une formation identique possèdent certes des niveaux de capital humain différents, mais cette différence demeure probablement marginale puisqu'une formation commune est synonyme de savoir commun et donc de capital humain équivalent.

- Pondération du nombre de diplômés par un coefficient de coûts (en l'occurrence les dépenses d'éducation) par niveau d'études puisque les années d'études ne sont pas équivalentes. Cette pondération permet donc de différencier les niveaux de capital humain en fonction des diplômes obtenus. Ce choix d'une pondération est arbitraire. Ici, les effectifs sans diplômes sont affectés d'une pondération de 1, les bacheliers de 2 et les effectifs de l'enseignement supérieur de 4. Cette pondération trouve, au delà d'une approche purement intuitive, une justification dans les dépenses d'éducation affectées à chaque niveau. Les dépenses par étudiant suivant un cursus dans l'enseignement supérieur représentent environ deux fois celles allouée à un lycéen, ce qui explique le choix des pondérations 2 et 4; les dépenses de formation initiale ne sont que légèrement inférieures à celles consacrées aux lycées mais, puisqu'il s'agit de la formation de base, l'on peut considérer que la pondération choisi est convenable. De plus, la majorité des individus a qui sont consacrés cette dépense vont poursuivre leur scolarité et ne viendront donc pas agrandir le nombre des effectifs sans diplôme. Cette méthode permet d'obtenir une approximation du niveau moyen de capital humain.
- Le calcul du stock de capital humain est ensuite effectué en supposant que les individus diplômés entrent dans ce stock une fois le diplôme acquis. Le stock initial est, par hypothèse, la population active de l'année 1959.
- Enfin, le taux de croissance du stock de capital humain est calculé, ceci afin de construire le test vérifiant ou infirmant la non – décroissance de la fonction d'éducation à partir d'une régression linéaire identifiant la relation entre ce taux et la durée moyenne de formation.

### *6.1.2 Le savoir comme produit de la recherche & développement: test du modèle de P. M. Romer (1990)*

P.M. Romer prolonge et dépasse l'approche du progrès technique incorporé des modèles «à générations de capital» de L. Johansen (1959) ou R.M. Solow (1957), afin de montrer comment la technologie peut induire une croissance auto-entretenue.

La technologie est considérée comme un savoir objectivé, un ensemble d'instructions (permettant de construire des biens d'équipements) qui, contrairement à la vision de R.E. Lucas, n'est pas intégré à l'individu: sa croissance n'est pas liée à la vie de l'individu et peut donc être sans limite. Des individus mieux formés pourront développer un plus grand nombre d'innovations, source endogène du progrès technique. Ainsi, plus le stock de capital humain est important, plus la croissance sera forte. Cette conclusion s'appuie sur trois postulats formant la base de la discussion: le progrès technique est au centre de la croissance (I); il provient de décisions volontaires prises par les individus qui répondent aux incitations du marché et recherchent la maximisation de leur profit et utilité: il est alors endogène (II); les modalités de mise en œuvre des innovations technologiques diffèrent intrinsèquement des modalités d'utilisation des autres biens économiques (III). La technologie n'est, ni un bien conventionnel ni un bien public, mais un bien non rival à usage partiellement exclusif. Une fois le coût d'un nouvel ensemble d'instructions supporté, ces dernières peuvent être réutilisées sans limite, à coût additionnel nul. La technologie n'induit que des coûts fixes. Ces trois postulats sont difficiles à réconcilier avec l'équilibre concurrentiel, puisque la concurrence tend à devenir monopolistique. Partant de là, la fonction de production s'écrit d'après l'expression suivante, où $A$ représente un input non rival et $x$ un input rival: $F(A, x)$. L'homogénéité de degré un n'est pas plausible, puisqu'il n'est pas nécessaire de dupliquer des biens non rivaux pour doubler la production. $A$ étant productif, la fonction de production devient non concave de sorte que la rémunération à la productivité marginale n'est plus possible.

Le principe général du modèle consiste à définir la technologie comme une variable qui dépend directement du niveau de formation de capital humain. Ainsi, l'impact du capital humain, donc du savoir, sur la croissance est analysé au travers de son effet indirect sur la production d'innovations. P.M. Romer considère une économie à trois sphères: la branche de la recherche (où s'effectue la production de technologies) (I), la branche de la production de biens intermédiaires (II) et celle de la production de biens de consommation (III). Quatre inputs peuvent être utilisés dans le secteur productif: le capital physique, $K$, mesuré en unités de biens de consommation; le travail, $L$, mesuré en nombre de personnes; le capital humain, $H$, défini par le nombre d'années d'instruction ou de formation (composante rivale et à exclusivité d'usage de la connaissance); et l'indice du niveau de la technologie, $A$, composante non rivale pouvant croître sans limite car son existence n'est pas liée à celle de l'individu. Chaque nouvelle unité de connaissance est supposée correspondre à la conception d'un bien nouveau. $A$ est alors défini par le nombre de produits existants. Ainsi, le savoir n'est plus le produit de l'éducation, mais celui de la recherche.

La population et l'offre de travail sont constantes. Le stock de capital humain, ainsi que sa fraction offerte sur le marché sont fixés *a priori*, c'est-à-dire $H$ et $L$ sont donnés. Toutefois, appréhender le capital humain comme un facteur fixe exogène (comme on le ferait pour la terre) peut paraître discutable. Supposer que le capital physique peut être accumulé en tant que production épargnée revient à admettre qu'il soit produit dans un secteur séparé doté de la même technologie que celui des biens de consommation. Renoncer à la consommation devient équivalent à déplacer des ressources du secteur des biens finals vers celui du capital. De plus, l'hypothèse selon laquelle la recherche possède un caractère intensif en capital humain et en connaissances exclut de cette branche le travail et le capital. Dans son activité, ce secteur associe du capital humain au stock d'innovations préexistant pour produire de nouvelles technologies ou connaissances (flux nouveau d'innovation: $\dot{A}$). $\dot{A}$ est la somme des productions de l'ensemble des chercheurs, le nombres de nouveaux biens d'équipements conçus:

$$\dot{A} = \kappa H_A A$$

$A$ est le stock de connaissances disponible (indice de niveau technologique), $H_A$ la quantité de main-d'œuvre affectée à la recherche (nombre de chercheurs) avec $H_A + H_Y = H$ ($H_Y$ est la part du capital humain affectée à la production de biens finals) et $\kappa$ un paramètre d'échelle et de productivité. La production de projets par un chercheur est une fonction déterministe et continue des inputs. Si le chercheur $j$ possède un montant de capital humain $H_j$ et s'il a libre accès au stock total de connaissances $A$ (input non rival) sa production sera: $\kappa H_j A$. C'est la croissance de $A$ qui augmente la productivité du capital humain. Le flux de connaissance nouvelle $\dot{A}$ représente la somme des productions de l'ensemble des chercheurs. La fonction de production est linéaire en $H_A$ et en $A$ respectivement, lorsque l'autre facteur est fixe. La linéarité en $A$ rend possible une croissance auto–entretenue. Cependant, comme le souligne P.M. Romer, celle-ci est plus une hypothèse qu'un résultat du modèle.

Chaque découverte permet, au niveau de la seconde branche, la production d'un bien d'équipement nouveau. Cette production met en œuvre les projets développés dans la branche de la recherche et l'output (mesuré en unités de biens finals) épargné. L'évolution du capital total $K$ se définit comme la fraction non consommée de la production.

$$K = \eta \sum_{i=1}^{A} x_i$$

Les biens d'équipements produits seront ensuite utilisables comme inputs dans la production de biens finals. Le stock de capital est représenté comme la somme de biens capitaux différents qualitativement. Ce ne sont pas des substituts parfaits (logique des modèles à générations de capital). Il faut $\eta$ unités de consommation épargnée pour créer une unité de chaque type de biens durables. Le capital total croît avec le montant de la production de biens finals épargnée, où $x_i$ est la quantité disponible de chaque type de capital $i$. Dans ce secteur, il y a une entreprise distincte pour chaque bien d'équipement $i$. Les départements de la recherche et de la production sont traités de façon indépendante pour des raisons de simplification: le premier fournit au second un projet à un prix donné, ce dernier produit alors un bien d'équipement différencié (qui par hypothèse ne se déprécie pas) qu'il va louer et non vendre à l'entreprise produisant les biens de consommation.

La production de biens finals utilise du travail $L$, une fraction du capital humain consacrée à cette production $H_Y$ et l'ensemble des biens d'équipement disponibles. Son output est consommé ou épargné en tant que nouveau capital.

$$Y(H_Y, L, x) = H_Y^{\alpha} L^{\beta} \int_{i=1}^{\infty} x_i^{1-\alpha-\beta} di$$

Les rendements d'échelle sont constants. La production est décrite comme le résultat des actions d'une entreprise unique et concurrentielle.

Selon P.M. Romer, la connaissance technologique est un bien utilisable par tous, de telle sorte que chaque unité supplémentaire de capital humain affectée à la recherche augmente, non seulement le niveau, mais aussi le taux de croissance de la production technologique. Dans cette sphère, la production connaît des rendements factoriels croissants dans la mesure où toutes les découvertes de tous les temps bénéficient à tous les chercheurs et augmentent leur productivité: il y a ainsi externalité positive dans l'activité de recherche. En effet, en consacrant plus de capital humain à la recherche, davantage de biens d'équipement nouveaux sont développés. Plus la gamme de biens d'équipement est large, plus la productivité d'un ingénieur travaillant dans la recherche est élevée. L'ingénieur qui travaille aujourd'hui dans le secteur de la recherche possède le même capital humain que celui qui exerçait il y a un siècle (le capital humain est mesuré en termes d'années d'études, ce qui peut apparaître restrictif), mais il est plus productif car il bénéficie de l'ensemble des connaissances accumulées au cours des cent dernières années. L'activité de recherche induit des effets externes positifs: une innovation augmente la productivité de tous chercheurs à venir alors que son prix de marché n'intègre pas ce «bénéfice». En fait, l'existence d'externalités positives est lié au processus de diffusion des connaissances.

Le cœur du modèle réside donc dans l'allocation du capital humain entre activités d'innovation et de production d'une part, et dans l'allocation du produit entre consommation et investissement d'autre part. L'innovation détermine le taux de croissance du produit, tandis que le capital physique intervient sur son niveau. Ainsi, c'est la quantité totale de capital humain et son niveau moyen par individu qui déterminent le taux de croissance économique. La croissance sera d'autant plus forte que le capital humain affecté au secteur de la recherche est important. L'accumulation des connaissances constitue le moteur de la croissance et une économie consacrant une forte part de son capital humain à la recherche aura tendance à croître plus vite qu'une autre. Ces conclusions dérivent tout naturellement de l'idée selon laquelle toutes les variables du modèles croissent à un taux identique et constant $g$:

$$g = \dot{C}/C = \dot{Y}/Y = \dot{K}/K = \dot{A}/A = \kappa H_A$$

La production croît au même taux que $A$ si l'on considère $L$, $H_Y$ et $\bar{x}$ (la quantité commune de chaque bien d'équipement offert). Le capital $K$ augmente au même taux que $A$, car l'utilisation totale de $K$ est $A\,\bar{x}\,\eta$ (par définition de $K$). Ainsi, P.M. Romer parvient à la conclusion que trop peu de capital humain est consacré à la recherche et qu'une politique économique convenable consisterait à subventionner cette activité. Une subvention de l'accumulation de capital humain ne serait qu'une politique de second rang dans le sens où cette accumulation n'est pas forcément à rendements non-décroissants comme le suppose R.E. Lucas. Cependant, les conclusions de P.M. Romer reposent également sur l'hypothèse « arbitraire » de la linéarité en *A*. De même, la conception qu'il utilise du secteur la recherche fait abstraction d'un certain nombre de réalités: il omet les éléments exogènes du processus de recherche et, par exemple, n'évoque pas l'incertitude qui entoure les projets de recherche. De plus, comme le remarque R.M. Solow (1994), il est tout aussi pertinent d'affirmer qu'une innovation ne crée qu'une augmentation en valeur absolue de *A*, et non pas un accroissement proportionnel de *A* ; un surcroît d'allocation de ressources à la branche de la recherche et développement (R&D) n'engendrerait alors plus une augmentation du taux de croissance de *A*, mais juste un bond unique de productivité.

Un test direct de l'hypothèse stipulant que l'accumulation des connaissances constitue le moteur de la croissance permettrait donc d'infirmer ou de confirmer le résultat d'une croissance auto-entretenue par la production de savoir.

L'idée de base de ce test est d'utiliser, comme approximation de la variable *A*, les dépenses privées de recherche puisque P.M. Romer considère la recherche comme une activité privée au travers de laquelle les individus répondent aux incitations du marché dans un but de maximisation de leur profit et de leur utilité. Notre calcul intègre également les dépenses publiques de recherche puisqu'elles sont également susceptibles d'accroître le nombre d'innovations et donc de favoriser la croissance économique.

Comme pour le modèle de R.E. Lucas, un stock de connaissances technologiques est calculé. Par hypothèse, chaque année les dépenses engagées sont supposées produire des connaissances nouvelles qui viennent s'ajouter au stock de savoir existant. Le stock de savoir initial est calculé en effectuant la moyenne des dépenses de R&D sur la période considérée.

Cela étant, puisque les dépenses ne représentent que les inputs du secteur de la R&D et non pas son output, un autre test est effectué. Nous utilisons le nombre de brevets déposés comme indicateur de l'output du secteur de la recherche. Cet indicateur n'est pas parfait, puisque les brevets concernent uniquement les inventions pouvant avoir une application industrielle (tout savoir produit hors de ce cadre, finalement restreint, n'est pas pris en compte). Cependant, P.M. Romer précise que le savoir qui induit la croissance économique est un savoir technologique, c'est-à-dire un ensemble d'instructions et plans de fabrication permettant l'élaboration de biens intermédiaires. Il restreint également le savoir à des procédés industriels de fabrication ce qui permet de justifier le choix des brevets comme indicateur du savoir technique. De manière identique, un stock de savoir est calculé: les brevets déposés entrent chaque année dans ce stock car ils représentent la connaissance technologique nouvellement créée. Le stock initial est, comme précédemment, la moyenne du nombre de brevets déposés sur la période étudiée.

Le capital humain affecté à cette sphère de la R&D est comptabilisé par le biais du nombre de chercheurs ou de salariés. Si les résultats confirment les rendements croissants de la production de savoir, la théorie de la croissance endogène trouvera une justification.

En prolongement, nous calculons le taux de croissance du stock de savoir produit par le secteur de la R & D; là encore, afin d'effectuer des régressions linéaires.

## 6.2 Etat des lieux des connaissances empiriques

Les progrès considérables en matière de modélisation théorique du savoir n'ont pas réellement induit des progrès comparables au niveau empirique.

La raison essentielle réside certainement dans la nature même du concept de savoir. En effet, le savoir n'est pas un bien comme les autres, il doit être mesuré de façon différente et sa relation au système de prix doit également être modifiée par rapport à celle des autres biens. De nombreuses études empiriques ont tout de même évalué l'importance du savoir et notamment de l'éducation sur la croissance économique. Les travaux précurseurs en la matière sont ceux de R.M. Solow (1956 et 1957) et E.F. Denison (1962 et 1967). Leur objectif est de répartir le taux de croissance de la production globale entre la contribution des facteurs de production, habituellement le capital et la travail, et la croissance du progrès technique. Il s'agit d'une analyse du résidu, de la contribution de la productivité totale des facteurs. Dans ce contexte, E.F. Denison (1962) démontre que l'accroissement du niveau moyen d'éducation – évalué par les différentiels de revenus imputables à chaque niveau d'éducation et mesuré par le nombre moyen d'années d'éducation formelle – explique plus de 20% de la croissance américaine entre 1929 et 1957.

Par la suite, les travaux d'évaluation empirique se sont attachés à vérifier l'idée de convergence, au moins conditionnelle, des économies. L'article de R.J. Barro (1991), par exemple, a démontré, pour un échantillon de 98 pays, sur la période 1960-1985, que le taux de croissance dépend positivement du niveau initial de capital humain mesuré par les taux de scolarisation et négativement du niveau initial de PIB par tête. La convergence peut donc se vérifier, puisque les pays pauvres tendront à croître plus rapidement que les pays riches, mais uniquement pour une quantité donnée de capital humain.

G.N. Mankiw, D. Romer et D.N. Weil (1991), en utilisant une base de données identique (R. Summers et A. Heston, 1991) à celle employée par R.J. Barro (1991), confirment les conclusions du modèle de R.M. Solow (1956) à condition de reconnaître l'importance du capital humain. Ils élargissent donc le modèle de R.M. Solow en introduisant l'accumulation de capital humain mesuré par le taux de scolarisation. Ils concluent que les différences d'épargne, d'éducation et de croissance de la population expliquent les différences de revenu par tête. Leur modèle, avec progrès technique exogène et rendements décroissants du capital, explique mieux les variations internationales de l'output par personne que les modèles de croissance endogène.

R.J. Barro et J.W. Lee (1993) étudient pour 129 pays, entre 1960 et 1985, les taux de réussite scolaire de la population adulte à différents niveaux (population sans instruction, population ayant reçu une éducation primaire, une éducation secondaire et un enseignement supérieur) et concluent au pouvoir explicatif considérable des niveaux d'éducation: l'éducation produit des effets positifs directs sur les taux de croissance du PIB.

En revanche, pour J. Benhabib et M.M. Spiegel (1994), le taux de croissance du capital humain mesuré par le nombre moyen d'années d'études de la population active, n'explique pas significativement le taux de croissance de l'output par tête. Cependant, les niveaux de capital humain jouent un rôle conséquent comme déterminants de la croissance du revenu par tête. Il n'est plus possible alors de considérer le capital humain comme un facteur de production, car cette hypothèse implique que son taux de croissance et non son niveau explique le taux de croissance de l'output par tête.

Cette conclusion, comme celle de C.I. Jones (1995), permet de douter des théories de la croissance endogène. En effet, C.I. Jones (1995) critique les modèles de croissance endogène basé sur les activités de R&D: l'input (mesuré par le nombre de scientifiques et d'ingénieurs engagés dans cette activité de R&D) a augmenté de façon significative sans effets visibles sur la croissance de l'output par tête et sur la croissance de la productivité. Il en conclut que la croissance économique de long terme n'est pas affectée par les paramètres structurels, exceptés ceux qui sont habituellement considérés comme exogènes. Il effectue donc un retour aux conclusions de R.M. Solow.

En somme, les différentes évaluations apportent des conclusions divergentes sans qu'aucune d'entre elles teste directement l'hypothèse de croissance endogène, car tester une hypothèse n'est pas recevable sauf peut-être si cette dernière est à la fois hypothèse et résultat du modèle comme le souligne P.M. Romer (1990, p. S84).

## 6.3 La vérification empirique

Il existe un fossé considérable entre l'avancée conceptuelle dans la théorie économique et la mesure quantitative des concepts ainsi produits. Certes, la mesure est difficile et les instruments à notre disposition sont loin de correspondre aux besoins. On ne peut cependant en tirer argument pour refuser une approche quantitative du réel. Un concept est, par nature, une image abstraite de la réalité, une construction de l'esprit; seule la mesure le relie au réel. Sans elle, potentielle ou effective, il ne peut que rester stérile, sans possibilité de se transformer en action, en avancée vers de nouveaux champs de la connaissance.

Ainsi, les développements de la statistique ont fait progresser le champ de la mesure et ont incontestablement permis de nouveaux progrès de la théorie. Néanmoins, les progrès de l'observation n'ont concerné que le temps présent. L'analyse du long terme, qui n'a pas entraîné la production statistique correspondante, a dû se contenter des indicateurs existants, souvent très éloignés des concepts que l'on se proposait d'approcher. La production statistique disponible offre, bien évidemment, un recul non négligeable, mais insuffisant. Mais, puisque nous interrogeons le passé, la construction statistique nouvelle ne peut se faire qu'avec des matériaux que nous lègue l'histoire. Or, ces matériaux ont été construits pour répondre à des besoins de connaissance et à des interrogations qui, par définition, n'ont rien à voir avec les questions que nous nous posons aujourd'hui.

C'est l'objet de l'histoire quantitative de construire, sur cette base, les observations nouvelles dont nous avons besoin. La méthode en elle-même implique des limites qui sont celles de l'existence de traces transmises par les générations passées. Toutefois, le matériau est considérable et la question est davantage celle des moyens de les exploiter. En fait, l'histoire quantitative s'appuie sur les méthodes de la comptabilité nationale rétrospective (élaboration de comptes satellites notamment). Elle vise à représenter l'économie d'un pays sous une forme simplifiée. D'apparence intangible, cette démarche ambitionne tout d'abord à observer et à mesurer des faits socio-économiques. Elle permet, ensuite, de briser l'ensemble complexe des phénomènes dont se compose l'activité économique et sociale. Elle permet, enfin, de rendre les faits socio-économiques comparables, afin de les classer dans un nombre limité de catégories, de manière à pouvoir les étudier comme des éléments d'un ensemble homogène, c'est-à-dire de façon agrégée. Cela étant, production de savoir organisé, l'histoire quantitative engendre son propre champ théorique, celui de la double adéquation de la mesure au concept qui la fonde et au réel dont elle doit rendre compte. Lorsque nous souhaitons observer une réalité historique dans sa dimension de longue période, il faut bien admettre que les instruments dont nous disposons, notre savoir-faire, sont considérablement en retard par rapport aux questions que nous nous posons. Que signifie, par exemple, la juxtaposition de mesures instantanées en des séries temporelles, quand l'objet observé lui-même évolue ? La comparaison des niveaux à deux dates quelque peu éloignées n'a certainement pas grande signification. En revanche, on doit certainement accorder plus de valeur au mouvement qui est ainsi décrit. Ce sont donc des tendances que nous mesurons.

Cette démarche de recherche, appliquée à l'analyse des relations de causalités entre savoir et croissance économique, doit nous permettre de vérifier si, depuis la fin de la Seconde Guerre mondiale, pour le cas de l'Allemagne, le développement du savoir devient l'une des causes, sinon le facteur déterminant de la croissance économique, synonyme d'un système économique et social où l'accumulation de capital physique demeure importante, mais deviendrait subsidiaire par rapport à l'accumulation de capital humain. Aussi, partant des séries calculées, c'est à dire du taux de croissance du stock de capital humain, du stock de savoir technologique, de la durée moyenne de formation ainsi que des effectifs employés dans le secteur de la R&D, le premier travail de vérification effectué consiste à opérer une régression linéaire. Le choix d'une régression linéaire simple se justifie par les hypothèses même de R.E. Lucas et P.M. Romer qui, dans l'élaboration de leurs modèles respectifs, supposent une relation linéaire entre les variables explicatives et le taux de croissance du stock du savoir. Le test du modèle de R.E. Lucas conduit aux résultats synthétisés dans les graphiques qui suivent.

Figure 1. Taux de croissance du stock de capital humain en fonction de la durée de formation non normée.

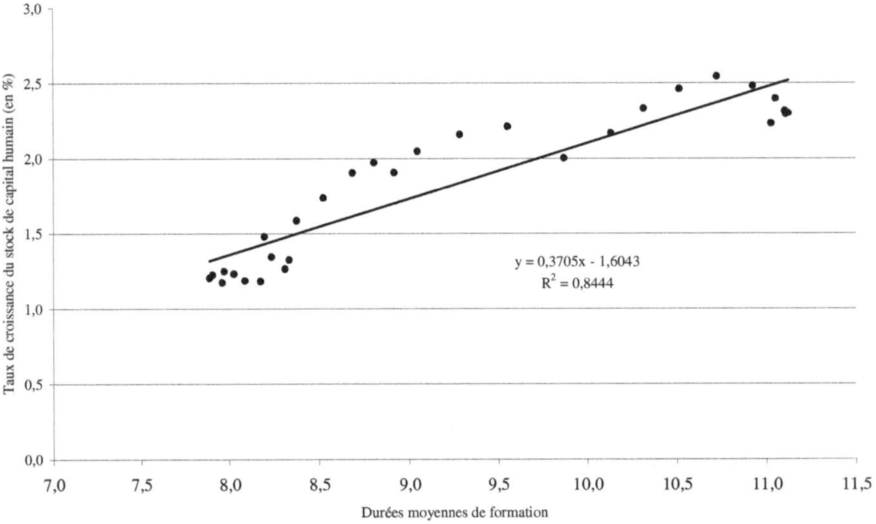


Ces résultats semblent corroborer l'hypothèse de R.E. Lucas selon laquelle la durée de formation permet une croissance positive du stock de capital humain. Il est donc théoriquement possible que la croissance économique soit endogène et que son moteur principal soit la croissance sans limite du stock de capital humain.

Le graphique suivant présente un test identique qui utilise comme variable explicative la durée de formation normée à l'unité. Les résultats ne s'en trouvent pas modifiés de façon significative. En fait, que la durée moyenne de formation soit normée à l'unité ou non, la liaison unissant le taux de croissance du stock de capital humain à sa variable explicative, la durée moyenne de formation, est positive. Pour le cas de la R.F.A., il est hautement probable que l'hypothèse émise par Lucas au sujet de la fonction d'éducation soit vérifiée. Cependant, l'utilisation des statistiques concernant le nombre de diplômés peut induire un biais conséquent. En effet, il ne s'agit pas de flux de sorties nettes du système éducatif, mais d'effectifs de diplômés (les individus peuvent donc être comptabilisés à plusieurs reprises). Il est probable que ce mode de construction des séries induise une surévaluation du stock de capital humain en RFA. Une question demeure alors en suspens: le stock de capital humain croît-il à taux au moins constant, induisant ainsi une croissance économique auto-entretenue?

Figure 2. Taux de croissance du stock de capital humain en fonction de la durée de formation normée à l'unité.

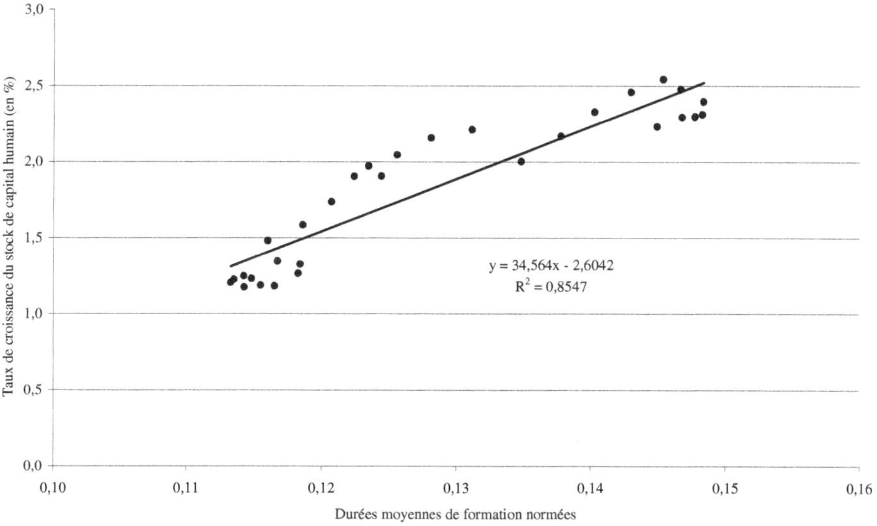


Afin de tenter d'avancer des éléments de réponse, il est possible d'envisager une évaluation du capital humain à partir des salaires distribués. Cette approximation directe du niveau de capital humain par le biais des salaires suppose que les rémunérations reflètent parfaitement les capacités physiques et intellectuelles des travailleurs. Les salaires sont, par conséquent, une représentation des divers niveaux de capital humain.

En faisant abstraction de l'imperfection du marché du travail et de sa segmentation tout particulièrement, il est possible d'affirmer que le niveau du salaire annuel moyen correspond au stock de capital humain moyen présent dans l'économie. La régression linéaire est effectuée à partir des salaires réels entre 1960 et 1989. Les résultats sont synthétisés dans le graphique qui suit.

Figure 3. Taux de croissance du capital humain évalué à partir des salaires et en fonction de la durée moyenne de scolarisation.

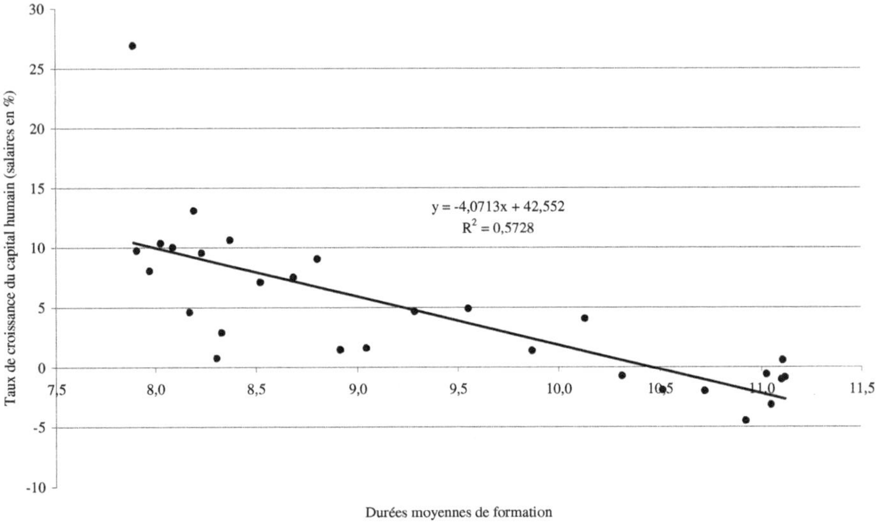


La relation négative entre le taux de croissance du capital humain et la durée moyenne de formation semble contredire les résultats antérieurs. Faut-il en conclure que la précédente évaluation du capital humain était surévaluée; à moins que ce soit cette dernière qui ne convienne pas? Quoiqu'il en soit, même si l'ambiguïté demeure, les résultats sont importants; aussi par rapport au cas de la France (Monteils, 2001).

En prolongement, nous réalisons l'évaluation empirique du modèle de P.M. Romer (1990). Les résultats sont synthétisés dans les graphiques présentés ci-après. Ils sont particulièrement significatifs. En fait, quelque soit l'évaluation de l'output de R&D mise en œuvre, le stock de savoir technologique croît à taux décroissant. Il ne peut donc pas être le moteur d'une croissance économique auto-entretenue.

Figure 4. Taux de croissance du stock de savoir (dépenses totales) en fonction du nombre de salariés.

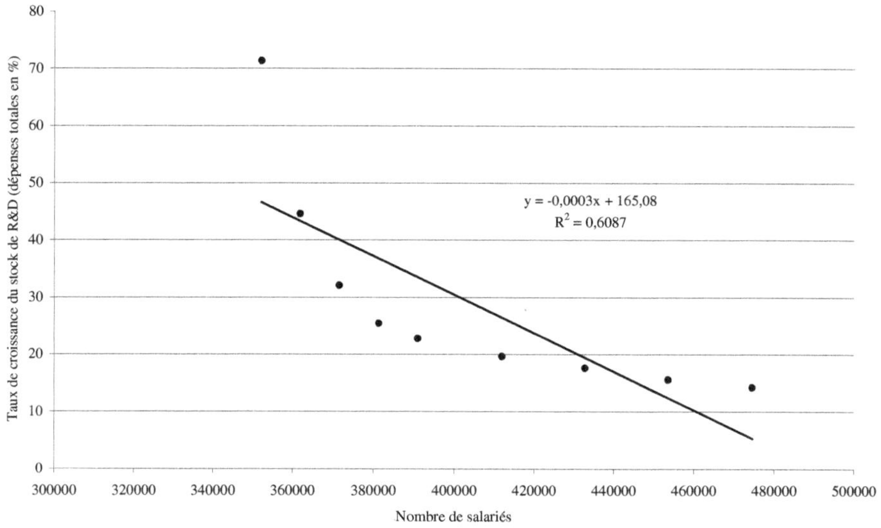


Figure 5. Taux de croissance du stock de savoir (dépenses privées) en fonction du nombre de chercheurs.

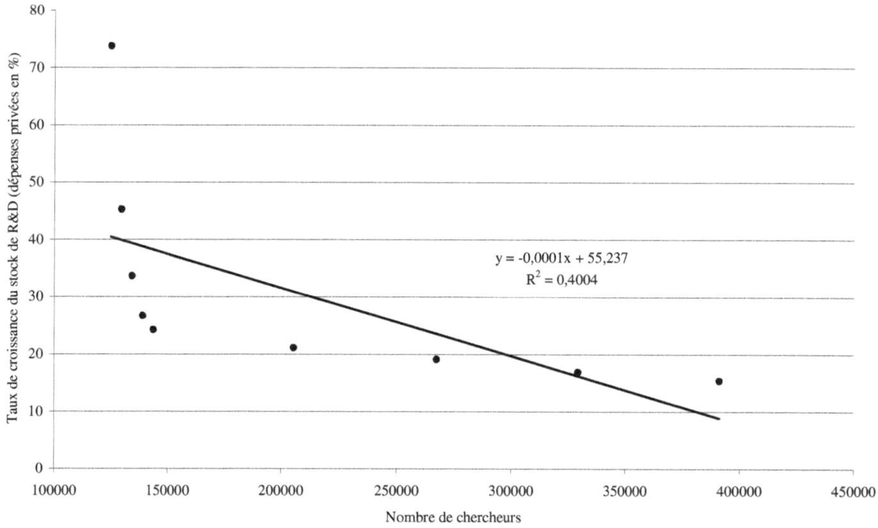

Figure 6. Taux de croissance du savoir (brevets déposés en RFA) en fonction du nombre de salariés.

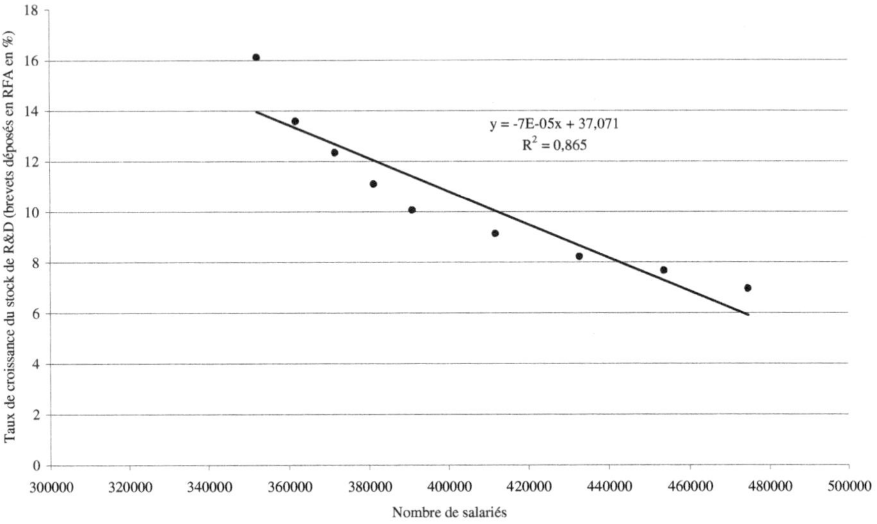


Figure 7. Taux de croissance du savoir (brevets déposés en RFA et Europe) en fonction du nombre de salariés.

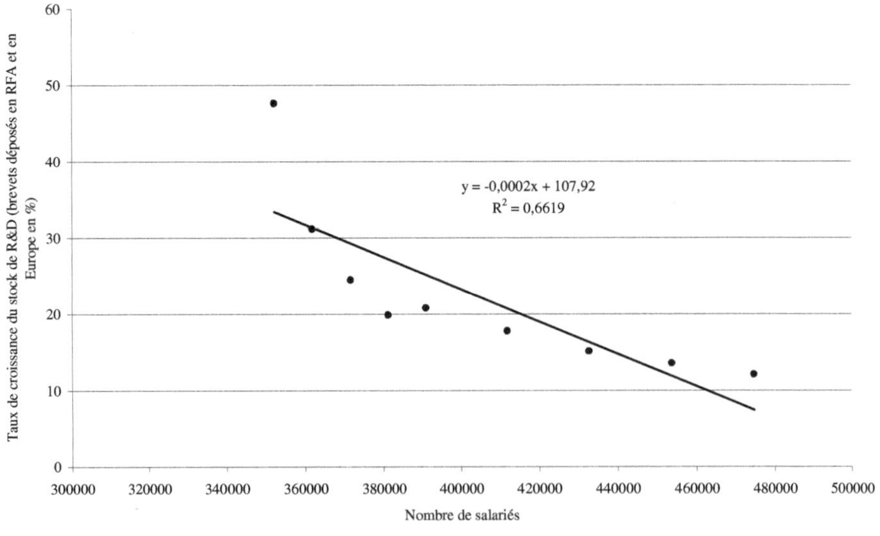

## Conclusion

Au terme de cet article, la difficulté consiste à vouloir conclure. L'évolution continue. Les institutions économiques et sociales se transforment dans des schèmes de causalité socio-économique de plus en plus complexe dont elles dépendent, mais dont l'analyse n'est jamais faite de façon satisfaisante, et dont le devenir nous échappe.

Cependant, au point où nous sommes arrivés, il est possible de jeter un large regard en arrière afin d'éclairer les résultats empiriques que nous avons signifiés. Pour ce faire, nous nous appuyons sur l'analyse du taux de croissance du stock de savoir total que nous avons calculé pour la période allant de 1872 à 1989, à partir de notre estimation de la somme des dépenses (publiques et privées) consacrées à l'éducation et de celles allouées à la R&D.

Figure 8. Taux de croissance du stock de savoir total.

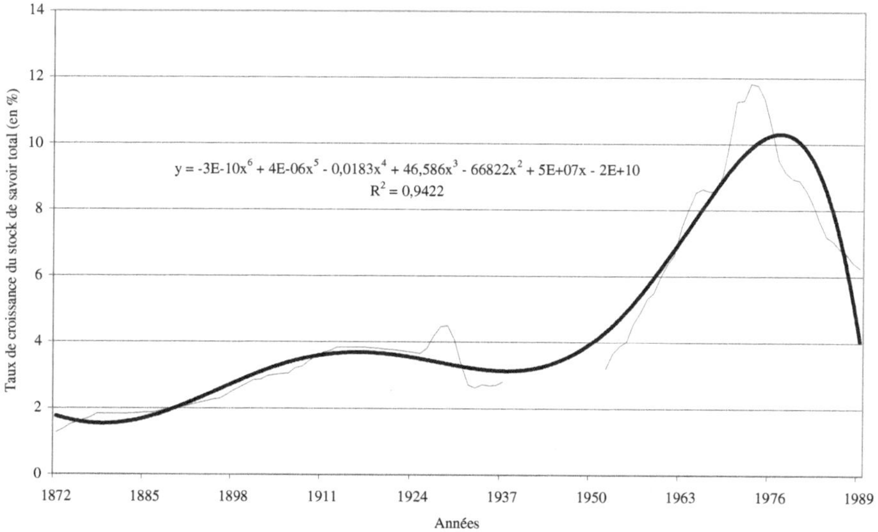


Le résultat est surprenant. Depuis 1872, l'on observe un phénomène majeur, celui d'une croissance auto-freinée en forme de S. Une telle courbe est une courbe accélérée pendant sa première partie, mais qui, au-delà d'un certain point, connaît un phénomène de freinage. Tout se passe comme si, à l'image du cycle de vie des produits, le développement des savoirs aurait atteint son apogée au tout début des années 1970.

En effet, après le point d'inflexion (au milieu des années 1970), il y a retournement de la croissance qui conduit au rapprochement de la courbe d'une asymptote horizontale et qui correspond à une forme de dépense-limite, étroitement liée, semble-t-il, à la crise de l'Etat-providence.

Si l'on observe de près l'évolution du taux de croissance du stock de savoir total sur la période contemporaine, on constate que c'est au cours de la décennie 1970-1980 que va se produire une transformation de la situation. Pour les pouvoirs publics, le système éducatif et de recherche subit les conséquences brutales du ralentissement de la croissance économique. Comme pour les autres systèmes du champ social, il ne se dégage plus assez de richesses au niveau national pour assurer un financement équilibré.

En ce sens, le savoir n'explique pas la croissance. En revanche, les dépenses consacrées au développement du savoir sont étroitement liées à la croissance – notion d'investissement d'accompagnement (Diebolt, 1999). L'attitude générale va donc consister à affirmer qu'une expansion des dépenses de savoir n'est plus soutenable, car mettant gravement en péril les grands équilibres économiques nationaux.

Pourtant, il est difficile de fixer les limites des investissements, de plafonner la charge que représente le savoir pour une économie comme l'Allemagne. L'investissement intellectuel pré-détermine, au moins en théorie, le niveau économique de la nation. La compétitivité de son économie dépend de la sagesse de ses décisions en matière d'enseignement et de recherche, de sa capacité à prendre les décisions de réformes nécessaires, de son aptitude à assurer les charges qu'impliquent ces types d'investissements. Cependant, à partir des financements actuels, qui sont le résultat d'un compromis politique et des traditions, la croissance du stock de savoir total pose le problème de la limite financière et rend urgente la recherche d'une optimisation des dépenses.

Ainsi, à partir de notre estimation du stock de savoir total en Allemagne conjuguée avec notre vérification empirique des modèles de R.E. Lucas et P.M. Romer, deux pistes de recherche semblent se dessiner:

– La première consisterait en une remise en cause partielle, voire totale, des théories de la croissance endogène dans le sens où le savoir ne croît pas sans limite mais peut croître à taux décroissant contrairement aux hypothèses qui soutiennent toute la construction de ces nouvelles théories de la croissance.

– La seconde est directement inspirée des réflexions de R.M. Solow (1998) au sujet des théories de la croissance. En effet, ce dernier estime que les théoriciens de la croissance sont susceptibles d'être dans l'erreur en ne considérant que les taux de croissance et non les niveaux. Il pense que *« [...] nous devrions considérer comme facteur de croissance économique tout ce qui élève de façon permanente la trajectoire de l'économie même si cela n'affecte pas son taux de croissance »* (Solow, 1998, p. 198).

Cette idée est originale, car s'intéresser aux niveaux de croissance économique et non plus à son taux permettrait peut être d'appréhender le rôle central des activités d'éducation et de R&D de manière plus efficace. Une telle orientation de recherche inciterait donc à construire de nouveaux modèles de croissance économique où le savoir exercerait son influence positive sur le niveau de la croissance et non sur son taux.

## Bibliographie


ABRAMOVITZ, Moses (1986). « Catching Up, Forging Ahead and Falling Behind », *Journal of Economic History*, 46, pp. 385-406.

AGHION, Philippe & HOWITT, Peter (1992). « A Model of Growth through Creative Destruction », *Econometrica*, 60, pp. 323-351.

AGHION, Philippe & HOWITT, Peter (1998). *Endogenous Economic Growth*, MIT Press, Cambridge, Mass.

ARROW, Kenneth (1962). « The Economic Implications of Learning by Doing », *Review of Economic Studies*, 29, pp. 153-173.

ARROW, Kenneth (1973). « Higher Education as a Filter », *Journal of Public Economics*, 2, pp. 193-216.

AZARIADIS, Costas & DRAZEN, Allan, (1990). « Thresholds in Economic Development », *Quarterly Journal of Economics,* 105, pp. 501-526.

BARRO, Robert J. (1990). « Government Spending in a Simple Model of Endogenous Growth », *Journal of Political Economy,* 98, pp. S103-S125.

BARRO, Robert J. (1991). «Economic Growth in a Cross Section of Countries», *Quarterly Journal of Economics,* 106, pp. 407-443.
BARRO, Robert J. (2000). *Les facteurs de la croissance économique. Une analyse transversale par pays*, Economica, Paris.
BARRO, Robert J. & LEE, Jong Wha (1993). «International Comparisons of Educational Attainment», *Journal of Monetary Economics, 32,* pp. 363-394.
BARRO, Robert J. & SALA-I-MARTIN, Xavier (1995). *Economic Growth.* McGraw-Hill, Inc., New York.
BAUMOL, William J. (1965). *Welfare Economics and the Theory of the State*, 2nd Ed., Bell and Sons, London.
BAUMOL, William J. (1986). «Productivity Growth, Convergence and Welfare: What the Long-Run Data Show», *American Economic Review,* 76, pp. 1072-1085.
BENHABIB, Jess & SPIEGEL, Mark M. (1994). «The Role of Human Capital in Economic Development. Evidence from Aggregate Cross-Country Data», *Journal of Monetary Economics,* 34, pp. 143-173.
CABALLE, Jordi & SANTOS, Manuel S. (1993). «On Endogenous Growth with Physical and Human Capital», *Journal of Political Economy,* 101, pp. 1042-1067.
CHAMLEY, Christophe, (1993). «Externalities and Dynamics of Models of ‹Learning or Doing›», *International Economic Review,* 34, pp. 583-609.
COBB, Charles W. & DOUGLAS, Paul H. (1928). «A Theory of Production», *American Economic Review*, 18, pp. 139-165.
DENISON, Edward F. (1962). *The Sources of Economic Growth in the United States and the Alternatives before Us,* Supplementary Paper 13, Committee for Economic Development, New-York.
DENISON, Edward F. (1967). *Why Growth Rates Differ?,* Washington, The Brookings Institution.
DIEBOLT, Claude (1997). «L'évolution de longue période du système éducatif allemand: 19e et 20e siècles», *Economies et Sociétés*, Série AF, 23, pp. 1-370.
DIEBOLT, Claude (1999). «Government Expenditure on Education and Economic Cycles in the Nineteenth and Twentieth Centuries. The Case of Spain with Special Reference to France and Germany»,

*Historical Social Research. An International Journal for the Application of Formal Methods to History*, 24, pp. 3-31.
DIEBOLT, C. (2000). «Die Erfassung der Bildungsinvestitionen im 19. und 20. Jahrhundert. Deutschland, Frankreich, Grossbritannien und Spanien im Vergleich», *Zeitschrift für Erziehungswissenschaft*, 3, 2000a, pp. 517-538.
DIEBOLT, C. (2000). «Towards a Theory of Systemic Regulation? The Case of France and Germany in the Nineteenth and Twentieth Centuries», Schriewer, J. (édit.): *Discourse Formation in Comparative Education*, P. Lang, Frankfurt am Main, 2000b, pp. 55-85.
DIEBOLT, Claude & LITAGO, Javier (1997). «Education and Economic Growth in Germany before the Second World War. An Econometric Analysis of Dynamic Relations», *Historical Social Research. An International Journal for the Application of Formal Methods to History*, 22, pp. 132-149.
DIEBOLT, Claude & GUIRAUD, Vivien (2000). «Long Memory Time Series and Fractional Integration. A Cliometric Contribution to French and German Economic and Social History», *Historical Social Research. An International Journal for the Application of Formal Methods to History*, 25, pp. 4-22.
DIEBOLT, Claude & MONTEILS, Marielle (2000). «The New Growth Theories. A Survey of Theoretical and Empirical Contributions», *Historical Social Research. An International Journal for the Application of Formal Methods to History*, 25, pp. 3-22.
JOHANSEN, Leif (1959). «Substitution versus Fixed Production Coefficients in the Theory of Economic Growth: A Synthesis», *Econometrica*, 27, pp. 157-176.
JONES, Charles I. (1995). «Time Series Tests of Endogenous Growth Models», *Quarterly Journal of Economics,* 110, pp. 495-525.
KALDOR, Nicholas (1963). «Capital Accumulation and Economic Growth», in: D.C. Hague, F.A. Lutz (Eds.), *The Theory of Capital.* Proceedings of a Conference held by the International Economic Association, London: Macmillan & Co. Ltd., pp. 177-222.
LUCAS, Robert E. Jr. (1988). «On the Mechanics of Economic Development», *Journal of Monetary Economics,* 22, pp. 3-42.
MANKIW, Gregory N., ROMER, David & WEIL, David N. (1992). «A Contribution to the Empirics of Economic Growth», *Quarterly Journal of Economics,* 107, pp. 407-438.

MINO, Kazuo (1996). «Analysis of a Two-Sector Model of Endogenous Growth with Capital Income Taxation», *International Economic Review,* 37, pp. 227-251.
MONTEILS, Marielle (2000). *Savoir et Croissance. Apports et perspectives des nouvelles théories de la croissance*, Thèse de Doctorat en Sciences Economiques, Université Montpellier I, 430 pages.
MONTEILS, Marielle (2001). «Education et croissance économique: évaluation empirique du modèle de croissance endogène de Lucas», *DT-LAMETA*, 03, pp. 1-29.
NERLOVE, Marc, RAZIN, Assaf, SADKA, Efraim & WEIZSÄCKER, Robert K. von (1990). «Tax Policy, Investment in Human and Physical Capital and Productivity», *NBER Working Paper Series*, 3531, pp. 1-20.
RAMSEY, Frank (1928). «A Mathematical Theory of Saving», *Economic Journal*, 38, pp. 543-559.
REBELO, Sergio (1991). «Long-Run Policy Analysis and Long-Run Growth», *Journal of Political Economy,* 99, pp. 500-521.
ROMER, Paul M. (1986). «Increasing Returns and Long-Run Growth», *Journal of Political Economy*, 94, pp. S1002-S1037.
ROMER, Paul M. (1990). «Endogenous Technological Change», *Journal of Political Economy,* 98, pp. S71-S102.
ROSTOW, Walt W. (1990). *The Stages of Economic Growth. A Non-Communist Manifesto*, 3rd Ed. (First published 1960), Cambridge University Press, Cambridge.
SAINT-PAUL, Gilles & VERDIER, Thierry (1993). «Education, Democracy and Growth», *Journal of Development Economics,* 42, pp. 399-407.
SAMUELSON, Paul A. (1954). «The Pure Theory of Public Expenditure», *The Review of Economics and Statistics,* 36, pp. 387-389.
SMITH, Adam (1991). *Recherches sur la nature et les causes de la richesse des nations*, 2 vols. (First published 1776), GF-Flammarion, Paris, 1991.
SOLOW, Robert M. (1956). «A Contribution to the Theory of Economic Growth», *Quarterly Journal of Economics*, 70, pp. 65-94.
SOLOW, Robert M. (1957). «Technical Change and the Aggregate Production Function», *The Review of Economics and Statistics,* 39, pp. 312-320.
SOLOW, Robert M. (1994). «Perspectives on Growth Theory», *Journal of Economic Perspectives*, 8, pp. 45-54.

SOLOW, Robert, M. (1998). «Histoire, institutions et production sur le long terme», *L'année de la régulation*, 2, pp. 197-221.
SPENCE, Michael A. (1974). *Market Signalling. Informational Transfer in Hiring and Related Screening Processes*, Harvard University Press, Cambridge Mass.
SUMMERS, Robert & HESTON, Alan (1991). «The Penn World Table (mark 5): an Expanded Set of International Comparisons, 1950-1988», *Quarterly Journal of Economics,* 106, pp. 327-368.
UZAWA, Hirofumi (1965). «Optimum Technical Change in an Aggregate Model of Economic Growth», *International Economic Review,* 6, pp. 18-31.
WEIZSÄCKER, Robert K. von Ed. (1998). *Bildung und Wirtschaftswachstum*, Duncker & Humblot, Berlin.

# 7. L'économétrie du cycle économique

## Introduction

L'analyse spectrale est une méthode particulièrement intéressante pour la recherche de dépendances exprimées sous forme de retards entre différentes grandeurs. Son application au domaine cliométrique a été jusqu'à présente restreinte[1]. Elle est employée ici pour déterminer la périodicité des séries du PIB de plusieurs pays de l'OCDE.

Après avoir rappelé la méthode (7.1), nous examinerons successivement les différentes séries retenues, le traitement de ces séries et les résultats de l'analyse spectrale (7.2). Il sera alors possible, en conclusion, de montrer les perspectives de ce type d'approche et de synthétiser un résultat majeur, tout à fait nouveau, pour la compréhension de la dynamique économique aux 19e et 20e siècles, à savoir l'existence d'un cycle intermédiaire unique, d'une périodicité de 15 à 20 ans, qui questionne, voire infirme (au moins partiellement) les travaux antérieurs en termes de cycles économiques[2].

1 Nous pensons plus particulièrement aux travaux de Ewijk (1982), Gerster (1988), Reijnders (1988) et Metz (2002).

2 Nous suggérons au lecteur français intéressé, la consultation de l'excellent ouvrage d'E. Bosserelle (1994), qui dresse un portrait réussit des théories et des controverses sur l'existence ou non des cycles économiques et des cycles longs de type Kondratieff plus particulièrement. La bibliographie de cet article reprend également les grandes références internationales et notamment allemandes liées à ce thème.

## 7.1 Rappel méthodologique

L'analyse spectrale permet de découper une catégorie particulière de chroniques en un ensemble d'oscillations de périodes différentes (décomposition d'une série temporelle quelconque en une somme de fonctions périodiques), puis de mettre en évidence les liens existants entre les composantes de même périodicité des diverses séries considérées. Ces deux étapes présentent chacune un intérêt cliométrique évident. La première, en mettant en évidence toutes les composantes périodiques d'une série et en isolant, si elle existe, la composante périodique la plus importante (et ses harmoniques), permet de révéler le comportement cyclique d'une série temporelle et de donner les caractéristiques – périodicité et amplitude – de ce mouvement cyclique. La seconde étape permet, quant à elle, de comparer les mouvements périodiques de deux séries et d'établir une corrélation entre eux. Cette seconde étape apparaît alors particulièrement bien adaptée à l'objet de cet article. Avant d'identifier les principaux estimateurs utilisés, nous analysons brièvement la nature mathématique des séries auxquelles s'applique la méthode.

### *7.1.1 La nature des chroniques*

La méthode spectrale s'applique essentiellement aux séries stationnaires déterminables. Pour en comprendre la raison, il convient d'exposer ce que nous entendons par processus générateur, stationnaire et déterminable.

#### *7.1.1.1 Processus générateur*

Soit une série temporelle donnée: $x_t$ ($t$ = 1, 2, .., $n$) supposée être la réalisation d'un processus particulier:

$$\left(X_t, t = -\infty, ..., -1, 0, +1, ..., +\infty\right)$$

Le processus générateur indique la manière dont la série temporelle est formée à chaque instant. Mais, de par sa nature stochastique, il ne peut déterminer la valeur réelle de la série à tout moment.

Ainsi $X_t + aX_{t-1} = \varepsilon_t$ est un processus générateur, $\varepsilon_t$ étant un terme aléatoire. Ce processus est défini par ses premier et second moments. Ceux-ci sont en général fonction du temps:

$$m_t = E[X_t]$$
$$\sigma_t^2 = E\left[(X_t - m_t)^2\right]$$
$$\mu(t,s) = E[(X_t - m_t)(X_s - m_s)]$$

Où : $\mu(t,s)$ est la covariance de $X_t$ et $X_s$.

*7.1.1.2 Processus stationnaire*

Une classe très importante de séries est la classe des séries engendrées par des processus dont les premiers moments ne sont pas fonction du temps, soit:

$$E[X_t] = m$$
$$E\left[(X_t - m)^2\right] = \sigma^2$$
$$E[(X_t - m_t)(X_s - m_s)] = \mu(t-s) = \mu_\tau$$

où $\tau = t - s$ pour tout t, s

De telles séries sont dites stationnaires au second ordre. Elles présentent des propriétés très avantageuses dont l'une, particulièrement utile, est qu'il est possible d'estimer les différents moments par des moyennes dans le temps au lieu de moyennes d'ensemble. Autrement dit:

$$\bar{x} = \frac{1}{n}\sum_{t=1}^{n} x_t \qquad s^2 = \frac{1}{n}\sum_{t=1}^{n}(x_t - \bar{x})^2$$

$$c_t = \frac{1}{n-\tau}\sum_{t=1}^{n-\tau}(x_t - \bar{x})(x_{t-\tau} - \bar{x})$$

fournissent des estimateurs efficaces et sans biais respectivement de $m$, $\sigma^2$, $\mu_\tau$.

*7.1.1.3 Processus déterminable*

Un théorème important, dû à Cramer, assure que des séries stationnaires de cette nature sont décomposables en une somme d'oscillations sinusoïdales indépendantes dont les caractéristiques, amplitudes et décalages relatifs, sont aléatoires.

En général, il y aura un très grand nombre sinon une infinité de telles oscillations dont chacune aura une importance extrêmement faible, et le processus est alors dit indéterminable, par opposition au processus déterminable constitué d'un nombre fini d'oscillations sinusoïdales dont chacune aura une amplitude finie non nulle.

### *7.1.2 Les estimateurs: estimation des spectres, des cospectres*

#### *7.1.2.1 Estimation des spectres*

(a) Les amplitudes des différentes oscillations (issues de la décomposition des séries stationnaires) sont des variables aléatoires pouvant être définies par l'étendue des valeurs qu'elles sont susceptibles de prendre. A chaque oscillation de période donnée correspond une variance, et cette correspondance définit ce que l'on appelle le spectre du processus envisagé. Les décalages entre les différentes sinusoïdes sont quelconques.

Plus précisément, le spectre d'un processus stochastique $[X_t]$ est la fonction $f(\omega)$ définissant, à une constante multiplicative près, l'espérance mathématique du carré de l'amplitude avec laquelle intervient la fréquence $\omega$ dans la décomposition de Fourrier des réalisations du processus. Le spectre caractérise donc l'importance des différentes périodicités dans le processus considéré.

Les calculs se présentent ainsi. Pour des processus stationnaires, un estimateur sans biais du spectre peut être calculé à partir d'une seule réalisation du processus, c'est-à-dire d'une série temporelle particulière $X_t$ avec (t = 1, 2, …, T). Cet estimateur est le périodigramme, lequel peut être défini comme:

$$I(\omega) = \frac{1}{2\pi} \sum_{\theta=-T+1}^{T-1} \upsilon_\theta \cos \omega\theta$$

$\upsilon_\theta$ étant à peu près l'autocovariance empirique et plus précisément:

$$\upsilon_\theta = \frac{1}{T} \sum_{t=1}^{T-\theta} (x_t - \bar{x})(x_{t+\theta} - \bar{x})$$

($\bar{x}$ est la moyenne empirique de la série).

Bien que sans biais, le périodigramme n'est pas un bon estimateur du spectre parce qu'il n'est pas convergent. C'est pourquoi on est amené à remplacer la fonction erratique I($\omega$) par une fonction plus régulière représentant la tendance moyenne des variations de I($\omega$) avec $\omega$. Cette opération s'appelle le lissage du périodigramme. La fonction lissée est alors:

$$f'(\omega)=\frac{1}{2\pi}\sum_{\theta=-m}^{m}\left(1+\cos\frac{\theta\pi}{m}\right)v_\theta\cos\omega\theta$$

Cette formule utilisée est la fonction d'estimation (ou fenêtre) de Tuckey-Hanning. Il existe d'autres formules d'estimations, en particulier celle de Parzen, qui provoque de moindre fuites dans les bandes de fréquence non adjacentes, mais qui entraîne une plus forte corrélation entre les valeurs estimées successives du spectre.

Enfin, pour améliorer l'estimation du spectre, on filtre habituellement au préalable la série $X_t$ en lui faisant subir une transformation de telle manière qu'il soit possible de considérer *a priori* que le spectre de la série filtrée est plus représentatif. Dans beaucoup de ces pratiques, ce filtrage aura ainsi pour effet d'éliminer la tendance de la série de sorte que l'hypothèse de stationnarité du processus générateur apparaisse moins grossièrement inexacte (en particulier pour des séries économiques). Dans cet article, le filtre que nous avons retenu est celui proposé par Hodrick et Prescott (1997) et ce pour plusieurs raisons. La première est qu'il s'agit d'un filtre aisé à mettre en œuvre. La seconde réside dans le fait qu'une littérature abondante montre qu'il possède des propriétés statistiques satisfaisantes. Enfin, la troisième repose sur son utilisation courante dans la littérature et dans les analyses empiriques d'organisations nationales ou internationales (Bouthevillain, 2002).

Soit alors une série [$X_t$] qui possède une tendance (composante tendancielle $g_t$) et qui fluctue autour de cette tendance (composante cyclique $c_t$), c'est-à-dire:

$$[X_t] = g_t + c_t$$

L'idée va alors être de minimiser la somme des carrés des déviations de [$X_t$] par rapport à sa tendance $g_t$, tout en gardant une tendance lisse, c'est-à-dire où $g_t$ ne varie pas trop entre deux période successives:

$$\min_{g_t} \sum_{t=1}^{T} \left[ (X_t - g_t)^2 + \lambda((g_{t+1} - g_t)(g_t - g_{t-1}))^2 \right]$$

λ (le multiplicateur associé à l'importance de la contrainte) est définit comme le poids que l'on attribue au fait d'avoir une tendance «lisse». Le choix de λ dépend de la fréquence d'observation des données, et en général on a λ=100 pour des données annuelles, 400 pour des données semestrielles et 1600 pour des données trimestrielles. Les séries sur lesquelles on effectue le filtrage sont le plus souvent le Log des séries en niveau.

#### *7.1.2.2 Estimation des cospectres*

Les cospectres étudient les relations existantes entre les composantes spectrales prises deux à deux de deux séries temporelles données. Par généralisation du cas à une seule variable, $(X_t, Y_t)$ sont stationnaires si leur premier et deuxième moments sont tous indépendants du temps. Dans ce cas, un des résultats de la théorie des processus stationnaires est que la composante centrée en $\omega_j$ est indépendante non seulement des autres composantes de la variable, mais aussi des composantes de toute autre variable qui ne soit pas centrée en $\omega_j$. Pour décrire complètement le système de relation entre deux processus stationnaires, il suffit donc de connaître dans quelle mesure la composante de fréquence $\omega$ du processus $[X_t]$ est corrélée à la composante de fréquence $\omega$ du processus $[Y_t]$ et de connaître leur déphasage.

Cette corrélation entre deux composantes de fréquence de deux processus est donnée par:

$$C^2(\omega) = \frac{c^2(\omega) + q^2(\omega)}{f_x(\omega) f_y(\omega)}$$

Avec $0 \leq C^2(\omega) \leq 1$, et où $c(\omega)$ est appelée cospectre, et $q(\omega)$ quadrature. $C^2(\omega)$ est le carré de la cohérence en $\omega$ (égale au carré du coefficient de corrélation).

Quant à la mesure de la différence de phase entre les composantes de fréquence de deux processus, elle est donnée par:

$$\Phi^{(\omega)} = \arctan\left( \frac{q(\omega)}{c(\omega)} \right)$$

On peut donc dire que le cospectre d'amplitude de deux processus $[X_t]$ et $[Y_t]$ définit l'espérance du produit des amplitudes avec lesquelles intervient dans $[X_t]$ et $[Y_t]$ chaque fréquence $\omega$, et que le cospectre de phase définit l'espérance de la différence des phases avec lesquelles chaque fréquence intervient dans les deux processus.

Brièvement décrite dans ses fondements théoriques, l'analyse spectrale constitue un prolongement logique de nos travaux sur les points atypiques et ceux en termes de mémoire longue[3]. Il s'agit d'un instrument particulièrement bien adapté au développement de notre programme de recherche. Cet outil mathématique devrait donner de bons résultats à condition toutefois que les séries statistiques utilisées lui soient adaptées. C'est à l'examen de ces séries que nous procédons maintenant.

## 7.2 Les données et les résultats de l'analyse spectrale

### *7.2.1 Les données statistiques*

Notre recherche a pour objet la comparaison des comportements du PIB par habitant de 15 pays de l'OCDE. Nous utilisons pour cela la base de données (désormais bien connue) élaborée par Maddison (1995), en dollars de 1990, sur la période 1870-1994, prolongée (jusqu'en 2000) par les indicateurs d'EUROSTAT.

### *7.2.2 Les résultats cliométriques*

Comme nous l'avons indiqué précédemment, pour faire apparaître les différentes cyclicités des séries étudiées, nous décomposons les chroniques de manière additive en une tendance, un cycle et une composante aléatoire (où les composantes cycliques et irrégulières respectent la propriété statistique de stationnarité). En d'autres termes, nous distinguons la trajectoire des séries du PIB par habitant entre tendances de long terme et cycles conjoncturels.

3 Pour le lecteur intéressé, cf. notamment Darné et Diebolt (2004), Diebolt et Guiraud (2000).

Figure 1. Séries LOGPIBt.[4]

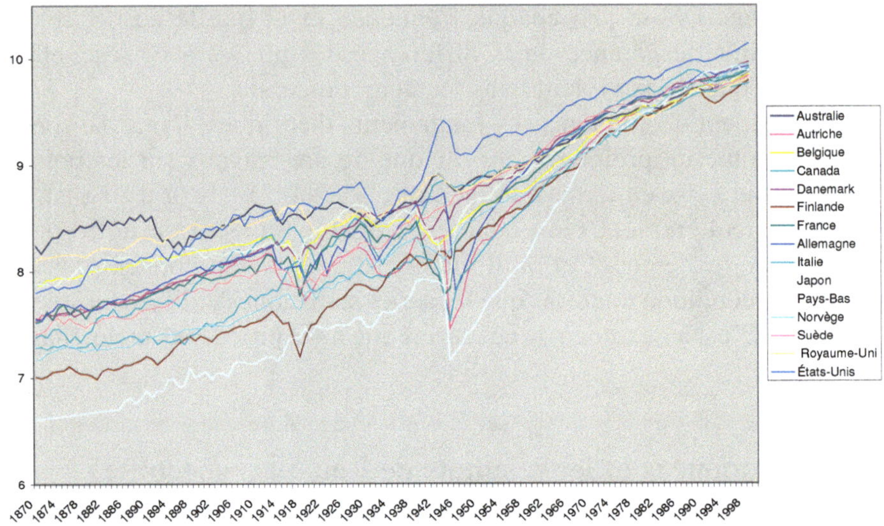


La comparaison préalable des trajectoires tendancielles des PIB par habitant (Figure 2) montre d'une manière générale que, jusqu'en 1970, la croissance des pays anglo-saxons (Etats-Unis, Royaume-Uni, Australie, Canada) a été supérieure à celle des pays de l'Europe continentale (France, Allemagne, Danemark, Belgique, Autriche, Pays-Bas), elle-même supérieure à celle des pays scandinaves (Finlande, Norvège, Suède) et au Japon, à la traîne de l'ensemble des pays de l'OCDE[5]. Mais depuis la rupture de 1970, la croissance tendancielle a tendance à converger, ce qui témoigne, semble-t-il, d'un phénomène de rattrapage à la Barro et Sala-i-Martin (1992).

4 Toutes les séries ont subi une transformation logarithmique.

5 L'Italie fait ici exception. Elle se situe dans le cadre des pays scandinaves.

Figure 2. Croissances tendancielles.

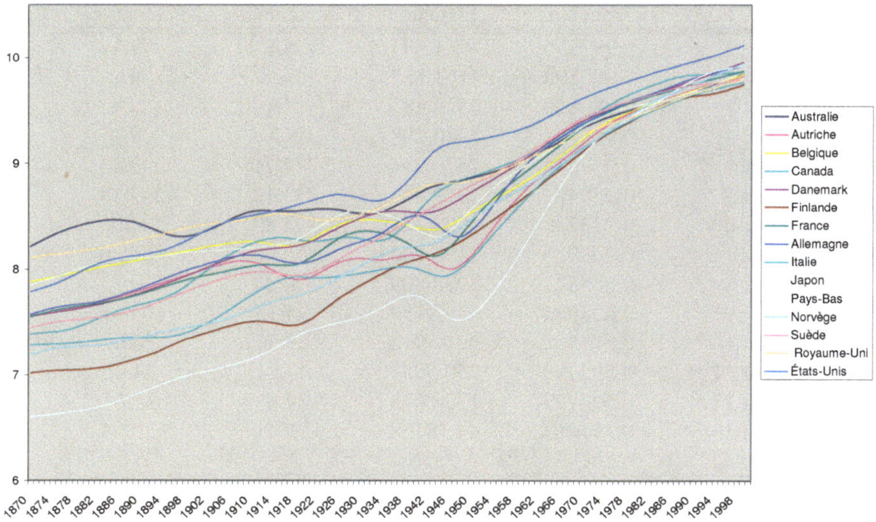


Pour tester cette intuition, nous cherchons alors à déterminer, à partir d'une étude de cointégration, s'il existe une relation stationnaire de long terme entre les différentes séries afin de confirmer ou d'infirmer nos observations graphiques, et ce à l'aide de la statistique de Johansen (1988). Pour mettre en place ce test, nous utilisons la statistique $\lambda$, calculée à partir des valeurs propres, $\lambda_i$, de la matrice A définissant les relations de long terme du modèle suivant: $\Delta Y_t = A_0 + AY_{t-p} + A_1\Delta Y_{t-1} + A_2\Delta Y_{t-2} + ... + A_{p-1}\Delta Y_{t-p-1} + \varepsilon_t$. Cette statistique se calcule comme suit: $\lambda = -n\sum_{i=r+1}^{k} Ln(1-\lambda_i)$. Elle suit une loi de probabilité (similaire à un khi-deux) tabulée à l'aide des simulations de Johansen. Le test fonctionne alors par exclusion d'hypothèses alternatives quant au nombre de relations de cointégration r. On teste d'abord l'hypothèse nulle $H_0$: r = 0 contre l'hypothèse alternative r > 0. Si $H_0$ est acceptée, la procédure de test s'arrête, il n'existe pas de relations de cointégration, sinon, on passe à l'étape suivante en testant r = 1 contre r > 1. Ce schéma est reproduit tant que $H_0$ est rejetée. Si pour le test de $H_0$: r = k contre r > k, $H_0$ est rejetée, cela signifie que les variables ne sont pas cointégrées.

Tableau 1. Test de cointégration de Johansen.

| No. of CE(s) | Eigenvalue | Statistic | 5 Percent | 1 Percent |
|---|---|---|---|---|
| None | 0.997166 | 4911.993 | NA | NA |
| At most 1 | 0.992898 | 4161.153 | NA | NA |
| At most 2 | 0.989859 | 3527.883 | NA | NA |
| At most 3 | 0.982107 | 2940.208 | NA | NA |
| At most 4 ** | 0.979245 | 2425.217 | 277.71 | 293.44 |
| At most 5 ** | 0.958402 | 1929.224 | 233.13 | 247.18 |
| At most 6 ** | 0.923238 | 1522.221 | 192.89 | 204.95 |
| At most 7 ** | 0.900955 | 1193.640 | 156.00 | 168.36 |
| At most 8 ** | 0.885827 | 897.6809 | 124.24 | 133.57 |
| At most 9 ** | 0.828015 | 619.9159 | 94.15 | 103.18 |
| At most 10 ** | 0.675564 | 394.5912 | 68.52 | 76.07 |
| At most 11 ** | 0.598799 | 250.5057 | 47.21 | 54.46 |
| At most 12 ** | 0.502727 | 133.6043 | 29.68 | 35.65 |
| At most 13 ** | 0.291853 | 44.18128 | 15.41 | 20.04 |
| At most 14 | 6.30E-05 | 0.008061 | 3.76 | 6.65 |

Il ressort clairement de nos tests, que les tendances des séries du PIB par habitant, c'est-à-dire les croissances tendancielles nationales, sont cointégrées. Cela signifie non pas que ces tendances soient identiques, mais qu'elles sont reliées par des relations linéaires, c'est-à-dire que celles-ci relèvent de facteurs communs.

Nous poursuivons donc cette analyse avec, d'une part, l'étude des caractéristiques cycliques nationales des 15 pays de l'OCDE retenus et, d'autre part, la recherche de l'existence de facteurs communs dans ces cycles.

*7.2.2.1 L'analyse des spectres*

Dans un premier temps nous analysons les caractéristiques des cycles nationaux indépendamment les uns des autres.

En effet, il convient d'analyser si tous les pays manifestent la même propension aux fluctuations cycliques et la même régularité dans ces fluctuations. Il faut pouvoir déterminer si une typologie de pays, en fonction de leurs propriétés cycliques, peut être mise en évidence, l'impulsion et la propagation des fluctuations à l'échelle internationale ne pouvant être pleinement comprise qu'avec la prise en compte de cette hétérogénéité nationale (Fayolle et Micolet, 1997). Pour cela, nous analysons tout d'abord les représentations graphiques de la composante cyclique, puis leurs densités spectrales.

A partir de l'analyse graphique des fluctuations (cf. Annexes), il peut être établit de manière générale que les différents pays se caractérisent par une relative régularité cyclique, mais que les caractéristiques de cette cyclicité sont inégalement distribuées sur l'espace international. Il ressort notamment que les pays scandinaves (Norvège, Finlande, Suède) sont caractérisés par des cycles d'amplitude limitée mais très réguliers, alors que le cycle économique a été plus marqué et d'une plus grande amplitude pour l'ensemble des autres pays (excepté l'Australie qui peut être rapprochée des pays scandinaves) et ceci principalement sur la période de l'entre-deux-guerres. Cependant, il faut relativiser ces résultats et les mettre à la lumière de l'analyse spectrale, puisque la typologie des cycles prône que les caractéristiques de durée et d'amplitude varient d'un cycle à l'autre et surtout que les cycles sont semblables à des poupées russes qui s'emboîtent les unes dans les autres et dont les influences peuvent se renforcer ou s'opposer selon que leurs retournements concordent ou non, sont en phase ou non. D'où l'intérêt de l'analyse spectrale pour dissocier et analyser les différents cycles qu'intègre le PIB par habitant, pour ensuite proposer une typologie plus perspicace des pays dans les relations d'impulsions et de propagations des fluctuations à l'échelle internationale.

A travers la mise en application de la méthodologie de la densité spectrale définie précédemment, nous trouvons dans chacun des 15 pays analysés une interaction de deux types de cycles. En effet, les fonctions de densité spectrale (Figure 3) montrent que le mouvement cyclique est décomposable en deux composantes cycliques distinctes, l'une courte, de type Kitchin, d'une périodicité de 3-5 ans et d'amplitude relativement modérée, l'autre intermédiaire entre le cycle des affaires de Juglar et le cycle long de type Kondratieff. C'est ce dernier cycle, de type Kuznets, d'une périodicité de 15-20 ans et d'amplitude relativement importante, qui gouverne fondamentalement les conjonctures du PIB.

Néanmoins, il faut noter que le cycle court, sans atteindre l'amplitude du cycle intermédiaire, est malgré tout suffisamment ample et volatile pour infléchir le mouvement global du cycle, ce qui peut expliquer les différences constatées lors des analyses graphiques menées au niveau agrégé du cycle et ainsi invalider les caractéristiques statistiques habituelles utilisées dans l'analyse des cycles, et qui justifie par la même l'utilisation de l'analyse spectrale et donc l'analyse des relations cycliques internationales entre fluctuations de même catégories.

A travers ce double mouvement cyclique du PIB par habitant, qui mêle à la fois des oscillations courtes et des fluctuations plus lentes, intermédiaires, nous estimons que les fluctuations économiques nationales sont, tout d'abord, régies par un comportement de stockage, les cycles mineurs traduisant essentiellement des phénomènes de stockage et de déstockage de la part des entreprises, mais surtout par des investissements lourds mobilisant beaucoup de capitaux tels que ceux en faveur du bâtiment ou des moyens de transports, vu comme une réponse à des facteurs démographiques, puisque ce sont les cycles intermédiaires de type Kuznets qui gouvernent fondamentalement les conjonctures. La conjoncture économique est donc gouvernée essentiellement par une périodicité de 15-20 ans et non pas par des cycles courts de type Kitchin ou Juglar, ou encore des cycles longs de type Kondratieff. Nous pensons que la force conductrice sous jacente à cette périodicité peut être rapprochée des mécanismes proposés par Kuznets, à savoir une réaction économique face à des mécanismes démographiques, et ce par exemple via le mouvement des investissement lourds ou via le marché du travail. En effet, les liens unissant le fonctionnement du marché du travail aux évolutions démographiques peuvent en être une explication, notamment à travers trois mécanismes essentiels liés aux facteurs démographiques: tout d'abord un cycle qui relie l'activité et l'emploi, c'est le cycle de productivité, puis un effet qui relie le chômage au salaire, c'est l'effet de Phillips, et enfin une fonction qui relie la demande au revenu, c'est la fonction de consommation. De plus, ces trois mécanismes jouant des rôles plus ou moins importants selon les périodes et les pays, ils ont pu accroître ou diminuer l'ampleur des cycles et donc expliquer les disparités internationales constatées.

Figure 3. Densité Spectrale PIBt.

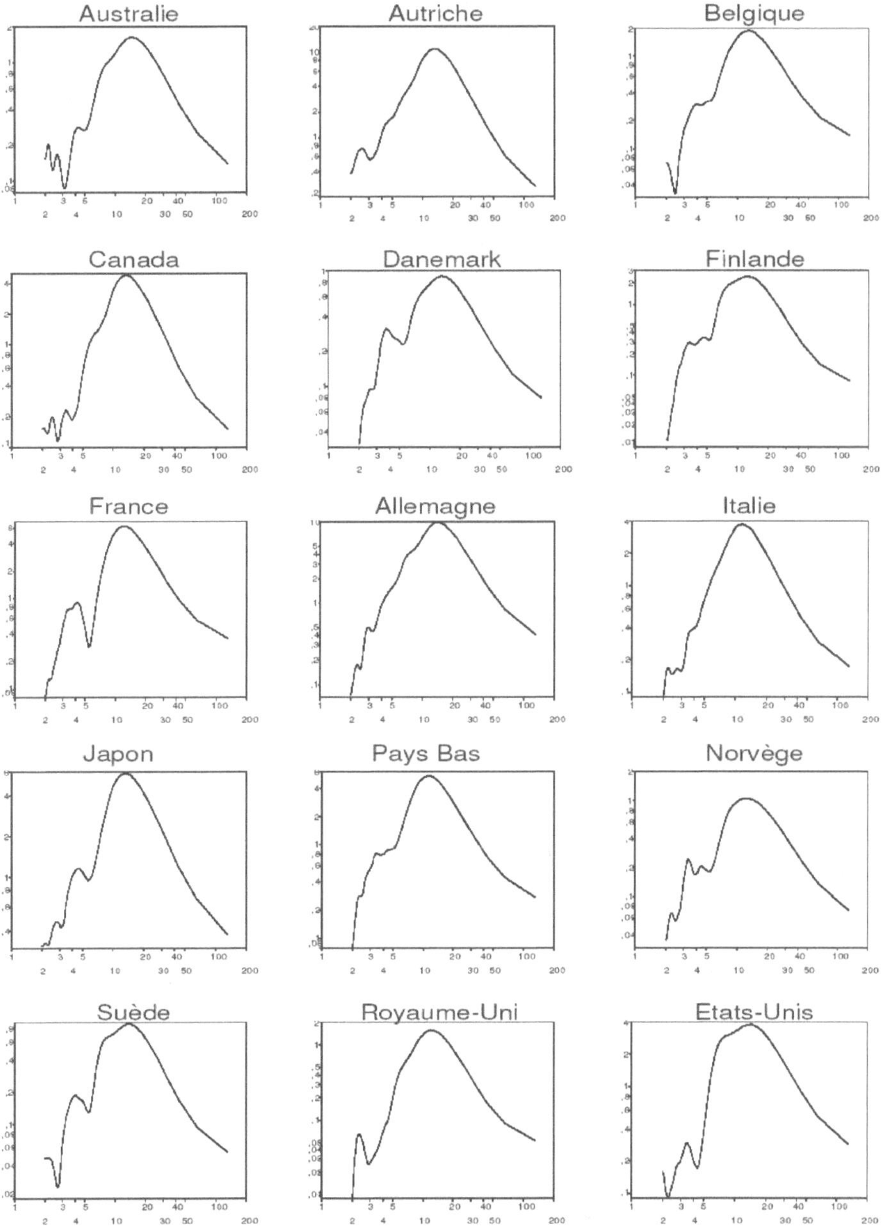

A partir de cette étude préliminaire des caractéristiques des cycles nationaux, qui montre une concordance dans le type de cycle caractérisant les différents pays, nous poursuivons l'analyse par une étude des relations d'impulsions et de propagations des fluctuations à l'échelle internationale à travers l'analyse cospectrale.

### *7.2.2.2 L'analyse des cospectres*

La recherche de relations internationales entre les principaux cycles de la conjoncture économique constitue l'autre élément fondamental de cette analyse. Nous insérons donc l'approche cyclique dans une problématique d'ensemble de l'économie internationale à travers l'approche multivariée de l'analyse spectrale (c'est-à-dire l'analyse cospectrale) qui va permettre d'étudier la ressemblance et la synchronisation des différents cycles nationaux. Pour cela nous analysons, dans un premier temps, la *cohérence*[6] entre les différents cycles et retenons comme critère de significativité les cohérences supérieures ou égales à 0,7. Puis, dans un second temps, nous étudions les *phases*[7] des processus cycliques pour lesquels la cohérence est significative.

Les résultats de ces deux recherches peuvent, dès à présent, être représentés sous une forme schématique afin de faciliter la lecture et l'interprétation des résultats de la manière suivante:

6 La cohérence permet de mesurer le degré de corrélation linéaire entre les composantes de même fréquence de deux processus. Plus celle-ci est proche de 1 pour une fréquence donnée, plus les deux processus évoluent de façon semblable pour cette fréquence ou périodicité.

7 La phase permet de mesurer le décalage temporel d'un processus par rapport à un autre. Une phase positive montre que la seconde série est en avance sur la première et inversement si la phase est négative. L'interprétation de la phase est alors fortement liée à la cohérence puisque l'analyse d'un décalage entre deux processus n'a de sens que si les processus sont liés, c'est-à-dire si leur cohérence est élevée.

Figure 4. Relation entre les cycles intermédiaires de type Kuznets.

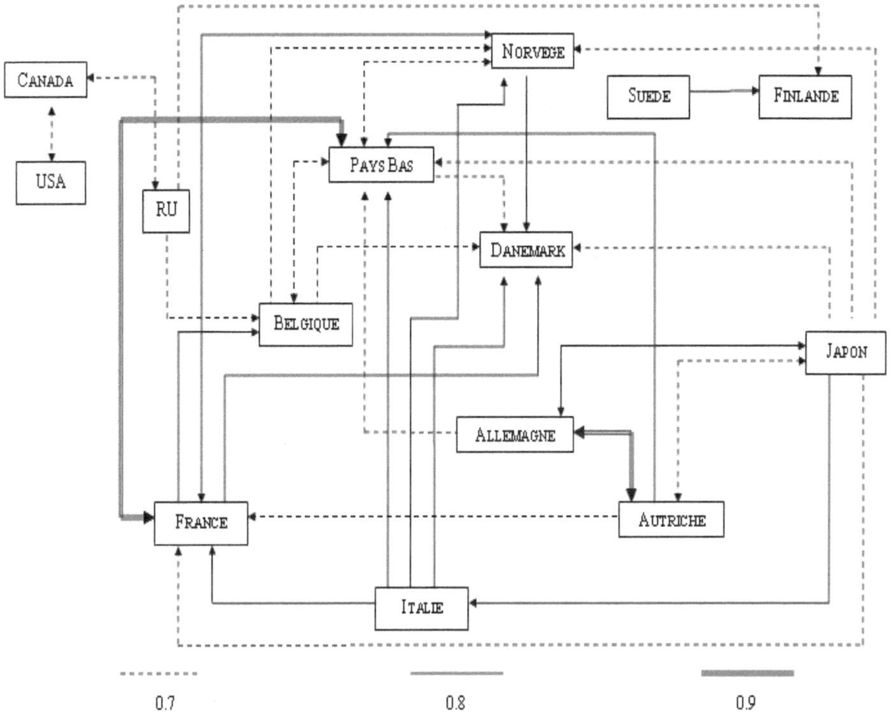


Les cohérences sont représentées par des traits (pointillé, trait continu ou double trait continu) qui reflètent leur niveau d'importance (respectivement de 0,7, 0,8 et 0,9), tandis que les phases sont représentées par une indication du sens de la relation de cohérence, l'origine de la flèche indiquant le processus qui est en avance vis-à-vis du processus qui est à son extrémité (une double flèche indiquant qu'il n'y a pas de décalage entre les processus, c'est-à-dire qu'ils sont synchrones).

Il ressort alors de façon générale que les impulsions et les forces qui gouvernent les cycles intermédiaires nationaux ne sont pas indépendantes entre les pays et donc qu'il existe une forte interconnexion entre les cyclicités nationales. Celle-ci peut être précisée par un regroupement en trois zones géographiques et reliée aux notions de cycles similaires et communs. En effet, il convient de faire une distinction entre cycle similaire et cycle commun. Un cycle sera dit similaire lorsque la composante cyclique qui anime le mouvement de chacune des séries est fondée sur un même mécanisme de propagation, mais engendré par une chronique spécifique d'impulsions, si bien que les composantes cycliques peuvent être sensiblement différentes et désynchronisées. Ce cycle similaire sera dit commun lorsque les chroniques d'impulsion qui lui sont appliquées sont parfaitement corrélées, c'est-à-dire que les composantes cycliques sont parfaitement synchronisées et ne se distinguent que par leur amplitude (Bentoglio, Fayolle et Lemoine, 2001).

A partir de là, un premier rapprochement peut être effectué entre les pays anglo-saxons (Etats-Unis, Canada, Royaume-Uni), qui sont liés par un cycle commun de part leur contexte historique, politique et géographique commun. Un second rapprochement, beaucoup plus large peut être fait entre les pays d'Europe au sens large (pays d'Europe continentale et pays scandinaves), où le cycle a pour caractéristique d'être principalement similaire entre l'ensemble des pays de cette zone et quelque fois commun pour certains pays frontaliers (comme par exemple la Belgique et les Pays Bas ou l'Allemagne et l'Autriche), ce qui s'explique notamment par une flexibilité du marché du travail et une mobilité géographique de la main d'œuvre rendues plus faciles par la combinaison géographique. Cependant, le cycle du Royaume-Uni montre une plus grande concordance avec celui des Etats-Unis et du Canada qu'avec les pays européens. Enfin, le Japon semble constituer une zone à lui seul, ayant un cycle similaire, mais en avance, vis-à-vis de tous les pays européens.

D'une manière plus générale, un régime de croissance et de fluctuations internationales est définit par combinaison de propriétés caractérisant l'espace international. La cyclicité de l'économie au niveau international n'est pas indépendante de l'articulation et de la compatibilité des croissances tendancielles qui, comme nous l'avons vu précédemment, traduit un phénomène de rattrapage de longue période. Or, ce rattrapage n'est possible qu'à travers l'efficacité et la rentabilité des ressources productives, d'où un conditionnement vis-à-vis des contraintes d'équilibre externe, et l'interdépendance cyclique que nous trouvons pour l'ensemble des pays étudiés (Fayolle et Micolet, 1997).

## Conclusion

Cette analyse des fluctuations nationales et des interconnections cycliques entre pays de même degré de développement permet d'enrichir notre compréhension des mécanismes cycliques entre les nations. Elle fournit un résultat majeur, tout à fait nouveau, pour la compréhension de la dynamique économique aux 19e et 20e siècles, à savoir l'existence d'un cycle intermédiaire unique, d'une périodicité de 15 à 20 ans, qui questionne, voire infirme (au moins partiellement) les travaux antérieurs en termes de cycles économiques. Cette compréhension des mécanismes cycliques est aujourd'hui d'autant plus essentielle qu'elle permettra de proposer des politiques économiques mieux concertées et plus coopératives, visant à faire évoluer leurs activités en phase. En effet, bien que les cycles de croissance laissent une marge de manœuvre relativement étroite, mais néanmoins réelle, à l'intervention des pouvoirs publics sur les déterminants de la croissance, les politiques macroéconomiques peuvent cependant ralentir, décaler, accélérer ou encore amortir les phénomènes cycliques, d'où l'intérêt de mieux comprendre les caractéristiques cycliques nationales et leur interaction au niveau international.

## Bibliographie


ABRAMOVITZ, M. (1965). «The Nature and Significance of Kuznets Cycles», in R. Aaron & L.R. Klein (Eds), *Readings in Business Cycles*, Richard D. Irwin, Homewood, pp. 519-545.

ADELMAN, I. (1965). «Long Cycles – Fact or Artifact?», *American Economic Review*, 55, pp. 444-463.

BARRO, R. & SALA-I-MARTIN, X. (1992). «Convergence», *Journal of Political Economy*, 100, pp. 223-251.

BARRO, R. & SALA-I-MARTIN, X. (1995). *Economic Growth*, McGraw-Hill, New York.

BENTOGLIO, G., FAYOLLE, J. & LEMOINE, M. (2001). «Unité et pluralité du cycle européen», *Revue de l'OFCE*, 78, pp. 9-74.

BOSSERELLE, E. (1994). *Le cycle Kondratieff. Théories et controverses*, Masson, Paris.

BOUTHEVILLAIN, C. (1996). «Les cycles des grands pays industrialisés», *Economie et Statistique*, 298, pp. 71-90.

BOUTHEVILLAIN, C. (2002). «Filtre Hodrick Prescott et choix de la valeur du paramètre *Banque de France*», Notes d'études et de recherches: PIB potentiel et écart de PIB, quelques évaluations pour la France, 89, pp. 1-21.

CIRIACY-WANTRUP, S. von (1936). *Agrarkrisen und Stockungsspannen. Zur Frage der langen « Welle » in der wirtschaftlichen Entwicklung*, P. Parey, Berlin.

DARNÉ, O. & DIEBOLT, C. (2004). «Unit Roots and Infrequent Large Shocks: New International Evidence on Output», *Journal of Monetary Economics*, 51, pp. 1449-1465.

DARNÉ, O. & DIEBOLT, C. (2006). «Chocs temporaires et permanents dans le PIB de la France, du Royaume-Uni et des Etats-Unis», *Revue d'Economie Politique*, 116, pp. 65-78.

DIEBOLT, C. (2005). «Long Cycles Revisited. An Essay in Econometric History», *Economies et Sociétés*, Série AF, 32, pp. 23-47.

DIEBOLT, C. & DOLIGER, C. (2005). «Demography: Chicken or Egg? Explaining French Growth after World War II», *American Economic Association (Allied Social Science Associations – Cliometric Society)*, Philadelphia, 7-9 January.

DIEBOLT, C. & GUIRAUD, V. (2000). «Mémoire longue et intégration fractionnaire. Une application à la série du PIB de la France aux XIXe et XXe siècles», *Economies et Sociétés*, Série AF, 27, pp. 235-262.

DIEBOLT, C. & KYRTSOU, C. et la collaboration de Darné, O. Eds. (2005). *New Trends in Macroeconomics*, Springer Verlag, Berlin.

DUPRIEZ, L.H. (1935) «Einwirkungen der langen Wellen auf die Entwicklung der Wirtschaft seit 1800», *Weltwirtschaftliches Archiv*, 42, pp. 1-12.

ENGLE, R. & GRANGER, C. (1991). *Long-Run Economic Relationships. Readings in Cointegration*, Oxford University Press, Oxford.

EUROSTAT (2000). «Les chiffres clés de l'éducation en Europe 1999-2000», *Commission Européenne*.

EUROSTAT (2000). «L'Europe des quinze: chiffres clés», *Commission Européenne*.

EUROSTAT (2002). «Annuaire Statistique», *Commission Européenne*.
EWIJK, C. van (1982). «A Spectral Analysis of the Kondratieff-Cycle», *Kyklos*, 35, pp. 468-499.
FAYOLLE, J. & MICOLET, P.E. (1997). «Cycles internationaux: éléments pour une problématique appliquée», *Revue de l'OFCE*, 62, pp. 109-149.
FREEMAN, C. Ed. (1996). *Long Wave Theory*, E. Elgar, Cheltenham.
GERSTER, H.-J. (1988). *Lange Wellen wirtschaftlicher Entwicklung. Empirische Analyse langfristiger Zyklen für die USA, Grossbritannien und weitere vierzehn Industrieländer von 1800 bis 1980*, Peter Lang, Frankfurt am Main.
GOLDSTEIN, J.S. (1988). *Long Cycles. Prosperity and War in the Modern Age*, Yale University Press, New Haven.
GRANGER, C.5 (1969). «Investigating Causal Relations by Econometric Models and Cross-Spectral Methods», *Econometrica*, 37, pp. 426-438.
GRANGER, C. & NEWBOLD, P. (1974). «Spurious Regressions in Econometrics», *Journal of Econometrics*, 2, pp. 111-120.
HAMILTON, J. (1994). *Time Series Analysis*, Princeton University Press, New Jersey.
HODRICK, R. & PRESCOTT, E. (1997). «Post-War US Business Cycles: An Empirical Investigation», *Journal of Money, Credit and Banking*, 29, pp. 1-16.
IMBERT, G. (1959). *Des mouvements de longue durée Kondratieff*, La pensée universitaire, Aix-en-Provence.
JOHANSEN, S. (1988). «Statistical Analysis of Cointegration Vectors», *Journal of Economic Dynamics and Control*, 12, pp. 231-254.
JOHANSEN, S. (1992). «Determination of Cointegration Rank in the Presence of a Linear Trend», *Oxford Bulletin of Economics and Statistics*, 54, pp. 383-397.
JUGLAR, C. (1889). *Des crises commerciales et de leur retour périodique en France, en Angleterre et aux Etats-Unis*, Guillaumin et Cie, Paris.
KITCHIN, J. (1923). «Cycles and Trends in Economic Factors», *Review of Economic Statistics*, 5, pp. 10-16.
KLEINKNECHT, A. (1987). *Innovation Patterns in Crisis and Prosperity. Schumpeter's Long Cycle Reconsidered*, The Macmillan Press Ltd, London.

KONDRATIEFF, N.D. (1926). «Die langen Wellen der Konjunktur», *Archiv für Sozialwissenschaft und Sozialpolitik*, 56, pp. 573-609.

KUZNETS, S. (1930). *Secular Movements in Production and Prices. Their Nature and their Bearing upon Cyclical Fluctuations*, Houghton Mifflin Co, Boston.

LÖSCH, A. (1936). *Bevölkerungswellen und Wechsellagen*, G. Fischer, Jena.

MADDISON, A. (1995). *L'économie mondiale 1820-1992. Analyse et statistiques* (Paris: OCDE).

MENSCH, G. (1977). *Das technologische Patt. Innovationen überwinden die Depression*, Fischer Taschenbuch Verlag, Frankfurt am Main.

METZ, R. (2002). *Trend, Zyklus und Zufall. Bestimmungsgründe und Verlaufsformen langfristiger Wachstumsschwankungen*, Franz Steiner Verlag, Stuttgart.

MITCHELL, W.C. (1931). *Der Konjunkturzyklus. Problem und Problemstellung*, H. Buske, Leipzig.

OPARIN, D.I. (1930). «Das theoretische Schema der gleichmässig fortschreitenden Wirtschaft als Grundlage einer Analyse ökonomischer Entwicklungsprozesse», *Weltwirtschaftliches Archiv*, 32, pp. 105-134 & pp. 406-445.

PETZINA, D. & ROON, G. van Eds (1981). *Konjunktur, Krise, Gesellschaft. Wirtschaftliche Wechsellagen und soziale Entwicklung im 19. und 20. Jahrhundert*, Klett-Cotta, Stuttgart.

PRIESTLEY, M. (1981). *Spectral Analysis and Time Series*, 2 vols, Academic Press, New York.

REIJNDERS, J. (1988). *The Enigma of Long Waves*, Phd Thesis, Drukkerij Elinkwijk BV, Utrecht.

SCHUMPETER, J.A. (1939). *Business Cycles. A Theoretical, Historical and Statistical Analysis of the Capitalist Process*, 2 vols, McGraw-Hill Book Co., London.

SOLOMOU, S. (1987). *Phases of Economic Growth, 1850-1973. Kondratieff Waves and Kuznets Swings*, Cambridge University Press, Cambridge.

SOMBART, W. (1928). *Der moderne Kapitalismus. Historisch-systematische Darstellung des gesamteuropäischen Wirtschaftlebens von seinen Anfängen bis zur Gegenwart*, 6 vols, Duncker & Humblot, Leipzig.

SPIETHOFF, A. (1902). «Vorbemerkungen zu einer Theorie der Überproduktion. Vortrag, gehalten am 17. Dezember 1901 in der Staatswissenschaftlichen Vereinigung zu Berlin», *Jahrbuch für Gesetzgebung, Verwaltung und Volkswirtschaft im Deutschen Reich*, 26, pp. 267-305.

SPIETHOFF, A. (1955). *Die wirtschaftlichen Wechsellagen. Aufschwung, Krise, Stockung*, 2 vols, J.C.B. Mohr, Tübingen.

SPREE, R. (1991). *Lange Wellen wirtschaftlicher Entwicklung in der Neuzeit. Historische Befunde, Erklärungen und Untersuchungsmethoden*, Special Issue of Historical Social Research. An International Journal for the Application of Formal Methods to History, 4.

TUGAN-BARANOWSKY, M. von (1901). *Studien zur Theorie und Geschichte der Handelskrisen in England*, G. Fischer, Jena.

VOGEL, E.H. (1928). «Die Theorie des volkswirtschaftlichen Entwicklungsprozesses und ihre Fortbildung durch eine evolutionäre Konjunkturtheorie», *Jahrbücher für Nationalökonomie und Statistik*, 128, pp. 321-387, pp. 481-518 & pp. 663-705.

WAGEMANN, E. (1928). *Konjunkturlehre. Eine Grundlegung zur Lehre vom Rhythmus der Wirtschaft*, R. Hobbing, Berlin.

WAGEMANN, E. (1931). *Struktur und Rhythmus der Weltwirtschaft. Grundlagen einer weltwirtschaftlichen Konjunkturlehre*, Hanseatische Verlagsanstalt, Hamburg.

WAGENFÜHR, R. (1929). *Die Konjunkturtheorie in Russland*, G. Fischer, Jena.

WEINSTOCK, U. (1964). *Das problem der Kondratieff-Zyklen. Ein Beitrag zur Entwicklung einer Theorie der «langen Wellen» und ihrer Bedeutung*, Duncker & Humblot, Berlin.

WOYTINSKY, W. (1931). «Das Rätsel der langen Wellen», *Schmollers Jahrbuch für Gesetzgebung, Verwaltung und Volkswirtschaft im Deutschen Reich*, 55, pp. 1-42.

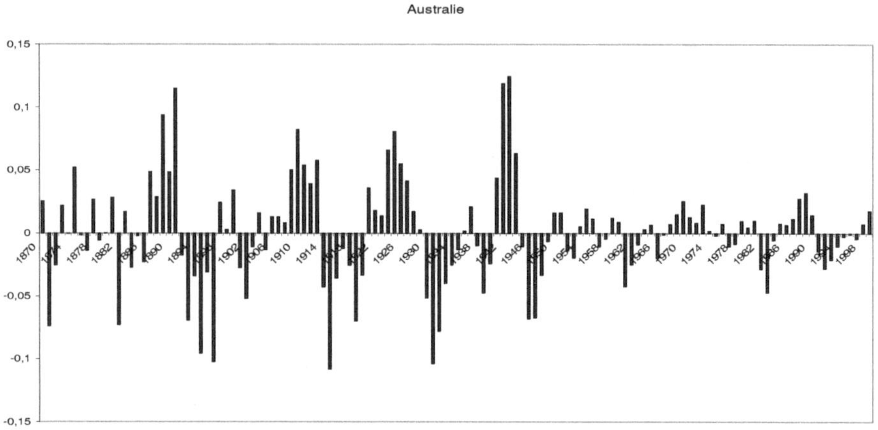
Australie
0,15
0,1
0,05
0
-0,05
-0,1
-0,15

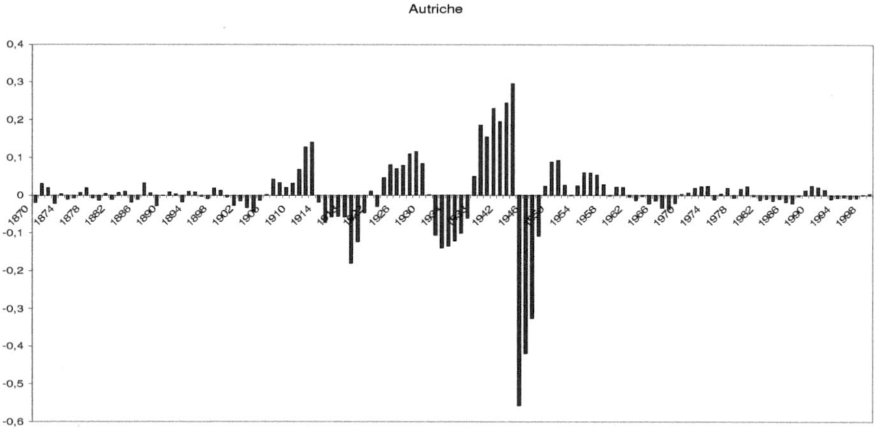
Autriche
0,4
0,3
0,2
0,1
0
-0,1
-0,2
-0,3
-0,4
-0,5
-0,6

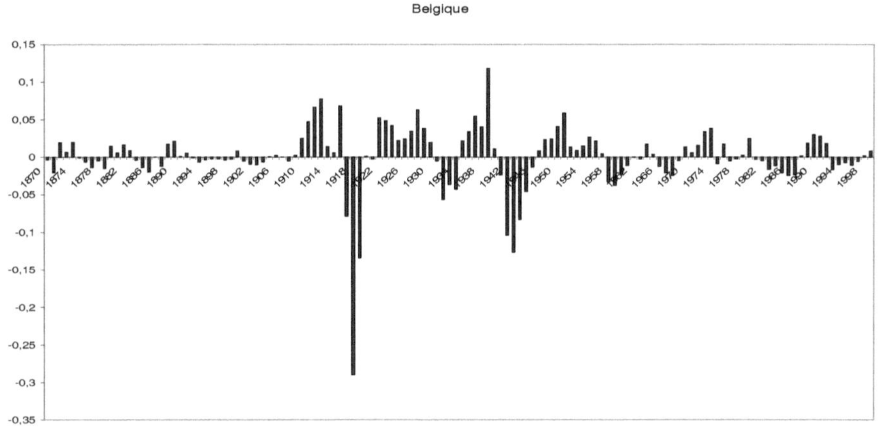
Belgique

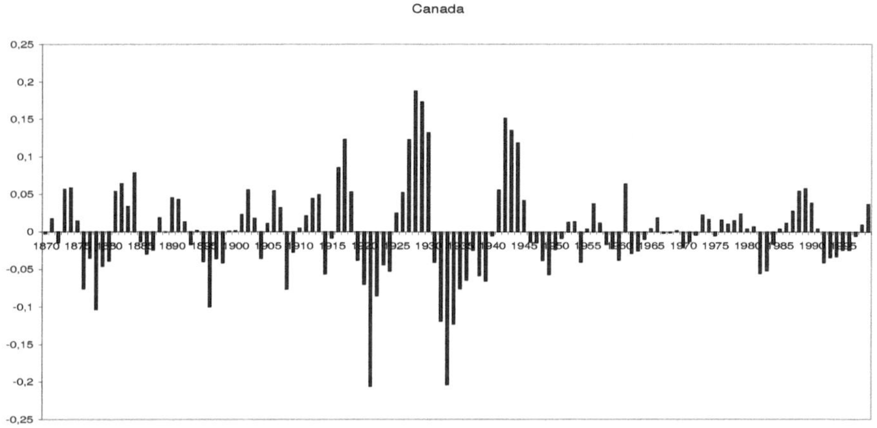
Canada

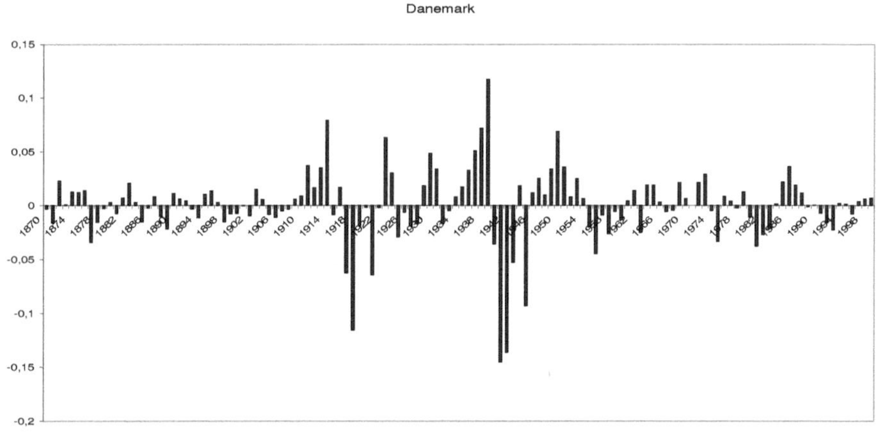
Danemark

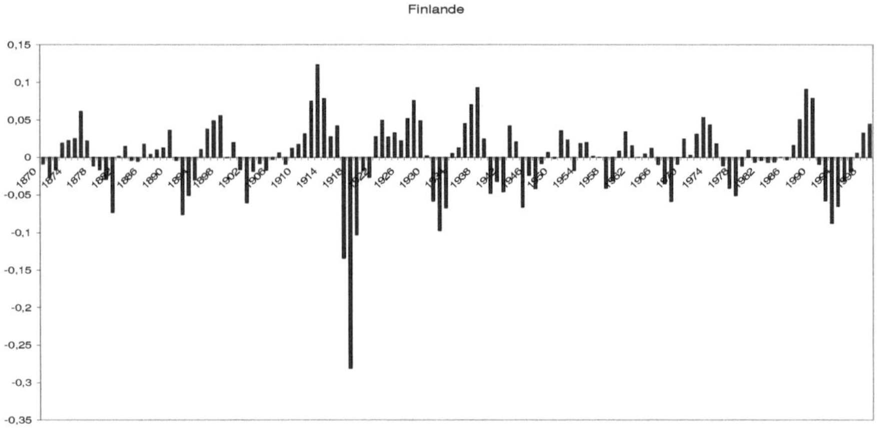
Finlande
0,15
0,1
0,05
0
-0,05
-0,1
-0,15
-0,2
-0,25
-0,3
-0,35
1870
1874
1878
1886
1890
1898
1902
1906
1910
1914
1918
1926
1930
1938
1950
1954
1958
1966
1974
1978
1986
1990

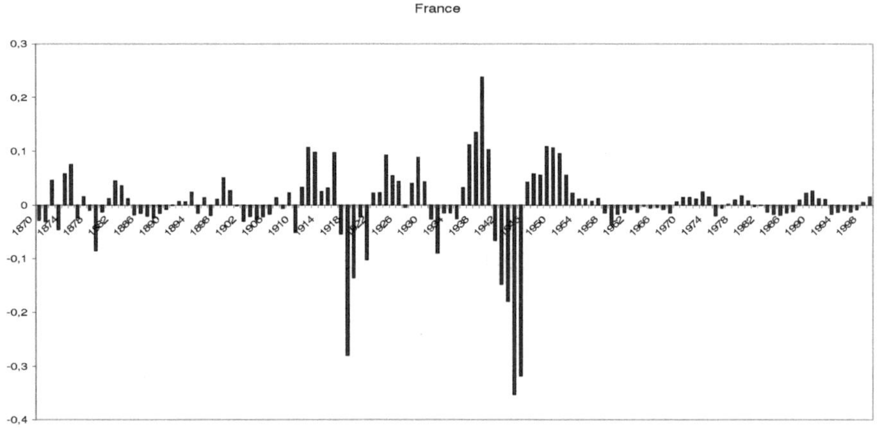
France
0,3
0,2
0,1
0
-0,1
-0,2
-0,3
-0,4
1870
1874
1878
1882
1886
1890
1894
1898
1902
1906
1910
1914
1918
1926
1930
1938
1942
1950
1954
1958
1962
1966
1970
1974
1978
1982
1986
1990
1994
1998

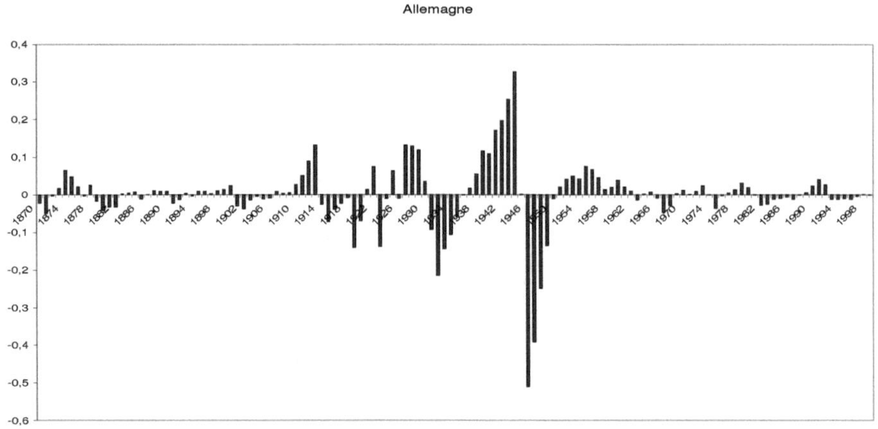
Allemagne
0,4
0,3
0,2
0,1
0
-0,1
-0,2
-0,3
-0,4
-0,5
-0,6
1870
1874
1878
1886
1890
1894
1898
1902
1906
1910
1914
1926
1930
1938
1942
1946
1954
1958
1962
1966
1970
1974
1978
1982
1986
1990
1994
1998

Italie

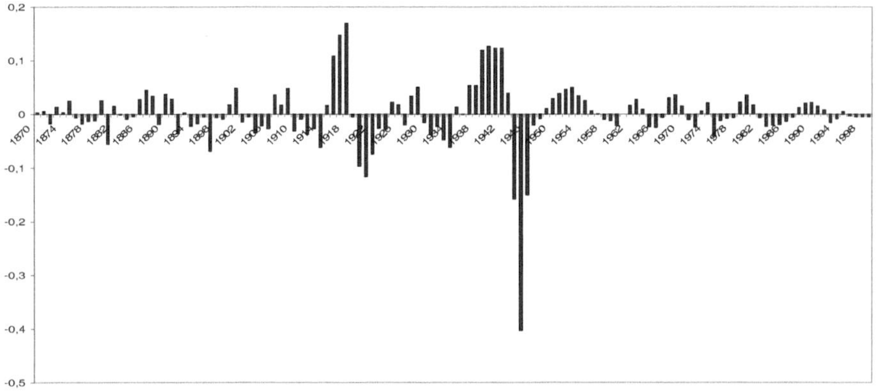


Japon

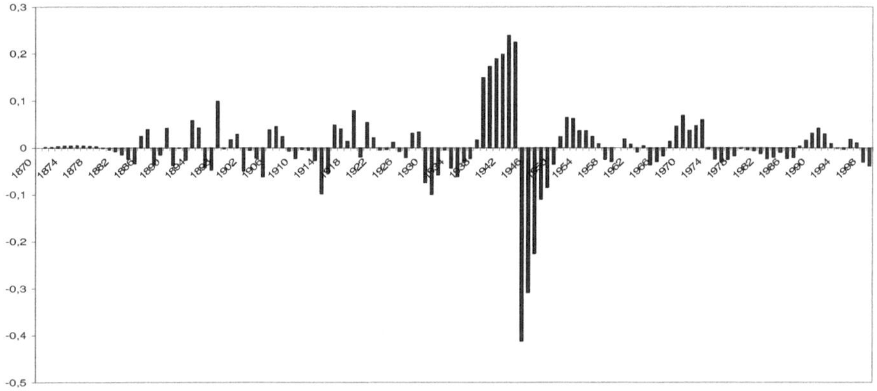


Pays-Bas

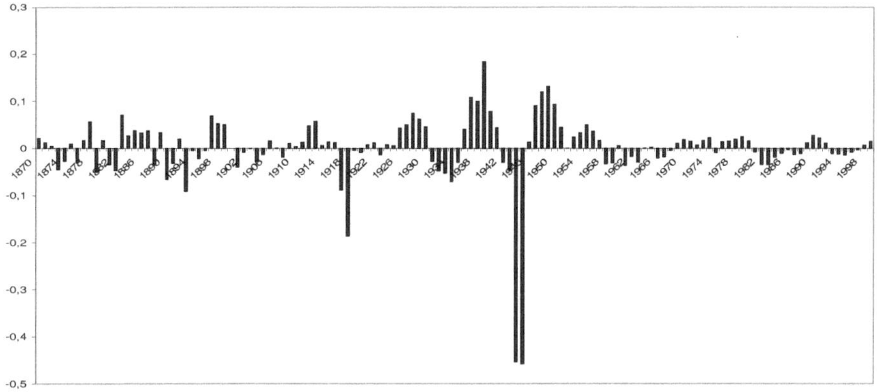

Norvège

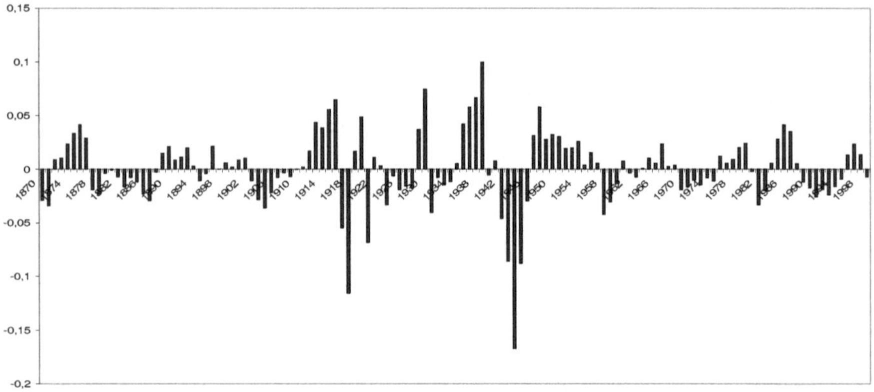


Suède

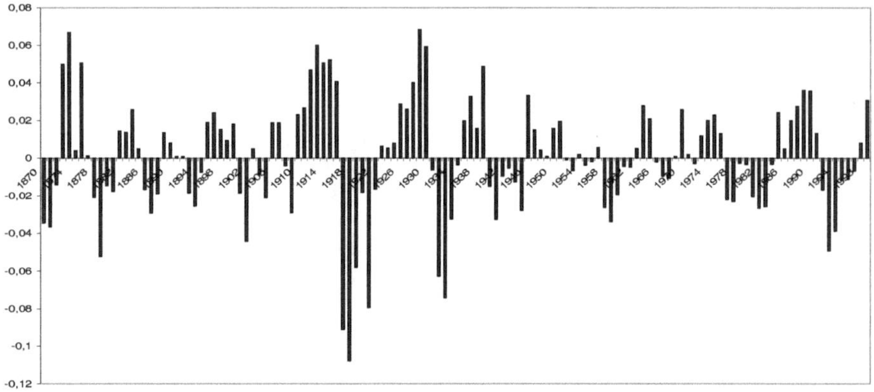


Royaume-Uni

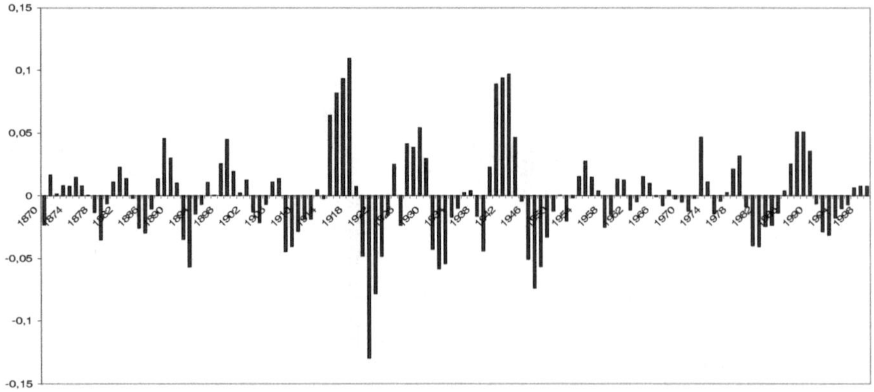

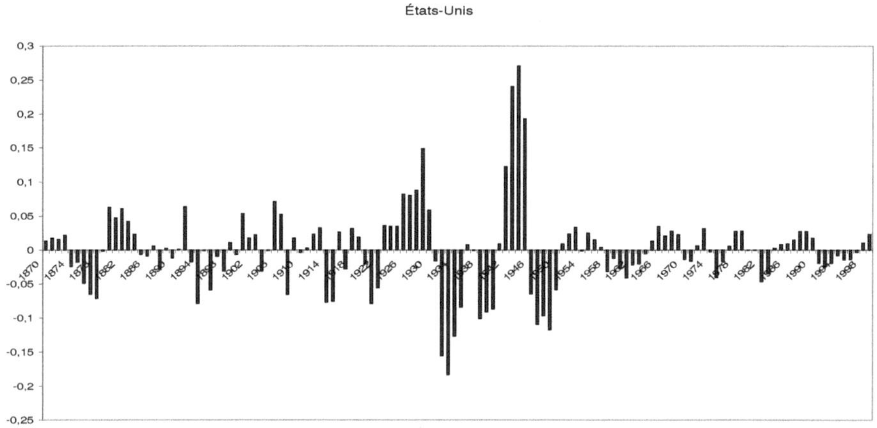
États-Unis
0,3
0,25
0,2
0,15
0,1
0,05
0
-0,05
-0,1
-0,15
-0,2
-0,25
1870
1874
1914
1930
1946

FSC
www.fsc.org
MIX
Papier | Fördert gute Waldnutzung
FSC® C083411

Kolibri 360 GmbH
Ferdinand-Jühlke-Straße 7
99095 Erfurt, Deutschland
produktsicherheit@kolibri360.de